オリンピックのレガシー

ローイング・五輪金メダルをサポートした地方都市

田中 彰 著

晃洋書房

プロローグ

　この本を手にしていただいた方にお伝えをしておきたいのだが，とにかく私はスポーツが大好きである．その対象は競技そのものや，幼少の頃より出会ったスポーツ指導者，大学を卒業して25年間勤務した在阪民放局においてご縁をいただいた多数の方々だ．またセカンドキャリアとして取り組んでるスポーツマーケティング領域の研究者，調査協力者，現在も所属する総合型地域スポーツクラブの関係者と，「大好き」の対象は非常に幅広い．今の自分があるのは，こうした方々のご指導や，ともに重ねた時間の賜物であると感謝している．長らくスポーツ界に接して幸運にも大好きなスポーツを生業とする毎日を送っているのだが，2021年の夏，ボート競技ニュージーランド代表の東京五輪直前合宿の実行委員という機会に恵まれたのだった．

⌛ レガシーとして伝えたい経験の集大成

　五輪直前合宿を終えてみて，いただいた数多くのご指導・助言を振り返ってみると，それらは合宿の企画運営の随所で私たちの窮地を救った金言の宝庫だったと実感している．アスリート・競技団体の目線だけでなく，協賛社を始めとしたビジネス側の視点，メディアの立場の受け止め方，スポーツ愛好家としての感じ方，滋賀県や大津市といった自治体や地域住民の立場からのとらえ方，そしてマーケティング周辺領域の理論……．例を挙げるとするとキリがないのだが，プロジェクトで私たちが直面した数々の壁の突破は，そうした金言をいかに課題解決に向けて転用・応用するかがカギであったのだと思い返される．多種多様な立場の考え方をいかに統合して前に進むのか．また一方で，苦渋の決断として採用を見送らざるを得なかったのはどのような事象だったのか．

　「五輪直前合宿」という当プロジェクトの始動から数えると1000日にものぼった私たちの試行錯誤の連続や，喜びや苦悩や行き詰まり，協力者・理解者の獲得に奔走した毎日は，まるでジェットコースターに何日も乗り続けているようにスリリングな時間であった．時の流れは本当に速く，パリ五輪の開幕が刻々と近づいている．今こそ当プロジェクトの計画から実施までのプロセスを整理して，次世代に私たちの取り組みを「経験知の総まとめ＝五輪レガシー」

として伝えられたらという思いに駆られるのである．

⧖ 2018 年，ことのはじまり

　始まりは 2018 年夏，ボート世界選手権の終了後のことだった．東京五輪 2020 の開幕まで 2 年を切った時期にさかのぼるのだが，ボート競技の元日本代表選手・コーチの経験があり当プロジェクトでは中心的役割を果たした杉藤洋志氏に一通のメールが来たのだった．メールの主は世界最強国の一角であるニュージーランド・ボート協会評議員のグレン・シンクラー氏だ．同国で若き世代を指導・育成するシンクラー氏は，杉藤とは両国の大学生の交流プログラムを実現させた旧知の仲であり，少しずつではあるが日本の若者が NZ での武者修行に挑戦する実績が出始めていた．次第に杉藤とシンクラー氏はお互いを「地球の裏側の兄弟」と呼び合うような仲となり，その信頼関係からの打診だったそうだ．内容は 2018 年の世界選手権で期待外れの結果となったニュージーランド五輪チームから，「必死さと決意」を感じる以下の内容だった．

> ご存じの通り我が国・NZ は東京 2020 会場とは季節が真逆の南半球のロケーションだ．NZ 代表選手団が灼熱の東京五輪で成功するための事前キャンプ地を探している．Hiroshi が考える最適な事前合宿の候補地を数カ所リストアップして，それを教えて欲しい！

　ボート競技だけでなく屋外スポーツに縁のない方に簡単な補足をすると，まずは最高気温が 1 ケタ台になる真冬の国から日本にやって来て，数日後には気温 35 ℃ にも及ぶ真夏の屋外で五輪に出場するイメージをして欲しい．気温差が約 30 ℃，更に経験をしたことがない日本特有の蒸し暑さも併せた急激な環境変化に対処するには，私たち一般市民の生活レベルでさえ身体の順応に時間が必要だと気付くだろう．いかに世界レベルの身体能力を持つ屈強なアスリートでも，ぶっつけ本番は無理がありすぎる．さらに五輪という 4 年に一度の大舞台で複数の金メダル獲得を狙う前提があるならば，コンディショニング面の課題が沢山あることはイメージができるだろう．

　ここで話を戻そう．旧知の親友からの依頼に回答するにあたって，杉藤は元アスリートとして同時にプロコーチとして相当に悩んだという．一番の要因は杉藤自身が現在の活動拠点としており，自らのサポート提供が可能な滋賀県の

琵琶湖・瀬田川流域には，五輪公式種目として必要な常設 2000m コースが存在しないことだった[1]．つまり五輪という大勝負に挑む準備を間近でサポートしたい気持ちと，逆に最終調整に不可欠なハード面での不安に挟まれていた．悩んだ末に杉藤はアスリート・ファーストを判断基準とした候補地リストをまとめてシンクラー氏に提案した．それは五輪会場並みの 2000m コースが確保できる国内の水域を複数あげて上位の推薦候補としたもので，蛇足とは思いつつも下位の数候補の中に琵琶湖・瀬田川を入れて回答したものだった．数週間がたちリストに沿って速やかに視察をした NZ 代表チームの結論を知らされるのだが，あまりの衝撃に杉藤は我を失ったようだ．それは以下の内容だった．

①琵琶湖が一番いい．既に計 4 カ所の視察を済ませ，チームとして即決で選定した．

②琵琶湖に 2000m コースを仮設で良いので設置してくれないか．

③五輪開催国に一般的に見られるホストタウンのような合宿誘致の形式でなくて良い．NZ が希望する地域での合宿実施であるから，選手団の滞在経費等は NZ が負担する．

④琵琶湖で合宿が出来るように環境（宿舎・練習場所）を整えてくれないか．

　予想外の判断に驚く一方で，世界最強国が「五輪成功には琵琶湖での直前合宿がベストだ」と言ってくれるのであれば，「ボート関係者として，まして自国開催だ．絶対になんとかしたい」と強烈な使命感が杉藤の脳裏によぎったという．しかしながら準備をどう進めて良いかが全くわからず，途方に暮れたことも事実であった．手始めとして杉藤は滋賀県ボート協会の奥村功会長を通じて，滋賀県スポーツ協会にコンタクトを取り，合宿実施の意義やサポートの必要性を訴えたのだった．続いて総合型地域スポーツクラブ NPO 法人の理事であった筆者に声をかけ，さらには自治体のスポーツ行政担当者に琵琶湖合宿の意義を伝え始めたのだった．しかしあまりにスケールの大きすぎる話であり，関係者からの困惑や否定的なスタンスに直面することになる．こうした各反応は今となって冷静に考えれば当然のことと理解ができる．仮に野球で例えるならばアメリカ・メジャーリーガーで編成された選手団が日本の一地方都市で直前合宿を望んでいるような話だからだ．一体何（モノ）を準備が求められ，ど

れほどの人材（ヒト）が必要で，それらを仕上げるために一体いくらの予算（カネ）が必要なのか……．正直なところ地方都市では想像さえつかない，キャパオーバーだったのだ．

🎗「スポーツな人」と決別する

「今の私たちの状況，まさに五里霧中ですよね……」．杉藤と筆者は自虐的に笑いながらも，ワラにもすがる思いで県内の有識者，スポーツ行政の責任者・実務者に教えを乞う日々を送った．転機が訪れたのは 2018 年の年の瀬，当時の参議院議員であった二之湯武史氏への面会機会を得た際だった．私たちは一生懸命に NZ 代表チームを受け入れる夢・希望・最強国の凄さを訴え，悩みを語り始めたのだが，話半ばで一喝されてしまった．「だからスポーツな人はダメなんですよ！」と二之湯氏からは非常に厳しい表情でダメ出しが始まった．「総じてスポーツ関係者は，熱さと自分たちが思い込んでいる魅力や感動で全てを語る傾向が強すぎると思う．競技を愛する気持ちを理解は出来るが，非常に狭い範囲の成果や周囲への貢献しか想定をされていない．事前合宿が仮に少額でも公的な資金を使い，地域の公共財を活用するものならば，そのアウトプットには汎用性ある地域の幸福感を意識することが必要だと思う．でもあなた達は周囲の協力や補助金について『協力してください，お願いします！』と叫んでいるだけで，あまりに無策すぎではないですか？」．

二之湯氏のマトを射すぎた指摘に，私たちの近視眼的な思考や言動を大いに反省せざるを得なかった．目が覚めた杉藤と私は，その時より「スポーツな人」からの決別を目指すことになる．NZ 代表チームの事前合宿の実施には地域全体にどんなメリットがあるのか，どこまでが自分達（競技団体）の独力のヒト・モノ・カネで準備が出来るのか，どのような項目で自治体・企業・組織と提携をするべきなのか，さらにどんな部分をどのような組織にサポートしていただく必要があるのか．そして私たちが出来る地域への汎用性ある「お返し」は一体何なのか．新たな旅が始まった瞬間であった．

本書では，ボート競技 NZ 代表チームの五輪直前合宿の準備・実施に取り組んだ 3 年間を事例として，以下のポイントを意識しながら構成をしている．第一に地方の中小都市であっても，理解者や協力者と提携をしながらプロジェクトを稼働させることができれば，強豪国が世界の頂点を狙う拠点となりうるこ

東京五輪　男子エイト金メダル　NZ クルー（合宿中の琵琶湖沖にて）
（出所）東京五輪の熱気を琵琶湖に！実行委員会撮影．なお，以降の写真も特別なことわりがない限り同委員会が撮影したものである．

とだ．その 3 年間をエスノグラフィーの手法を用いながら，自治体や地元企業だけでなく競技関係者および協力者の間の因果関係を丁寧に記述することを心がけた．第二には私たち実行委員メンバーだけでなく，当プロジェクトをサポートしていただいた色々な立場の皆様の視点をもお伝えすることだ．第三には合宿を実現するために生じた様々な課題や障壁克服のプロセスについて，克服に導いたマーケティングやスポーツマネジメント周辺領域の理論を，各章の最終節で紹介しながら解説することを試みている．こうした 3 つのポイントによって，将来的に他競技・他種目のイベントや地域の街おこし的な文化イベントなどについても，私たちの取り組み例を活用いただけるよう心掛けた．よって本書は五輪レガシーの継承だけでなく，マーケティングやスポーツマネジメント領域の教科書的な使用や，地方都市の自治体や競技団体が近未来に取り組む新規プロジェクトに何らかのヒントになることも期待している．結果的に地方都市や地方イベントのブランド構築が進むことや，少子高齢化の中での競技団体と市民の新たな接点作りや，学校クラブ活動の地域移行や生涯スポーツ推進などに，少しでもお役に立てばこの上ない喜びである．

◇注

1）琵琶湖には国内ローカルレース仕様の 1000m コースのみが実在する．

目　　次

プロローグ

第1章 「ミッション・ビジョン」と経営資源

はじめに

　本書では 2021 年 7 月に滋賀県大津市で実施された「ボート競技ニュージーランド代表チーム」(以下，NZ 代表チーム) の東京五輪直前合宿を事例として紹介をしていきたい．手始めにマネジメント領域の基本中の基本ともいうべき，2 つの概念①「ミッション・ビジョン」，②「ヒト・モノ・カネ・情報」から議論を進めてみよう．なお本書全体を通じた主語の定義であるが「私たち」は「東京五輪の熱気を琵琶湖に！実行委員会」を指し，「私」は文字通り筆者を指すことを念頭に置いていただきたい．

1　ミッション・ビジョン

　合宿の受け入れ母体である「東京五輪の熱気を琵琶湖に！実行委員会」はボート競技の世界最強国の一角，NZ 代表チームを「なぜ」，そして「何のために」受け入れようと考えたのかを整理をしよう．またどのような波及効果を期待し，どのような理想の実現を目指したのか．受け入れ全体像の根本となる「なぜ」と，「何のために」の意識を私たちが検討・設定していったプロセスからからご紹介したい．

　2018 年の年の瀬ごろから，合宿構想を検討するメンバー間やその支援組織との意見交換のたびに，「なぜ，何のために合宿を受け入れて，あなた達たちはどのようなゴールを掲げるのか」という説明を求められた．企業ビジネスの現場においては，起業やプロジェクトを立ち上げる際などに「ミッション・ビジョン」の設定をすることが一般的だ．しかし地方都市の競技団体においては，良くも悪くも伝統と熱意を源に組織が支えられてきた側面があるだろう．滋賀県ボート協会もビジネス的な思考には距離があり，これら方向性を明確にする

重要さを知ってはいながらも実行には至っていなかった．恥ずかしながら当初の私たちは既述した通り，夢を語り膨らませることばかりに一生懸命で，自己都合の主張に終始して，多方面からの賛同・理解を得ようとする意識が低かったことは否めない．当時の国会議員から教育的一喝を頂戴した私たちは，議論を重ねるには，そして明確な「ミッション・ビジョン」を設定するためには，私たち自身が置かれた環境への理解が足りないことに気づかされたのであった．私たちはようやく自己分析や周囲からの問いに対しての自問自答をスタートし，それを繰り返して継続することから着手した．

⚫ 原点は弱小国が見たい最強国事情

近年のニュージーランドはボート競技の強豪国であり，五輪・世界選手権等で実績を残してきたイギリス・アメリカ・ドイツ・イタリア等の伝統国と並び世界最強の一角を構成している．東京大会の直近である 2016 年に開催されたリオデジャネイロ五輪では，2 種目で金メダルを獲得していた．一方で日本はというと，過去の五輪ではメダル獲得はおろか，一度も A 決勝に進出したことがない弱小国である．

注目すべきは，ニュージーランドは人口わずか約 504 万人の島国であり，GDP は 2469 億 US ドルと世界 50 位前後であることだ．ざっくり計算すると日本の 19 分の 1 の経済規模である．また多くの国際大会が開催されるヨーロッパからは距離的に非常に遠く，選手強化のための海外遠征には移動距離でも費用面でもハンディがある．こうした経済基盤や物理的な面で決して恵まれていない島国が，なぜ世界の最強国の一角になりえたのか．一方で日本はなぜ弱小国のままであるのだろうか．ここに興味は集約されたのである．

このプロジェクトの中心的役割を担った杉藤がフォーカスしたのは，今回の合宿受け入れを通じて日本のボート関係者が 100 年以上にわたって強化に取り組みながら，いまだ解明できなかった競技力向上のためのカギが発見することだった．こうした発見が近未来の日本のボート競技力を少しでも向上させるきっかけになるに違いない．大きな目的を抱きながら杉藤はとてつもない情熱を周辺にぶつけていくのであった．もちろん滋賀県のボート関係者の想いも同じであり，ここに私たちの「なぜ」が集約されたのだった．

⚱ 2 年間のプロジェクトをどのように捉えるか

NZ 代表チームが滋賀県の琵琶湖・瀬田川水域を合宿地として受け入れを打診するにあたり，私たちに投げかけた希望はいたってシンプルだった．**表1-1** のように 2018 年夏の世界選手権で 18 位に沈んだメダルランキングから，東京五輪での V 字回復を目指すのだが，その V 字回復に向けては 2 段階のステップが設定されていた．その主旨は以下の通りだった．

① 10 カ月後の 2019 年 8 月に東京五輪の会場（海の森水上競技場）で開催される世界ジュニア選手権（U-19 のジュニア世代）の直前合宿を「五輪トライアルの一環」として琵琶湖・瀬田川で受け入れて欲しい．

表 1-1 世界選手権メダルランキング (2018 年)

	国名	金	銀	銅	合計
1	イタリア	3	4	1	8
2	アメリカ	3	3	4	10
3	ドイツ	3	1	1	5
4	フランス	3	0	3	6
5	オーストラリア	2	4	1	7
6	カナダ	2	2	0	4
7	オランダ	2	1	2	5
8	アイルランド	2	0	0	2
9	ノルウェー	2	0	0	2
10	ポーランド	1	1	1	3
11	ルーマニア	1	1	0	2
12	イギリス	1	0	3	4
13	リトアニア	1	0	1	2
14	ブラジル	1	0	0	1
15	中国	1	0	0	1
16	クロアチア	1	0	0	1
17	スイス	0	3	0	3
18	**ニュージーランド**	**0**	**2**	**1**	**3**

（出所）World Rowing (https://worldrowing. com/, 2018 年 12 月 20 日閲覧) から筆者作成.

② 両国での協業で作り上げたジュニア合宿をベースに，翌年の NZ 五輪代表の合宿をどうするべきか，ブラッシュアップをともに取り組みながら 2020 年の金メダル複数獲得を目指す合宿フォーマットを一緒に作ってほしい．そして合宿を実施して欲しい．

直近およそ 10 年に渡りチームマネージャーとして競技現場を率いているリサ・ホルトン氏は，冷静ながらも約 w 年先の五輪での巻き返しプランをアグレッシブに検討し始めていた．こうした NZ 代表チームの準備詳細については章を改めるが，打診当初からニュージーランドが世界最強となることを目指した事前合宿は，準備期間が 2 年にも渡る壮大な金メダル獲得プロジェクトであり，NZ 代表チームのプランと行動を企画段階からともにすることは，世界最強のメソッドを体感できるチャンスでもあると容易に想像ができた．準備開始から大きなプレッシャーを私たち自身に課すことにはなるが，大きなリターン

も見え始めていたのだった.

🎗 私たちが置かれた周辺環境への理解

　最強国のノウハウ習得という私たちの目指す方向が徐々に見えつつも，次第に合宿実現のための大きな課題も明らかになっていった．それは合宿を実施することで及ぼすであろう地域への影響面での課題であった．以下，順番に説明しよう．

　大前提として NZ 代表チームが五輪予選でのハイレベルな結果を残すことが予想され，ボート後進国の私たちであっても世界最強を目指すという共通の目標を持った上での受け入れ準備が必要となる．まずは選手数の課題が明らかになった．NZ 代表チームの強化が順調に進めば東京五輪で採用されるフル種目規模での出場権獲得が予想され，そうなると最大で 70〜80 人前後の大選手団が来県することになる．もちろん五輪で勝つための事前合宿であることから，選手団全員の練習・生活環境面において不安要素の残存は絶対に許されない．私たちはホルトン氏との事前ミーティングを通じて，そうした覚悟の必要性を随所に感じたのだった．

　この強豪国選手団の合宿実施は，立場によって受け止め方が大きく変わってくるだろう．アスリートの個人的な立場からすれば，五輪の日本開催が縁となった一生に一度あるかないかの魅力的な大イベントである．世界最高峰のアスリートが集結して本番さながらのパフォーンスを至近距離で見ることは滅多にない好機だ．しかしながら冷静に考えれば日本はボート競技後進国であるため，地方都市の競技団体（滋賀県ボート協会）の立場になると，人員的にも設備的にも予算的にも独自努力のみでは到底 NZ 代表チームの要望には応えきれない部分が多いことに直面する．よって私たちの置かれた状況についての把握・整理を試み，サポートを要請する対象の洗い出しを始めることにした．その方法は大きく分けて「官・民」の2つの立場，そして夏季における双方のコンディションを把握するために，改めてヒアリングを実施するというものであった．

　第一に地元の自治体を対象にスポーツイベントへの取り組みをリサーチしてみると，既に決定事項として動き出している大イベントが複数あった．自治体として優先すべきは五輪翌年の 2021 年に開催されるワールドマスターズゲームズ大会[3)] の準備，そして既に 2024 年に開催が決定している国民スポーツ大

会 (旧名称・国民体育大会) へ向けての環境整備であった．滋賀県大津市は県庁所在地ではあるものの日本の典型的な中小地方都市であり，行政・経済の基盤から鑑みると上述2件だけでも相当な予算や労力の新規確保を模索していた．その状況下で新案件として五輪事前合宿の大選手団を受け入れることは，担当者に相当に厳しく映ったようだ．自治体側からすればNZ選手団の合宿に関する各種準備から実際の運営が長期間に及ぶことを勘案すると，既に2案件の準備で飽和状況にもかかわらず新たな負担が相当量で増えることになる．また担当者にしてみれば五輪イヤーは既に予定されているイベントの準備だけで，相当な覚悟で取り組む必要性が見えていたのだ．

　例えば2020年は五輪直前の6月～7月になると，県出身者の壮行イベントを華々しく実施したいという気運が高まることが予想され，毎年の恒例である中学校・高等学校の夏の各種大会もある．各カテゴリー別の全国大会への派遣や，国民体育大会のブロック大会と期間が重複するなど繁忙期の真っただ中なのだ．地元アスリートの五輪支援や若い世代の育成，さらに既存の大会を支障なく運営した上で，外国選手団の五輪合宿を安心・安全や合宿成果を担保しながら全うすることが出来るのだろうか．このように合宿実施に対しては不安視する声が多方から寄せられたのであった．これら事情からだろうか，当時の首長周辺からの最初の回答は迷いのない「受け入れ・ノー」だったのだ．

　第二に地元の民間企業・団体にヒアリングをしても，合宿実施に対する印象は良くなかった．通常6月下旬～7月中旬は学校の夏休み直前の時期であり，企業としても夏の販促企画やイベント，各種の観光関連企画の最終調整などで忙しい時期と重複する．商工会議所や観光協会等に問い合わせをしても，想像さえ難しい新たなプロジェクトが発生するとなると，日常業務との棲み分けや既存顧客に影響を出さない特別なマネジメントが必要になることが予想できる．総じて「歓迎はしますが，実現できるんでしょうか？」，「どなたが担当するのでしょうか？」と合宿実施への反応は懐疑的だった．現実問題として周辺のリゾートホテルでは学会や展示会の開催時期や夏休みイベント企画と時期的に重なる．夏休み時期の利用客は既に確保済みと予想されているのだ．よってNZ選手団による長期の大規模利用が予定されたとしても，それは新たなキャッシュを産み出すものではないと判断された．また琵琶湖は日本の各地からルアーフィッシングや水上スポーツ愛好家が集まる場所でもあり，貸船業も含めて7月は年内指折りの稼ぎ時となる．五輪合宿となればNZ選手団がトップスピ

表1-2 ヒアリングによる周辺環境の理解

自治体の視点 「優先事項と当初課題」	・2021年「ワールドマスターズゲーム」の成功のための準備
	・2024年「国民スポーツ大会」への環境整備事業/強化事業
	・既存スケジュールとの両立の課題（ヒト・モノ・カネの全て）
民間企業・団体 および水域利用者の 視点と課題	・合宿実施による新たなメリットと既存イベントとのトレードオフ
	・繁忙期の公共財（琵琶湖）活用における棲み分け， 各業界や団体との調整の難航予想

（出所）筆者作成.

ードでトレーニングを実施することが前提となるため，レジャー船舶と競技用ボート双方の安全確保には非常に緻密な計画を立てなければならない．また同時に観光船事業，漁業関係者の航行，ヨット・カヌー等の水上スポーツ団体・愛好者に特有の事情も多々ある．

　以上のような状況であり，たとえ久々の五輪国内開催の案件であっても「ボート」というたった1つの競技団体からの協力要請となれば，合宿実施に伴う課題・制限ばかりが目立っていた（**表1-2**）．地元企業や各団体の立場からは，協力に見合う受入効果が及ぶ範囲は極めて限定的であるとされ，総じて「一緒に頑張ろう，五輪合宿に協力しよう」といった合意を形成していくのは非常に難しいと改めて気づかされたのだった．

🎖 「ビジョン」と「ミッション」の設定

　このように私たちは「合宿開催の目的＝なぜ」の自問自答やヒアリングを続け，置かれた状況の理解に注力した結果，2019年の松の内が過ぎたころには**表1-3**のようなビジョン・ミッションの暫定案が出来上がってきていた．どうすれば地元の関係者のネガティブな感情を払しょく出来るかまでは考え切れていなかったが，合宿実現にはネガティブ感情を対処した先にある未来像を打ち出しが必要なことを理解し始めていた．

　合宿を実施するにあたり私たちがヒアリングを進めると，諸々の課題を克服するには自治体の関係各署や周辺の地元企業，および各団体に様々なサポートを要請することが不可欠であることがわかってきた．またそうした協力者に前向きに参加してもらうためには当プロジェクトの「ミッション・ビジョン」といった方向性の理解を得ることが必要であることもわかってきた．ここからは

表 1-3　NZ 合宿のミッションとビジョン

私たちの果たすべき任務・使命

ミッション	① NZ が五輪で勝つための環境を整え，五輪の成功に貢献
	② 世界一流のアスリートが来県することで地域に活気をもたらす
	③ 最強国の来県機会を五輪レガシーとして地元に織り込み，地元に還元する

私たちの目指す近未来の姿

ビジョン	① NZ が五輪で勝ち，地元競技者・団体が刺激を受けて強化される 合宿ノウハウが近未来の日本の競技力向上に寄与する
	② NZ 代表チームの事前合宿を通じてボート競技や琵琶湖・瀬田川の魅力や ブランド力を国内外に広報＆普及させる
	③ NZ 合宿と地元の Win-Win な関係を定着させる
	④ 健康滋賀…地域の健全な生活にボート競技が貢献する

（出所）東京五輪の熱気を琵琶湖に！実行委員会作成.

「ミッション・ビジョン」を具現化するための各構成要素の議論を進めてみよう.

2　経営資源「ヒト・モノ・カネ・情報」の概念

　私たちは五輪直前合宿の実施というプロジェクトに対して，企業経営の視点を参考にしながら見つめ直すことに取り組んだのだった. つまり五輪合宿の「ヒト・モノ・カネ・情報」のすべてについて新たにデザインすることだ. その構成要素とは，ヒト＝運営スタッフの確保，モノ＝設備の確保，カネ＝特別予算や協賛・寄付金の確保，情報＝NZ 代表チームの魅力，活用が求められる公共財の整理・調整等の情報発信・情報伝達についての整備である.

前提になる地域社会の価値観

　企業経営の視点の活用と同時に私たちは，滋賀県独特の県民気質が存在することへの理解も重要であると意識をしていた. 昭和後半期の調査では滋賀県民は総じて保守的だと認識されていたようだ. つまり自然豊かでのどかな生活環境を好むがゆえに，大都会で見られるような急激な変化を居住地には求めない傾向だといえるのだろう. 詳細をここで言及するには及ばないが，京都という都に隣接した歴史から，当時の県内要所は物流の中心地であった. 中でも北前

船を通じた物流等には深く関与しており，産業構造は古くから安定していた［滋賀師範学校男子部附属中学校編 1949：28-29］．また豊かな琵琶湖・比叡山の幸に恵まれた地理的要因にも県民気質が影響を受けていると良く耳にする．実際に住民としての生活を送る私も随所にこうした古き良き時代の価値観を感じることが多いのだ．一方で別の調査では「おだやかで変化のない生活をしたい」と考える人が全国平均を下回っていたこともあった．また歴史的に他国の大名や寺社などによって領土を細分化されてきたためか，地域ごとの個性は強く，県全体のまとまりが弱いとの指摘もある［湖国 21 世紀研究会編 1987：2-3］．よく言えば全体としてまとまりが自由で緩やかで，悪く言えば摑みようがない県民性なのかもしれない．昨今では滋賀県は少子化の中でも人口維持を保ちつつ，インターネット上の各サイト調査では幸福度ランキング上位に位置することが良くみられる．若い世代の流入も多く多様な価値観の存在が期待できる環境ではある．私たちはこうした保守を重んじる部分と，新たな価値観の双方にどう向き合うかが課題であった．「世界最強の国か知らんけど，外国の選手たちが来るのでしょ？　しかも大選手団で！」．こんな非日常を実現するためには……．今どき事情はもちろんのこと，長らく構築された地域社会の価値観＝文化に対しても適切なアプローチが必要であると再認識したのだった．こうした県民性を意識しながら事前合宿の実施における「ヒト」，「モノ」，「カネ」，「情報」と４つの概念と課題を整理してみよう．

⚅ ヒトの概念と課題

　総じて産業の興隆・維持には資本となる人手が不可欠だ．昨今の産業界での人手不足や，学生の就職活動における売り手市場という状況がしばしば話題になる．スポーツ界においても，一部のメジャー競技を除くおおよその競技団体で悩みの種になっている課題に，ヒト＝人材面の問題があるだろう．

　日本のスポーツ界周辺では「運動者」という概念を用いて「するスポーツ」のマーケティングを強調する立場と，対極にある「見るスポーツ」を基調とする立場がある．とりわけ前者のマーケティング概念は運動の場や機会を円滑に最適な方法で運動者に供給するための活動であり，学校教育や公共体育・スポーツ施設の経営管理分析にフォーカスされた［原田編 2004：17-18］．こうした運動や体育の価値観からの影響は大きく，現在も競技団体の活動やイベントの運営はボランティアベースが主流であり，マネタイズとは縁が遠い印象だ．例え

ば甲子園球場で開催される全国高等学校野球選手権大会も多くの関係者，審判員がボランティアで大会運営をサポートしている．こうしたアマチュアイズムに徹した奉仕の姿勢は，主催者の日本高校野球連盟や朝日新聞社にも浸透しており，大会の全試合を全国放送している日本放送協会（NHK）には放映権利料の請求をしていないという徹底ぶりだ．このような高校野球という国内メジャー競技の流れから多分に漏れず，ボート競技においてもマネタイズという考え方は稀有であり，全国的に有給の専従者はほぼ存在しない．つまり週末は手弁当で競技普及に奔走するOBOGや教員の善意がなくては競技運営も次世代アスリートの育成も成り立たない状況なのだ．

　私たちの実施した五輪事前合宿もスタッフのボランティア協力を基本ベースにしなければならなかったのだが，大切なことは「善意・やる気と時間の搾取」に絶対なってはいけないという視点だろう．私たちはそこを強く意識したのだった．スポーツマネジメントにおいては主体者とステークホルダーとはWin-Winの関係を目指す前提であるから，私たち合宿主体は協力者にお返しをしなければならないことになる．つまり協力していただく「ヒト」にはささやかであっても必ず何らかのインセンティブがなければならない．このインセンティブに知恵を絞り，いかに今回の合宿協力者＝「ヒト」へのリターンを考えるか．これが最重要であることを私たちは会議で何回も確認をしていったのだった．

⌛ モノの概念と課題

　続いては「モノ」，具体的には2000mコースと合宿拠点の課題だ．滋賀県には日本最大の湖である琵琶湖があるものの，残念ながら五輪仕様の2000mコースがない．これは水泳競技において戦後から高度経済成長期に競技普及と学校教育に沿った形で25mプール建設が推奨されたことと似通った側面がある．明治時代に日本にボート競技が海外から導入されて以来，まずは普及と競技基礎力を高めるために，国民体育大会，社会人選手権，高校総体での普及強化を国際公認の半分の距離（1000m）で推進したと考えるのが妥当であろう．全日本選手権や全日本大学選手権等の頂上大会を2000mレースとして中央で開催し，他の大会は各地方の施設整備のための予算規模や使用水域・河川の法令問題，また普及や安全監視の点から1000mコースで運営するという方向性は競技導入期では理にかなっていたと考えられる．しかしながら高度成長期を過ぎ

てバブル期を迎えると日本では水域周辺の都市開発も複雑な構造で進められていった．つまり社会インフラの一部である漕艇場施設を 2000m コースへ拡張や新規設置するとなると，各地方各市町村には様々な課題があり具現化は極めて難しかった．滋賀県大津市も琵琶湖漕艇場 1000m のコースを 2000m に延伸することが度々議論されたようだが，プランは無期限の休眠状態であるといって良いだろう．かつて琵琶湖を挟んで大津市と草津市を結ぶ近江大橋の橋脚の下を掘削してコースを 2000m に拡げるというプランがあったと聞いたこともあるが，環境面での規制や漁業権の問題，さらには周辺団体・企業による湖岸活用にそれぞれの立場や事情があったようだ．たった１つの競技の普及・環境整備のために，関係者の利害を集約した上で莫大な公的予算を投下する理屈が整えられなかったと伝え聞いたことがある．

　では NZ 代表チームを迎えるにあたってどうしたら良いのか．実行委員会が出した結論は期間限定の水域利用をベースにする考え方だ．琵琶湖・瀬田川水域を活用する利害関係者の理解を得た上で，一時的な水面占有を国土交通省に申請して，現状の 1000m コースとは別エリアに 2000m コースを設営することだった．年間のうちわずか２週間，しかも NZ 代表チームの各クルーが練習を行う１日あたり５〜６時間だけ，琵琶湖をボート競技が優先利用とするといった限定的な占有で活路を求めることにしたのだった．

🏅 カネの概念と課題

　次にカネの概念を整理するにあたり，ここでは特に予算について考えてみよう．滋賀県ボート協会の年間予算はわずかに約 500 万円である．よって既存の支出予算項目とは別に臨時で 100 万円単位の費用計上をすることはとても無理な話である．かつて国内において世界規模の大会誘致に成功したものの予算がショートしてしまい，加盟する中学校・高校のクラブ活動参加者の家庭から募金を集めた他競技団体があったが，それでは今回の合宿の「ミッション」，「ビジョン」を遂行することには繋がらない．しかし滋賀県ボート協会からの予算拠出では限りがあるため，滋賀県や市など自治体，滋賀県スポーツ協会からの補助金を獲得できるための仕組み作りを考える必要があった．これは後章で詳しく述べるが，あくまで合宿は「ミッション」「ビジョン」を達成するための手段であって，合宿の開催自体が目的（ゴール）ではない．そんな明確な意識付けを行い，自治体にどのような貢献が出来れば合宿に予算投下（投資）をし

てもらえるのか．このような発想を常に意識したのだった．また私たちの出来る独自努力として協賛社の獲得も目指すことになった．また結果的に新型コロナウィルス感染拡大の事態から断念したがクラウドファンディングにも挑戦することや，個人賛助の仕組み，また資金調達だけでなく地元の名産品や選手団の合宿に必要な物質的な協力，また地元の総合型地域スポーツクラブ NPO 法人より無償での施設提供および合宿使用艇の管理について協力を得ることを進めていった．つまり「カネ」＝予算の脆弱な分，合宿環境を整えるための総合力や相乗効果をいかに高めるかを検討しながら，多くの賛同者の獲得に時間とエネルギーを投下したのである．

　また特殊事情として東京五輪の事前合宿を誘致した国内の各自治体とは違い，私たちの琵琶湖モデルの大きな特徴はあくまで「招致」という形式ではないことも大きかった．私たちの環境に惚れ込んでもらい，NZ 代表チームから「五輪成功のための合宿がしたい，受け入れて欲しい」というオファーを受けたのが合宿の始まりであった．こうした事情・人間関係・渉外を通じて，チームの滞在費用（ホテル代・食事代等）は NZ 代表チームの自己負担となり，私たち受け入れ側の負担が不要になったことは「カネ＝予算」を比較的コンパクトにデザインすることへの大きな貢献でもあった．

🎱 情報の概念と課題

　最後に情報の概念だ．企業活動においても，スポーツマネジメントにおいても広報活動の重要性には多数の議論がある．しかしながら最初から意識を出来ていたわけではなく，恥ずかしながら取り組みながら常に最良の形を試行錯誤していった．ただし一般的なスポーツイベントと違いがあるとすれば，以下の2点ではないだろうか．

　第一に私たち実行委員会は自治体や滋賀県スポーツ協会からコアメンバーが参加する形で動いていたのだが，必然的に県や市の記者クラブへのルートが近かったことが大きい．県・市の記者クラブに対するスポーツ施設での開催イベント告知や，地元選手の全国大会での活躍だけでなく，大会の案内などプレスリリースの経験が豊富だったのだ．

　第二に私が25年間にわたり民間放送局で勤務していた経験があり，その中でも広報 PR 部門での勤務があったことから，実行委員会ではリリースの内容，タイミング，対象者（社），メディア対応についてはある程度のセオリー共有

されていた．大切なのは1つの経験を単発で動かすのではなく，滋賀県スポーツ協会のリリース手法と民間放送局のリリース手法を徹底して融合させたところだったかもしれない．自治体発信のリリース形式や，行政の記者クラブに参加する報道関係者，そしてメディアを通じて市民に温かく紹介して頂くためのニュアンス，これらは徹底的に事前議論を行い，実行委員会の正副委員長へのプレゼンは毎回が真剣勝負だった．メディア各社にどう伝えて，どのように取り扱っていただくか．メディアに合宿をどのように認知してもらうのか．これについてはまた章を改めて述べようと思うが，各準備を並行して進めながら，私たちはこうした「情報」の流れを非常に大切に考えていたと言える．

3　理論で考える「ミッション・ビジョン」と「経営資源」

　ミッションとビジョンは「マネジメント」の著者であるピーター・F・ドラッカーが提唱した概念である．この企業活動の根幹ともいえる考え方は次第に各企業に広まり，企業理念や経営理念，そして人事戦略や各事業のマネジメントにまで及ぶ重要な概念として活用されている．この節ではこの重要2ワードを少し深堀りして，理解を深めていきたい．

🎱 ミッションとは「何をすべきか」といった使命を明確化するもの

　ミッションは日本語では「使命」と訳されることが多いが，「使命＝何をするべきなのか」と考えることが一般的であるだろう．本書においてミッションは企業や組織が果たすべき使命として扱うが，それは企業や組織が何を目的に事業をしているのか，何のために社会に存在しているのかを表すといって良いだろう．こうした考え方はプロスポーツを通じて考えると，さらに理解がしやすくなるだろう．

　プロスポーツの世界の場合，その対象が個別のチームであっても，個別チームをまとめるリーグや競技団体であっても，このミッションの概念は2つの方向性に集約することが出来るだろう［広瀬 2014：49-50］．

　1つ目はダイレクトに競技力を高める方向性のミッションであって，結果として個人であれチームであれ，リーグであれ競技力が高まり，強くなることつながるものだ．

　また2つ目は地域に認知される方向性で，その存在が定着して周囲から愛さ

れることだ．つまりファンやスポンサー等の支援者を増やすことだといえる．

　さらに成長の方向を考えると，前者はその競技レベルを上昇させるタテ方向
への成長を目指し，後者は一連の啓蒙活動としてヨコ方向に成長することを目
指していると考えたい．これらはそれぞれの立場に置き換えて考えることで世
界中の全てのスポーツだけでなく，地域開催のイベントについても当てはめて
考えることができるだろう．

🍶 ビジョンとは「なりたい姿」の表明をするもの

　「ビジョン」とは展望であり，「ミッション＝使命」を果たすことでの将来像
との理解が良いだろう．例えば「企業として将来の夢をどう描くのか」「この
先どのような競技団体になることが理想なのか」を表すものだ．このように
「ビジョン」を掲げることで近未来のゴールとなる理想像を共有すると，組織
への参加者が同じ目的をもって活動できるようになる．掲げたミッションを達
成するために指針を示し，一体何をしたいか，具体的にどうしたいのかを実働
する組織のスタッフだけでなく，賛同者そして社会に示すことは非常に大切で
ある．つまり組織の存在理由を明確にすることが可能になり，またさまざまの
プロジェクトの前提となるために，次のような役割を果たすことになるだろう．

・組織（自治体や企業も含む）構成員の意欲をかきたてる夢として機能する
・組織（自治体や企業も含む）構成員の行動規範を作る
・事業やプロジェクトにおける成功および成果の定義を明らかにする

　以上のようにミッションは今やることの根源であり，比較的「現在」に重き
視点を置くのに対し，ビジョンは今後実現したい「近い未来」に目を向けてい
るという特徴がみられる（図1-1）．またミッションには社会に対する存在意義
という意味合いがあり，長期間にわたって変化することは稀である．一方でビ
ジョンは外部環境によって変化することもある中期的な理想としてとらえられ
ることが多い．またミッションやビジョンは重なり合う部分もあるため，それ
ぞれの定義を厳密に棲み分けて区別することが困難な場合がある．例えばある
組織ではミッションと掲げられた内容が，ある組織ではビジョンとして扱われ
ることも見受けられる．しかしながら大切なのは，ある組織が自身の方向性を
明確に示して，その根本的な方針を構成員が充分に理解できる仕組みを構築す
ることである．

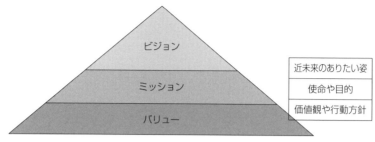

図1-1　ビジョンとミッションの概念

（出所）広瀬［2005a］を参考に筆者作成.
（注）「バリュー」について本文では触れていないが，三角形の底辺に「バリュー」を入れて考える
　　　のが，一般的である.

🗿 経営資源　ヒト・モノ・カネ・情報

　この章の結びに，経営資源とヒト・モノ・カネ・情報についても触れておこう．経営資源とはすべての資産，ケイパビリティ（能力），コンピタンス，組織内のプロセス，企業の特性，情報，ナレッジなど，企業のコントロール下にあって，企業の効率と効果を改善するような戦略を構想したり実行したりすることを可能にするものである．［Barney 2001：邦訳243］．つまり一般に企業が経営を行う上で利用できる有形あるいは無形の資源，つまり人的資源・物的資源・資金力・商標・信用などの総体をいう．これらに最近では「情報」という概念が重用される傾向が定着しつつある．そう考えると経営資源とは企業・団体が所有している，有用なすべての原材料や資産ということが妥当だろう．更にモノには「手に取れるモノ」とは別に，人々の頭の中にある暗黙知や，ノウハウといった知識の体系，サービス財と言われる商品群，またブランドのような無形の価値という「手に取れないモノ」の2種類があると理解することも必要である．［伊藤・高室 2010：6-9］.

　以上のように，スポーツにおける実行委員会を母体とする活動においても多くの協力者や賛同者を得るためには，こうした企業を対象としたマネジメント領域の理論を拝借する姿勢は極めて有効である．ミッション・ビジョンを掲げながら自身のゴールを表明することは，結果的に理解者を獲得する原動力になりうる．さらに保有する有形無形の経営資源を分類しながら自分たちの置かれる環境を理解した上で，やることとやらないことを決定する．そうした戦略立案のプロセスを踏まえることが，スポーツ現場においてもますます大切になる

に違いない.

◇注

1）内閣府「国民経済計算（GDP 統計）」(https://www.esri.cao.go.jp/jp/sna/menu.html, 2022 年 8 月 1 日閲覧).
   外務省「ニュージーランド基礎データ」(https://www.mofa.go.jp/mofaj/area/nz/data.html, 2023 年 5 月 2 日閲覧).

2）五輪や世界選手権・ワールドカップでは参加角国が独自に使用艇を準備するため, 強豪国は大会が多く開催されるヨーロッパ内にベースキャンプ等の拠点を持つことが一般的である. 各国では最新鋭の競技艇を自身の拠点から大会会場へ陸路輸送することから, 必然的にヨーロッパ各国の地理的な優位性が存在する.

3）ワールドマスターズゲームズ関西は当初は 2021 年 5 月に関西広域を中心に開催が予定され, そのうちボート競技は滋賀県大津市の滋賀県立琵琶湖漕艇場を会場に実施される予定だった. 世界のマスターズ世代のスポーツ祭典とあり, 競技のみならず海外から参加したアスリートによるインバウンドの効果も 1400 億円以上と非常に期待される案件であったが, 五輪同様に新型コロナウィルスの影響で 1 年の順延となり, さらに 2021 年秋には 2026 年への再延期となった.

4）新型コロナウィルス感染症により中止・延期となる大会があり, 滋賀県開催は当初 2024 年であったが, 1 年順延された.

5）DAIAMOND online 2023.08.18「都道府県「幸福度」ランキング 2023【完全版】」(https://diamond.jp/articles/-/327404, 2023 年 9 月 1 日閲覧).

第2章 マネジメント概念の基本

はじめに

　4年に1度の開催であるオリンピックは世界最高峰のスポーツイベントに位置づけられる．しかしながら東京五輪においては半世紀ぶりの自国開催であっても，競技現場より物理的または精神的に距離がある市民から共感を得るには難しいケースも多々見られた．市民に対して開催気運の醸成や，事前イベントで高揚感を作ることは非常に困難だと感じた方も多いだろう．また今回の新型コロナウィルス感染症のような社会環境の影響を受けるリスクも大きかったのではないか．特に開催地から離れた地方都市においては，大会運営に参加することもまれであるためなおさらのことだろう．夏のオリンピックの国内開催は1964年以来の機会となるため，スポーツの理解者や愛好家であっても地方都市での関連イベントに対する経験知は圧倒的に不足していることが一般的だ．これはスポーツの「する・みる・ささえる」といった醍醐味が，オリンピックに関しては完全に浸透しきれていないことを示しているのだろうか．

　むろんこうした傾向はオリンピックに限ったことではない．芸術活動も含めた多数のジャンルに共通して，大型イベントが開催されることが少ない地域社会では，その事前準備へのノウハウが不足している．結果的に受け入れのため理解やの多数の協力者を得ることに苦労する実情からは逃れられないだろう．そうした経験の無さが，平穏な日常生活への影響を不安視する市民の意識につながってしまうと厄介だ．よって新規イベントに対する市民へのネガティブ要因や不安な感情には丁寧に向き合う必要がある．

1　再考「スポーツな人」

　前章のように，私たちも企業における諸活動と同様の手順を踏み，「ミッ

表 2-1　本書で扱う「スポーツな人」の特徴

項　目	特　徴
アンバランスな 熱意・情熱崇拝	その競技を愛するあまり，熱意・情熱に基づいた行動こそが人を動かす唯一無二のカギであると過度に信じている
競技団体・最優先主義 偏る内部者目線	所属組織の繁栄については戦略的で多くの視点を持つが，地域・他団体との協力関係を構築しない，もしくはする気がない．常に一生懸命だが，その競技内の部分最適が価値観として表面に出すぎてしまう．周囲との協業や Win-Win の関係構築をイメージできない
敬虔な伝統主義	先人の積み重ねを尊重するあまり，置かれる現環境に合わせた体制・あり方を再検討をすることなく，盲目的に過去実績を踏襲してしまう傾向が強い
部分的なアマチュアイズム への極度なこだわり	ボランティア，無報酬の精神，スポーツは教育の一環という理想を求めるあまり，一般的な社会生活との価値観の乖離に気が付かない．時には資金獲得に向けた行動を悪とみなす傾向もある
競技力重視に偏る 視点・姿勢	強化こそが競技振興の最優先であり，他の要素を検討することを思考の外に置き続けている．勝利至上主義者ともいわれる

（出所）2000 年前後の民放編成局内での議論を参考に筆者作成．

ション＝使命」を掲げることによって，競技レベルの向上というタテ方向への成長を目指す必要性に気が付いた．さらに琵琶湖での NZ 代表チーム合宿を積極的に広報することからプロジェクトの理解者を増やし，認知を拡げるヨコ方向への拡大を目指す考え方に邁進することになった．また「ビジョン＝基本的価値観」を前面に掲げることでプロジェクトが目指す方向性について，その中長期な視野も入れつつ，理念を示す必要を実感していた．

　ここで既出の「だからスポーツな人はダメなんだ」という一喝を受けた経験に再びフォーカスをしてみよう（表 2-1）．当時の私たちが相当にショックだったことは間違いない．それは今まで自負していた熱い想いからのアプローチを全否定されてしまった感覚であり，一瞬にして今後進むべき方向が見えなくなり，お先真っ暗というような心理状況であった．しかしながら私たちは元国会議員氏から投げかけてもらった具体的な宿題＝「公的な資金を活用し，地域の公共財を活用するには汎用性あるハッピーを意識すること」という指摘に向き合う必要性を痛感したのだった．ビジネス環境と同様にマネジメントの基本に立ち返る大切さを再考することになる．

🎗 滋賀県に伝承される教えにヒントを得る

　単に「マネジメントの基本に立ち返る」と言われても多種多様な経営学理論や著名経営者の理念がある中で，何が基本なのか迷ってしまうという意見を良く聞く．ここで身近な理論であり親近感という見地に立つと，実は私たちの滋賀県には長きにわたり持続的ビジネスの価値観と伝承されてきた有名な無形資産があるのだった．近江の国を起点として中世から近代にかけて日本全国のビジネス界で活躍した近江商人と呼ばれる人々には，その商いの心得として代々語り継いできた家訓があるのだが，その中に「三方良し＝売り手よし，買い手よし，世間よし」という言葉がある．こうした各家で受け継がれた知恵や心得は時代とともに加筆され，体系立てられ，現代にいたっても多くの企業や経営者の座右の銘にもなっている精神文化とも言えるだろう．その奥が深く伝統ある教えを，ここでは敢えて簡単に説明するなら以下のようになるだろうか．

> 三方良し　＝　売り手の都合だけで商売をするのではなく，買い手が
> 　　　　　　　心底から満足し，さらに商売を通じて地域社会の発展
> 　　　　　　　や福利の増進に貢献しなければならない．

　今回の東京五輪の事前合宿プロジェクトは偶然にも，代々の近江商人がビジネスを築きあげてきた滋賀県が舞台ということで驚くべきご縁を感じるばかりだった．この章では五輪合宿のマネジメントが及ぶ関係者＝「三方」＝ステークホルダーといった概念を議論の対象とし，周囲の市民や関係者をどのように捉えれば良いのか．どのようなアプローチが当事者意識につながるのか．さらにプロジェクトが置かれる環境の理解を進めた先に私たちが「世間良し」をどのようにデザインするべきかを検討した経緯について触れていきたい．その「三方良し」を理解する先に「スポーツな人」からの卒業があると信じている．

🎗 プロ野球パシフィックリーグ改革の事例から

　今から 20 年ほど前の話になるが，経営不振に陥った大阪近鉄バファローズの消滅問題を皮切りに日本プロ野球界が再編問題[1]で大きく揺れていた頃，私はプロ野球・千葉ロッテマリーンズにおける経営改革の旗振り役として，現場の陣頭指揮を執っていた荒木重雄事業部長（肩書は当時）にお話を伺ったことがある．当時のマリーンズの抱える数々の課題に直面した荒木氏が痛感したことは，

当時のパリーグ各球団の経営は親会社からの資金援助に頼りすぎていて，球団の本拠地（フランチャイズ）の環境に対してあまりに鈍感で無策だったことだ．荒木氏によれば地元企業，地元自治体，地元ファンを始めマリーンズを今後将来に支えてくれるであろう関係者に働きかける以前の問題として，球団内部では全くと言って良いほどフランチャイズの環境や文化・特徴・カギを握る人物を理解していないことに愕然とされたようだ．まずはどのような関係者が存在するのか．その対象はどのような特徴を持った組織なのか．マリーンズに対する共感を得て支援を受けるには，そうした関係者の理解から始めなければならなかった．

　その後のマリーンズの改革についてはここでは多くを語らないが，荒木氏はチームの収支構造を V 字回復させただけでなく，日本の球団屈指の熱いファンにサポートされたスタジアムの創出に成功した．併せて自治体との提携を推進して地元小学生の夏休み課題として選手や球団キャラクターが登場する算数ドリルを開発しては，そのドリルを各学校の児童に無償で配布した．こうしたマリーンズと小学生とのドリルを通じた顧客接点は地元小学生の脳裏に深く記憶され，その子供たちが成長した先には継続的な若いファン層の獲得につながっているそうだ．

　私たちが千葉ロッテマリーンズの事例に示唆を受けたのは次の 2 点だ．第一には，仮に一時的な補助金や助成金でプロジェクト予算が潤沢にあっても，ステークホルダーとの連携が無くては「三方良し」を具現化することは出来ないということだ．第二には，どのような組織や個人を NZ 代表チーム五輪合宿の関係者＝ステークホルダーと認識するかどうか．さらには各ステークホルダーの個々に対して，Win-Win となる関係を構築するべきだと考える姿勢に，当プロジェクトの命運がかかっているというイメージだった．

2　　ステークホルダーの整理

　琵琶湖・瀬田川水域で五輪の事前合宿を行い，東京五輪の本番では世界最強になるという目標を掲げた NZ 代表チームからのオーダーを実現するために，私たちはどのような組織・個人に関係者になっていただくことが必要だったのか．また関係者になっていただこうとしたのか．ここでは当プロジェクトのカギを握ると私たちが考えた関係者の洗い出しと整理のプロセスを振り返ってみ

表2-2　NZ代表チーム五輪直前合宿　ステークホルダー

①	地域の住民
②	地域の行政（滋賀県／大津市）や学校
③	地域の商工業者
④	競技団体と地域の競技関係者
⑤	琵琶湖・瀬田川水域の利用者（水上ビジネス従事者・関連企業）

（出所）筆者作成.

よう. 既述の通り, 私たちは地方都市に最大で80名規模の世界一流アスリート集団をお迎えするにあたり, 手始めとして多くの方々にヒアリング調査の協力をしていただききながら課題を検討していったのだが, そこでの意見が関係者像を把握することに大きく役立ったことは強調したい.

そうしたプロセスを例示するにあたって, まずは結論からいうならば, 私たちは「ステークホルダー」を**表2-2**のように大きくは5つのカテゴリーとして設定したのだった. なお本書における「ステークホルダー」とは一般的な語源通りの, 古くは英国貴族の競馬に始まった「利害関係者とその周辺」と定義[2)]することにしよう. ではそのカテゴリー別に各ステークホルダーの特徴や役割, 立場などの詳細を考えてみよう.

① 地域の住民

どのようなイベント開催にも地域の方々からの理解・協力が必要だろう. 滋賀県大津市の住民に, 琵琶湖・瀬田川で五輪の直前合宿が実施されること, 私たちの生活拠点に世界最強の一角がチームで来県して最高の準備を目指すこと. こうした特別なイベントに対して地元で日常生活を営む地域住民に好意的に受け止めてもらい, 五輪合宿という非日常な案件に少しでも興味を持っていただくことは不可欠だった. オリンピックという世界最高峰のスポーツ祭典の盛り上がりを少しでも実感してもらうために, 私たちには一体何が出来るのか. 国内では前回1964年に開催された東京大会以来のビッグイベントであること, それを東京から400km以上離れた地方都市で体感してもらい, 開幕直前のワクワク感を提供するためにはどうしたら良いのか.

地域の生活圏が琵琶湖の近くにあるとは言え, ボートは滋賀県大津市であっても決してメジャースポーツではない. よって即座にポジティブな関心事に至

ることは非常に難しいことは予想された．しかしまずは地元が盛り上がらなければ三方良しには至らない．既出の千葉ロッテマリーンズの荒木氏は，「存在の認知や理解に至らないことが恐ろしいのではない．地元が無関心のままであることや，無関心になられてしまうことを一番避けなければならない」と当時を回顧している．

② 地域の行政／学校

　地元住民に還元できる要素を明確に構築することは，次のステップへの原動力になる．つまり2番目のステークホルダーとして地元の自治体からは数々のサポートを提供してもらえる期待が出来るのだ．理解を深めてもらうことで補助金や助成金の対象となるイベントとして位置付けてもらえる可能性が高まるだろう．つまり五輪合宿の地元に対する波及効果を自治体の担当部署に打ち出すことが必要で，プロジェクト実現の先にはどのような公共の福祉に通じることになるのか．自治体から公共の福祉として説明が出来るプレゼンテーションが必要になる．こうした波及効果の目指す方向性を突き詰めて考えることは，どのような新規イベントであっても求められるだろう．結果的に滋賀県スポーツ協会や滋賀県ボート協会の予算だけでは合宿実施には至らない現実を解決するにあたって，自治体からの補助金や助成金や存在は極めて大きい．

　続いて地元自治体と競技団体が一丸となって取り組んでいるプロジェクトとなると，保守的な地方都市では「自治体が推進している」という非常に大きな保証機能が生まれることが期待できる．それは五輪関連イベントを通じた青少年への教育上の効果かもしれないし，メディア等で取り上げられるポジティブな話題性による地域ブランディングへの効果かもしれない．そして将来的には合宿がきっかけとなり県全体の健康意識が高まる効果への期待かもしれない．

　自治体からの「ヒト」の協力も非常に大きな要素になる．地方に限らず公的な各機関へのアクセスは自治体を通じることが非常に有効であり，またそのルートもノウハウも既に構築されたものが存在する．許諾申請1つをとっても，予算の流れや申請の手続きをとっても，「ヒト」の協力はプロジェクトを大きく作用すると言っても過言ではないだろう．

　以上のように汎用性ある地元への効果を打ち出すためにも，自治体に対する協力要請をする視点は絶対不可欠だろう．総じて地方都市にあっては行政の後ろ盾が非常に強いブランドになって機能することが多くみられる．プロジェク

トの企画立案と実施には地域行政との友好な関係は非常に大切なのである

③ 地域の商工業者

　地域の商工業者という民間のパワーはプロジェクトに対する直接的な推進力というイメージがあるだろう．例えば代表チームが宿泊するホテルからは，いかに夏の繁忙期であっても快適な五輪仕様の空間を納得の価格で提供して欲しい．大会直前における選手団のコンディショニングという，合宿の成功の鍵を握る主要な要素が宿泊施設にはたくさん含まれているからだ．例えば私たち日本人よりも体格で勝る海外の選手達にはベッドのサイズは大問題だ．一方で日本人にはグレードが高いとされる和洋室の「和部分」は，その使い方ひとつで海外からの来訪者には不安要素の１つとなりうるのだ．こうした環境整備をトップアスリートの目線で具現化することについては章を改めるが，決して地元の競技団体の所属者が簡単に準備・手配を出来ることではない．

　その他にも代表チーム選手団の移動・食事・日常の買い物・医療サポート・自由時間のリラックスを確保する設備・また日本独特の文化を楽しめる空間も重要な要素であり，地元の商工業者との連携や協力は不可欠だ．例を挙げだせばキリがないが，西洋文化圏を始めとした海外アスリートからすると，日本での滞在は未知の異文化体験だ．合宿で滞在す際の「快適な準備」には地域の多数の商工業者の経験知や，知識に基づき理にかなった協力が必要である．こうした商工業者の温かいサポートがなくして地域密着型のイベントの実現は難しいと考えるべきであろう．

④ 競技団体と地域の競技関係者

　期間限定的であっても特設の施設を整えること（今回は2000m仮設コースの設置）にあたっては，数々の周辺競技団体からの理解とサポートが必要になる．他の水域や他の競技でも共通の課題ではあると思うが，プロジェクト実践には以下の３点の相互理解・協業が不可欠だろう．

　第一には特設コースの設営場所の問題がある．期間限定であっても，普段は各競技団体がトレーニングにおいて自由に利用が出来るエリアに仮設コースが出来ることは，そのエリアのレギュレーションが一変することになる．今回の琵琶湖・瀬田川ではNZ代表チームの希望する練習内容や時間帯について，地元ルールとのすり合わせが大切であった．世界最速の艇がトップスピードで練

習するため，地元の初心者アスリートが知らずに練習場所を横切るとたちまち事故のリスクが高まる．ある意味で普段の琵琶湖という公共財の活用・レギュレーションに制限が生まれてしまう訳であるから，周囲に丁寧な理解を求める必要があることは自明だ．具体的な解決策としては選手団規模の事前告知，練習時間の情報共有，通常運用との変更点をアナウンスすること等があげられる．

　第二にコース設営や撤収の際にはコース敷設用のモーターボートや機材（モノ）を一時的に提供してもらう必要がある．当たり前のことであるが設営には多大な機材が必要であり，臨時のコストがかかってくる．予算が潤沢に確保できている場合は問題がなかろうが，多くの場合では限られた予算での運営を強いられることになる．競技に携わる各団体ともに，自身の活動に見合った機材しか持ち合わせていないことが多いため，大規模の設営などはコスト削減のためにも各団体からの好意的な機材貸与が前提になってしまう．

　第三には人的資源（ヒト）の拠出だ．例えばコース・会場設営に専門的な知識を持つ人材，設営にかかわる労働力としての人材確保はもちろんのこと，準備にかかわる人材確保は重要な課題になる．日本のレジャーボートは国内で認められた船舶免許保有者がかならず乗船する義務がある．設営時のみならずNZ代表チームの合宿中には，帯同するコーチとコミュニケーションをとりながら船舶運転して艇を伴走しながらコーチングをサポートできる人材，つまり英語力があり地域水域の事情が理解できている地元の関係者の協力が不可欠なのだ．こうした人材を全くの未経験者から探し出すことは現実的ではなく，他エリア人材への要請も宿泊費等の諸費用の膨大が不安の種になる．礼を尽くしながらも地元の競技関係者からいかに協力を得るのか．専門知識の面だけでなく予算の面でも，協力関係にある絶対数が大きくものをいう．

⑤ 琵琶湖・瀬田川水域の利用者（水上ビジネス従事者・関連企業）

　琵琶湖・瀬田川には漁業の従事者や観光船運航に携わるビジネスも多く存在する．例えば古来よりセタシジミや天然ウナギは琵琶湖・瀬田川の名産であり，今では漁獲量は減っているものの水域には多数の漁業組合がある．そうした水域利用者からすれば公共財でありながら琵琶湖・瀬田川は生活の糧であって大切な職場だ．こうした水上ビジネス従事者の理解にスポーツ競技者は至っていない場合が多く，その地域の歴史や文化を学ぶことも必要だ．ちなみに琵琶湖・瀬田川水域では毎年春に滋賀県立琵琶湖漕艇場（関西みらいローイングセンタ

一）主催の安全会議・講習会が開催され，水上ビジネス従事者と競技団体の間で双方の立場を理解しあい意見交換を行う場を設定している．動力船を扱う漁業従事者はもちろん，ボートやカヌーの競技団体も漁船の運航には常時注意をし，観光船の渡航時間帯は航路での練習を自粛する例もある．つまり互いを尊重し合うのである．

🕯 合宿実施の準備として

　私たちは以上の5カテゴリーのステークホルダー全てから協力をいただき，また全てにフィードバックが出来る Win-Win の枠組みを掲げる必要があるとの考えに至った．この頃になると本書14章で詳しく語るが滋賀県スポーツ協会の木村孝一郎理事長（当時）が枠組み作りで県内を奔走して道を切り拓いたのだった．長年にわたり滋賀県スポーツ課で活躍した経験から，官民が協力する仕組みづくりとしての実行委員会を立ち上げた（表2-3）．委員会では全てのステークホルダーからの協力を得ながら，何らかをリターンとしてお返しできることを目指す組織作りだった．その旗振り役として滋賀県スポーツ協会，滋賀県ボート協会は合宿実施への側面的なバックアップ体制を組みながら実行委員会の稼働を目指していった．結果的に実行委員会という枠組みを掲げることは合宿実施の意識醸成に効果抜群であり，スポーツ協会・ボート協会からステークホルダーへの働きかけを受けて，自治体も協力する姿勢を深めてくれたのだった．

　新たな協力団体としては，関西学生ボート連盟が私たちの主旨に賛同して力を貸してくれた．これは杉藤がかつてコーチとして指導していた大学のスタッフ部員が偶然にも関西連盟の委員長をしていたこともあり，ほぼ二つ返事でそれを受け入れてもらえる幸運も重なった．また滋賀県大津市に本社を置き，日本で唯一の競技用ボートの製造会社である桑野造船株式会社も，世界最強国の受け入れプロジェクトに意気を感じてくれた．桑野造船は全国各方面の人的ネットワークを駆使しながらコース設営などで対応に取りんだのだった．このように少しずつながら地域の官・民のパワーを

表2-3　2019年2月 実行委員会の構成（立ち上げ当時）

①	滋賀県スポーツ課
②	滋賀県教育委員会
③	大津市スポーツ課
④	大津商工会議所
⑤	瀬田商工会
⑥	滋賀県スポーツ協会
⑦	滋賀県ボート協会
⑧	学識経験者

（出所）筆者作成.

結集して，受け入れ態勢を構築する仕組みが出来ていった．こうした組織作りには，当時は滋賀県議会議員として木村と様々なプロジェクトに取り組んだ実績を持ち，後の 2020 年に大津市長に就任した佐藤健司氏の助言も大きかったことも付け加えたい．

　こうなると次のステップは私たちの実行委員会組織の命名となった．この名称が今後には名刺代わりとなり私たちの活動を一言で説明してくれる機能を持つ．すぐに記憶してもらえるような簡潔さが求められる一方で，イメージを誤解されずに伝えなければならない．ある意味で実行委員会の存在を周知広報するブランド展開と考えても良いのだろう．非常に重要な局面に実行委員会のコアメンバーが頭をひねっては妙案が浮かばず，数日間の思考停止状況になったことが今となっては懐かしい．東京五輪，実施舞台の滋賀県大津市，五輪のイメージ，期待，効果と色々な要素が検討対象になった．

　少しばかり日が経ち，ある会議の折に杉藤がたまたま思いついた実行委員会名があった．杉藤が「東京五輪の熱気を琵琶湖に！実行委員会（仮）」として会議文書に記述したものが，上述の滋賀県スポーツ協会・木村理事長，滋賀県ボート協会・奥村会長から賛同を得たのだった．「泥臭いけれど，ええやないか．わかりやすくてスポーツの情熱と地元愛を感じるよ！」と．東京五輪へのムーブメントであって，さらには東京と琵琶湖を結びつけるネーミングだったが，杉藤・田中は全く図らずも評価されたことで，実行委員会名がその名称になってしまったという状況だった．センスを感じるネーミングとは程遠いかもしれないが，ステークホルダーを意識しながら愚直で，真っすぐな姿勢が表現された「私たちらしい名称かな……」と，妙な納得感があったことが懐かしい．

3　理論で考えるステークホルダー

⚭ ステークホルダーの概念

　スタークホルダーは企業が経営をする上で，直接的または間接的に影響を受ける利害関係者のことを表す［広瀬 2014：58］．端的にはビジネス上の利害関係者といわれているが，イメージ的に利害関係者といわれると，一般には金銭的な利害関係に注目しがちになってしまう．しかしながら，顧客や株主のみならず企業活動を行う上で関わるすべての人のことを指し，従業員や地域住民も含まれるという理解が必要だ．

表 2-4　ステークホルダーの分類

①	所有者（オーナー，株主，親会社）
②	競技関係者（協会，リーグ，他チーム，監督，コーチ，選手，スタッフ）
③	ファン，サポーター，ブースターなど
④	メディア（TV，インターネット，SNS 発信者）
⑤	ビジネス関係者（スポンサー，マーチャンダイザー，物販）
⑥	その他（自治体／施設）

（出所）広瀬［2014］を参考に筆者加筆.

　またスポーツビジネスにおいてはステークホルダーが多岐にわたることも多く，それぞれが特定部分で共通の利害を持つこともあれば，逆に全く別の要素で利害を持つことも頻繁に起こってしまうことがある．大切なのはその利害関係が必ずしも一致しないことであり，丁寧に複数のステークホルダーの利害関係の把握することが，そのビジネスの理解に直結することになる．

🎱 スポーツビジネスにおけるステークホルダーの分類

　ここで一般的なスポーツビジネスにおけるステークホルダーを6つに分類してみよう（**表 2-4**）.

　この6分類を頭に入れながら，ご自身の環境に沿って各関係者を当てはめてみることが理解を深めることに直結する．ぜひ読者も各関係者との現接点だけでなく問題点や課題，過去の関係性を踏まえながら修正・改善策を検討してみていただきたい．こうした作業を終えると一旦はステークホルダーの整理が完成となるが，この手の分類と検討は1回やれば終わりではない．昨今の刻々と状況が変わる環境下では，その都度で再整理を実施した上でアップグレードすることを推奨したい．戦略的に「周囲が良く見えている」マネジメントを実現するには，常に情報をキャッチするアンテナを張り，こうした周囲の観察力を研ぎ澄まし，問題解決を常にシミュレーションすることが大切なのであろう．

　またステークホルダーの機能は1つとは限らないことも興味深い．例えばライバルチームの存在があげられる．プロ野球パシフィックリーグでは，各球団はペナントレースでは敵味方となり真剣勝負を展開する一方で，顧客獲得についてはパシフィックリーグマーケティング（**図 2-1**）という共同会社を共同で運営している．そこでは6球団が営業や開発活動をともに行うことで市場に対す

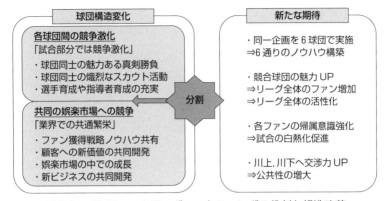

図2-1 パシフィックリーグマーケティングの役割と構造改革

（出所）市川・脇村・田中ほか [2014：40].

る一層強い交渉力を持つことに成功しているのだ．つまり「個」の視点で部分最適を極めようとする部分と，「リーグ」という視点でプロ野球市場の全体最適を達成する部分を巧みに棲み分けているのだ．最近では2022年にアニメの「ラブライブ！」という作品と6球団一斉のコラボレーション企画を実践したことがニュースとして各メディアで取り上げられていた．決して1球団単独ではまとまらない大規模コラボビジネスの交渉を，6球団がまとまることにより北海道から福岡までに及ぶ巨大商圏を持ったビジネス母体として，提携を成立させたのだと関係者から聞いている．以上のようにパリーグはある部分では火花を散らす競合関係にありながら，別の部分では大切なビジネスパートナーである．そういった現象がスポーツビジネスでは頻繁に起きていうことにも注目したい．

　ステークホルダーを整理し，自身の環境に当てはめて周囲環境の理解が進めば，さらに次を目指していくことができる．ステークホルダー個々の理解をした後は，どうすれば自身の問題・課題が解決されるか，満足につながるかの企画立案を進めることになる．例えばそうした企画は大きく分けると，下記のような3つの方向性があると考えることができるだろう．

① 外部に対してのコミュニケーションを担う広報やPR活動，および営業・CSRの仕組みや担当者の強化．内部に対してのコミュニケーション

を担う人事，総務など，社内横断組織の仕組みや担当業務の活性化

② 創造的事業を活性化させる研究開発部門やマーケティング部門の充実化

③ リスクマネジメントを機能させる法務，ライツ，経理などの管理部門の整備

　もちろんこうした方向性は常に同じような形に収まることはなく，置かれた状況によって違ってくることも大いにありうる．また社内や団体内で折に応じて編成される特別プロジェクトチームのように，組織横断的に業務協力をすることでステークホルダー対策を講じることもあるだろう．いずれにしても本章で取り上げたステークホルダーの整理を行い，その対象ごとに課題解決・改善を追求することは後述する「戦略」の立案に結びつく．

　私たちは「何であるのか」「何になりたいのか」．結果「これから，どうあるべきなのか」「何をやるべきか，何をやらないのか」などの命題について，私たちが優先順位を決断しなければならない局面を考えてみると，実は戦略立案のためにはステークホルダーの整理が，そのスタートであることがわかるだろう．

◇注

1）2003 年当時にパシフィックリーグに所属していた大阪近鉄バファローズが経営難による撤退を表明．さらに福岡ダイエーホークスは親会社の経営不振で球団売却となったことが起点になった問題．各球団とその親会社の在り方，健全な球団経営，球団の売却や統合など経営面の問題から選手会をも巻き込んだ業界再編．

2）企業においては株主，経営者，従業員，顧客や取引先に始まり管轄の行政機関や金融機関を含めて考えるのが一般的である．利益や損失にかかわらず影響が及ぶ存在であればステークホルダーであり，またその利害は各プレーヤーにとって様々なケースがあり完全に一致することは稀である．

第3章 スポーツが持つ公共性

1　2019年ジュニア代表チームによるリハーサル

　私たちの取り組んだプロジェクト，つまりNZ代表チーム合宿受け入れの「本番」は合計2回あった．1回目は2019年に開催された，東京五輪のリハーサル大会と位置付けられた世界ジュニア選手権の事前合宿だ．五輪合宿をシミュレーションする目的も併せて，ジュニア代表の直前合宿を実行委員会で受け入れることになったのだった．しかし1回目が不満足な状況に終われば2回目の五輪合宿はなくなる計画で，1回目のチャレンジはリハーサルとは言いながらも，私たちもNZ代表チームもやり直しのきかない一発勝負の合宿となった．NZ代表チームを率いるホルトン氏と実行委員会はこの2019年のジュニア合宿から五輪までの2年間を見据え，運命共同体という不思議な関係になっていくのだった．当時を杉藤は以下のように回顧している．

　　一方的な僕の感覚的なものとしてジュニア合宿が始まるまでは，もしもNZ代表チームの要望を満たせなければ東京五輪の事前合宿はキャンセルなるだけで，NZとの機会はそこでサヨナラになるだけと感じていた．しかし打ち合わせを重ねるに従い，リサ（ホルトン氏）にとっても1回目を実行するにあたっては，失敗をしたら次のリハーサル機会はないわけで，"日本国内での五輪事前合宿の断念" という，一度NZ代表チームが「（日本での合宿をしない五輪本番は）ありえない」と捨てたプランに戻らざるを得ない．なんとしても1回目を成功させなければならないという意気込みを随所に感じた……．［杉藤 2022a：18］

　この章ではNZ代表チームと私たちが徐々に一蓮托生となっていった時系列について，スポーツの持つ公共性を意識しながら，来日側と受入側の双方の視点から五輪合宿をどのようにデザインするか．そうした議論を展開してみよう

と思う.

🏅 2019 年ジュニア世界選手権・NZ 代表チーム事前合宿

　五輪前年に行われたジュニア世界選手権の事前合宿について，ここではできるだけ簡略に紹介をしてみようと思う．合宿は 7 月 24 日〜31 日の 7 泊 8 日で行われ，参加したのは 4 種目にエントリーした男女 14 人の選手だった．コーチ陣は 3 名，それとは別にチームスタッフが最大 6 名帯同しており，補欠選手は参加しない構成であった．選手及び主要スタッフは NZ から成田を経由して大阪伊丹空港に到着した．スタッフ 6 名の中には五輪代表チームが活動拠点としているヨーロッパから，本隊とは別行動で日本の直前合宿に合流した者もあった．普段は五輪代表を担当するパフォーマンス分析のアナリストが駆けつけるなど，スタッフ 6 人体制の充実ぶりに五輪リハーサルに対する NZ 代表チームの本気度を知ったのだった．

　一行は無事に宿舎に入り，翌日からの合宿トレーニングに備えたのだが，残念ながら機材トラブルが 2 件も発生していた．

　1 つ目は大会会場の東京・海の森水上競技場から練習拠点に届けた 4 艇のうち 1 艇が運搬中に破損してしまったのだ．まさかの破損に呆然とする私たちに選手もチーム責任者も「あなたたちのせいじゃない」と言ってはくれたが，該当艇を使用するはずであった選手たちには急遽で代替艇を準備することになった．私たちが手配したレンタル艇は地元実業団チームが保有する最善策とも言える艇ではあったが，艇のサイズ[1]が選手に完璧には合わず本来の使用艇の修理完了までは最終調整に影響が出てしまった感は否めない．大会本番で彼らが決勝進出を逃してしまった結果を鑑みると私たちも責任感でいっぱいになる．

　機材トラブルの 2 件目は，間違った艇の備品が日本に届いており，このままでは乗艇練習が出来ない状況だと判明した．チームと協議の結果，東京の代理店に頼んで備品を緊急手配するよりも欧州から合流するスタッフが持ってきたほうが早いという結論に至った．チーム本隊から 2 日遅れて合流した選手団・団長が直々に大きな備品を抱えて関西国際空港に到着した際には，改めて国際スポーツ案件の難しさを痛感した．しかしながら 8 日間の合宿を終えて，大会では女子クォドプル（4 人漕ぎ）が優勝して世界のジュニアの頂点に立った．ほかにも 3 種目中 2 種目が決勝進出という，世界舞台での及第点に関係者一同が手ごたえを感じた 1 回目の合宿となった．

〈U19 世界選手権／世界ボートジュア選手権〉

合宿日程：2019 年 7 月 26 日（金）〜 8 月 2 日（金）

大会日程：8 月 7 日（水）〜 8 月 11 日（日）

世界ジュニア事前合宿　行程表

7 月 23 日	オール・備品の到着，仮設コースの設置作業スタートなど
7 月 26 日	選手団および・使用艇の到着，コース整備作業（藻刈り作業など）
7 月 27 日	水上練習のスタート
7 月 28 日	NZ コーチ 3 名によるコーチセミナー開催（大津市内の中高生ボート部員対象）
7 月 29 日	通常練習
7 月 30 日	滋賀県知事・大津市長への表記訪問，歓迎レセプション
7 月 31 日	地元クルーとの合同練習会の開催
8 月 1 日	通常練習
8 月 2 日	合宿打ち上げ〜選手団は新幹線にて東京・海の森水上競技場へ移動
8 月 7 日	大会第一日
8 月 11 日	大会最終日

選手団（23 名）

◆男子クォドプル

　Ben Mason，Seth Hope，Jason Nel，William Thompson

◆男子ダブルスカル

　Kobe Miller，Scott Shackieton

◆女子クォドプル

　Shakira Mirfin，Eva Hofmans，Rebecca Leigh，Phoebe Trolove

◆女子フォア

　Alison Mills，Sally Wylaars，Lucy Burrell，Charlotte Darry

◆スタッフ

　団長 Judith Hamilton，マネージャー Lisa Holton，Michele Munro

　コーチ Hannah Starmes，Nick Barton，Duncan by de Ley

　栄養士 Christer Dunshea-Mooij　医師 Stuart Armstrong

　分析担当 Justin Evans

◆事前合宿の宿泊先および練習拠点

　・ロイヤルオークホテル（当時）　滋賀県大津市萱野浦 23-1

　・総合型地域スポーツクラブ NPO 法人瀬田漕艇倶楽部　滋賀県大津市
　　大萱 6-1

総勢 23 名の選手団（大阪伊丹空港にて）

8 琵琶湖に仮設コース設営

　五輪合宿のリハーサルともいえるジュニア合宿を実現するために，私たちが取り組んだ各準備を整理してみよう．ここでは「スポーツの持つ公共性」の視点に基づき，改めて各アプローチを紹介する．注目すべきは琵琶湖上に新たに設営したジュニア合宿限定の 2000m 仮設コースである．私たちが奔走したことは主に（表3-1）の 5 点だった．もちろん最初から 5 点全てが見えていたわけではなく，1 つ 1 つ進めては波状的に表れてくる課題・問題に丁寧に向き合う毎日だった．大切なことは綿密な（に見える）計画を立てても道半ばであって，都度で現れる問題解決に笑って立ち向かい，挑み続けるスタッフのメンタリティーではなかろうか．

表3-1　ジュニア合宿　重要作業一覧

①	公的資金を組み入れた予算の編成
②	2000m 仮設コースの敷設プラン作成と実作業
③	ステークホルダーとの琵琶湖・瀬田川を利用する調整，および専有申請等
④	両国の理解・友好の促進のための行事立案
⑤	市民へのメリット還元

（出所）筆者作成.

① 公的資金を組み入れた予算の編成

既述のようにメジャースポーツに比べればささやかな予算規模であるものの，滋賀県ボート協会が単独で，この規模までの資金調達をすることは不可能だった．そこで私たちはジュニア合宿が五輪合宿につながる大切なリハーサルという位置づけをまとめた企画書を作成して，五輪本番までの向こう2年のスパンでの予算獲得を目指したのだった．具体的には地元自治体である滋賀県，および大津市からの特別予算の拠出だった．そこに滋賀県スポーツ協会や滋賀県ボート協会からの資金を併せてベース予算を作成したのだが，これらでも目標額に届かなかった実情から民間企業を中心に協賛を募ることも行った．県内を中心に民間企業への理解には滋賀県スポーツ協会の河本英典会長を始め，木村孝一郎理事長（当時），滋賀県ボート協会の奥村功会長が奔走した．また個人ベースの募金，そして翌年の五輪合宿ではクラウドファンディングの挑戦も決定し，実行委員会で新たに取り組むことになっていった．

こうした愚直な取り組みは徐々に形になっていったが，今から思えば市民へのメリット還元の要素をもっと構築した上で日本財団や toto（スポーツ振興くじ）の助成金等にチャレンジすることも視野に入れるべきであったと思う．しかしながら当時の実行委員会のマンパワーやノウハウではここまでが精一杯だった．結果的には予算が不足したことに対する副産物かもしれないが，こうして五輪合宿は当初は意図せざる「産・官・民」の三位一体で実施するプロジェクトとの認識が出来上がっていったのである．

② 2000m 仮設コースの敷設プラン作成と実作業

コース設営についてはプランを実行委員会のメンバーで議論した．ボート協会会長や理事長が各競技団体からの情報や要望を集め，既存コース付近の航行ルールと照らし合わせながら観光船や漁船の運航水域との重複を可能な限り避け，かつ夏場の藻の繁殖の影響を受けないポイントを慎重に選ぶ作業を繰り返した．事務局スタッフには県立漕艇場での勤務経験者もいたが，想定外の事実が出てきて驚くことも多々あった．例えば都市伝説のように伝え聞いていた「明治時代の構造物の残骸がコース付近に沈んでいる場所がある」といった情報も詳細を確認すると事実であることが判明した．こうして琵琶湖に架かる近江大橋をほぼ中間点として，橋脚の下を艇が通過する形で北方向に約1000m，南方向に約1000m の仮設コース位置が決定した．コースの敷設（ブイの設置等）

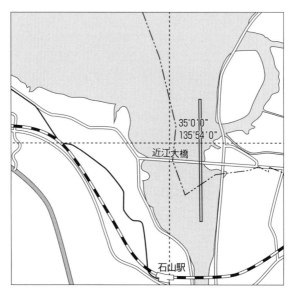

図 3-1　周辺地図とコース図

（出所）筆者作成.

表 3-2　2019 年ジュニア合宿　仮設コース概要

占有面積	東西 40.5m×南北 2,000m＝81,000m²
レーン間隔	13.5m　一列に 4 つの球状ブイ設置
ブイ間隔	100m 毎に 21 ラインの設置
レーン数	3 レーン

（出所）筆者作成.

には日本唯一の競技艇製造会社である桑野造船（株）が社長以下，スタッフをフル稼働してこれまで構築したノウハウを結集しながら設営をしてくれた．こうした作業には関西学生ボート連盟に加盟している大学のボート部員がボランティアとして参加してくれたことも非常に大きかった．こうして出来上がった仮設コースの概要は**図 3-1**，**表 3-2** の通りである．

　設置には GPS を使用しながら位置確認を行い以下の 4 点を結ぶ短形範囲とした．

　・北西端　N35°00′22.81″・E135°54′20.10″
　・北東端　N35°00′22.82″・E135°54′21.70″

・南東端　N34°59′17.94″・E135°54′22.36″
・南西端　N34°59′17.91″・E135°54′20.75″

③ ステークホルダーとの琵琶湖・瀬田川を利用する調整，および専有申請等

　公共財である琵琶湖を占有することは，たとえ8日間という短期間であっても地域や公的機関と正確な手順を踏まなければならない．各スタッフが手分けをしながらステークホルダーに説明に出向き，協力要請を行った．

　まず琵琶湖・瀬田川を生業の場としている漁業組合や観光船事業を行う企業には，想定される練習の時間帯やトレーニングの規模の共有，さらには仮設コース概要の図面をもって説明し理解を得ていった．また理解を頂いた後には仮設コース設営に関する承諾書にサインをもらうことにした．

　続いては貸船ビジネスを行っている業者・店舗に出向き，同様の説明を行った．夏場の琵琶湖はブラックバス等を対象にするスポーツフィッシングも盛んであり，水域では仮設コースと競合してしまうため貸船利用者への合宿実施の周知広報をお願いした．またカヌーやヨットといった琵琶湖・瀬田川を使用する他競技の競技団体にも説明に伺った．基本的に練習において重複する水域を占有するわけではなかったが，仮設コース以外でもジュニアチームが練習を行う可能性は十分にあり，丁寧な情報共有と協力要請を心がけた．なおボートの各競技団体には滋賀県ボート協会からアナウンスを行った．もちろん合宿によるコース占有を主としてお知らせしたのであるが，ボート最強国の一角が来日することを広く周知して現役の選手たちの刺激にして欲しいという私たちの願いもあった．細かいところだが練習拠点となる瀬田漕艇倶楽部の近隣住宅街にも海外選手団の利用を事前アナウンスした．こうしたステークホルダーとの情報共有や協力依頼をコツコツ進めたことは，地元自治会からの理解・応援や，漁業組合からコースの安全監視に協力をいただくオファー獲得にもつながったのだった．

　仮設コースの準備には公的機関への申請等も非常に重要な要素となった．湖面の占有許可は琵琶湖を管轄する国土交通省の出先機関に申請を行った．そこで必要だったのはステークホルダーの合意だった．考えうるステークホルダーより「合宿の仮設コースを認める」との主旨の合意書にサインをしてもらい，申請書に添付しての提出を求められた．総じてこうした許諾申請から実際の許可が下りるまでは時間がかかることが多く，今回の例ではコース設置2カ月前

の申請をしなくてはならなかった．また所轄の警察署にもイベント実施の申請を提出して許可をいただいた．

　一発勝負の合宿準備に抜け落ちがあって，チームの合宿が始まってから活動がストップされることは絶対にあってはならない．このようなプロセスは自治体等のルールを司る公的機関から適宜の指導を適切に受けながら準備をもれなく進める姿勢が必要になってくる．

④ 両国の理解・友好の促進のための行事立案

　合宿を通じて両国の競技力アップだけでなく相互理解を進めていくことも，スポーツの持つ公共性の一面であるだろう．実際にジュニアの NZ 代表チームからすると大会開催国の日本は未知のアジア文化の国であり，こうした文化交流も国際大会の大切な一要素と考えてくれていた．もちろん一般的な交流手法である各首長に対する表敬訪問は実施したのであるが，私たちは合宿の主旨を改めて考え直し，滋賀県大津市であるからこそ実現できる両国の相互理解の方法を再検討した結果，以下の仕組みを採用したのだった．

　まず合宿期間中の食事メニューに NZ 代表チームの栄養士が日本食の導入を望んでいることを知ると滋賀県産の近江牛，滋賀県産の米の提供者を探した．さすがに高額な近江牛の無償提供とまでは至らなかったが滋賀県・畜産課の杉本みのり氏が奔走してくれた．最終的には理解を示してくれたロイヤルオークホテルがレセプションで近江牛を使用してくれた．米については滋賀県・健康医療福祉部（当時）の狩谷悟史氏が「社会福祉法人わたむきの里福祉会」を紹介してくれた．わたむきの里は障がいを抱えて社会生活になじめない方々をサポートする法人で，高品質の米作りに挑戦している活動で有名な施設だった．

三日月大造・滋賀県知事の表敬訪問　　　越直美・大津市長（当時）の表敬訪問

提供商品（レセプション会場）

選手団のランチ一例

「世界大会や五輪で訪れた選手団が合宿で食べてくれれば，施設で働く方々のモチベーションになる」との提案を受けて，非常にありがたいお話として協力をお願いした．結果，わたむきの里の方々が丹念に作られたお米は選手団の昼食時に「おにぎり」等として毎日提供されたのだった．叶匠寿庵からは選手たちの補食として和菓子を提供いただいたことも日本文化の理解の一端を担ったと思う．またNZでワイン醸造を手掛ける大沢ワインからは赤・白ワインを，また愛知酒造からは純米吟醸酒をレセプション時のコーチ・スタッフへの差し入れとして提供していただいた．こうした嗜好品によって合宿期間中の1日だけ，ほんのつかの間のリラックスしたレセプションディナーが彩り豊かになったことは言うまでもない．更にそのレセプションでは滋賀県・大津市からそれぞれ地元の伝統文化を表現したお土産を提供いただき，日本の伝統的な剣術である居合の実演を披露する機会も得た．

　このように世界選手権を前にハードなトレーニングを実施する合宿の中であっても両国の文化を理解する仕組みは重要であって，今後の近い将来に合宿に参加した選手たちが再来日して，日本の文化と再会すること希望してくれる日を切に願っての試みだった．

⑤ 市民へのメリット還元

　公的資金を活用するということは，端的にジュニア合宿に公共性を持たせる必要が出てくることだ．ボート競技者以外への還元は非常に難しいものであったが大きくは表3-3の3つのイベントを企画して広く県内への貢献を試みた．これは両国の理解・友好の証としてNZ代表チームより協力を得て，市民還元

表3-3　NZ代表チームと共催した市民還元のメニュー例

コーチセミナー	県内の中学・高校生のボート部員を対象に，コーチセミナーを実施．セミナーには顧問の教諭を含めて100名弱が参加しNZ流の選手育成のメソッドを学ぶ機会となった
合同練習会	同世代を中心に合計3日間の合同練習を行った．1日は2000mの並漕練習，もう1日は瀬田川で長距離の並漕練習．最終日には1000mのレース形式で，両国のクルーはトップスピードでしのぎを削る機会となった．最終日の白熱レースには中学生ボート部員も声援を送った
コーチング見学	県内の現役選手がコーチのモーターボートに同乗する機会．NZ代表選手の練習を間近で見学し，コーチとのやりとりを実体験できる場を設定

(出所) 筆者作成.

コーチセミナー　　　　　　　　地元クルーとの合同練習後

型のイベントとして企画実践を行った.

　このような市民還元について杉藤は以下のように振り返る.

　　地元のクルーとの並漕トレーニングは，NZのコーチが許可する範囲のみという範囲は守りながらも，かなりの頻度で行うことができた．またコーチ陣が時間を取ってくれて，クラブハウスでセミナーの講師を買って出てもくれた．NZにおけるROWINGの現状，ジュニアチームのミッション，現在ジュニア選手権に向けてどんなことにフォーカスしているか，普段では絶対に聞けない話をしてくれた．「一方でジュニアでしょ，あんまり興味ないな，オリンピックチームならいざ知らず」という日本側の残念な空気も一部に感じた．もちろん日々の暮らしに多忙であることは重々理

地元マスターズ選手と買い物情報の共有

解できるが，もしかすると，やはり言葉の壁で日本の漕艇人は臆してし
まっているのだろうか，とも感じる．ここに得難い学びの機会があるのに
……，世界最強国の一角である国の，選手強化という長い旅路の入り口に
立っている選手たち，そしてそれをサポートする現場を見ることができる
チャンスを存分に活かすように，これは自分たちの課題かもしれない…….
［杉藤 2022a：21-22］

　杉藤の言うように公共性をもっと追及して，いかに世界最強国が合宿に来県
しているメリットを享受するか．まだまだ準備を追求しなくてはならなかった
と反省点はある．一方で地に足をつけたハンドメイドの合宿だからこそ，意外
な交流や地元との新たな化学変化も生まれたことは嬉しい誤算だった．
　合宿の水上トレーニングは選手団宿舎から徒歩圏内にあった瀬田漕艇倶楽部
を拠点に行われたが，倶楽部からは 3 人がフル帯同，そのほかにも倶楽部会員
らが常時数人サポートする体制を組んだ．倶楽部会員が NZ スタッフとの談笑
を始めると，近隣での買い物の相談にまで発展した．女性目線でのお得なお店
情報や滋賀県の名産品・食材の情報に至るまで及び，クラブハウスで休憩中の
選手にも倶楽部会員が英語で話しかけて談笑するなど，色々な形の交流が生ま
れていた．そうしたコミュニケーションからは，地元のパン屋さんと「翌年の
五輪合宿本番時には NZ 母国で食べているパンのレシピを応用した合宿専用パ
ンを焼きあげてもらえないか」という交渉までもが一気に進んだのだった．近
隣の店主からは「練習後には毎日来店してくれて片言の日本語で話しかけてく
れるのがうれしい！」との報告も耳にしたのだった．地元の保育園からは「園

児のお散歩の際には応援していますよ！」とお声がけ頂いた．それらは五輪事前合宿をすることでボートというマイナー競技団体であっても「地元経済に貢献したい！」そんな私たちの願いが少しだけ見えてきたようなシーンだった．

2　ジュニア合宿による私たちの国際経験

　2019年のジュニア世界選手権の事前合宿では，目指していた一定の及第点を頂くこと出来たと考えている．ただ私たちがリアルに受け止めるべき重大な要素として，翌年のシニアチームは最大70〜80名程度で所帯サイズが段違いであることだった．更にチームが課せられた課題，戦績の期待も格段に大きいということは，その後の実際の五輪合宿の準備をしながら痛感したことでもある．まずここではジュニア合宿の終了時点で私たちが直面した中から感じた，こうしたプロジェクトを成立させる不可欠な視点を以下にまとめておきたい．

　第一にチームビルディングの重要性だろう．2019年W杯ラグビーで「ONE TEAM（ワンチーム）」という言葉が流行ったが，その理念に通じるものが大切になるだろう．プロジェクトにおいて次々に発生するハードルを，大きな問題にすることなく解決することは，いかに，「チームを勝たせるために」＋「地域貢献」，という2つの思いのもとに多くの人たちが一致協力する必要がある．共通のゴール（目標）を周囲に例示しながら実行委員会が行く先を見据えて，理解・協力を周囲からもらうべく準備をしていたことはある程度の結果として現れた．

　第二には具体的な広義のチーム構成要素と協業する仕組みづくりだろう．ジュニアチームに参加していた選手，コーチ，スタッフ．そして五輪準備のために帯同した五輪代表チームスタッフ，NZ本国で事務作業をしていたスタッフ．そして受け入れた当方の関係者・ステークホルダー，地元の市民といかに協業するかである．こうした機会が無かったら出会うことも，関わることすらなかっただろう海外選手団に対して，その世界の頂点を目指す姿を応援してもらい，地元も含めて多くの方々に歓迎してもらう仕組みづくり．これこそがスポーツの公共性が醸し出す醍醐味ではないだろうか．

　第三には，課題に真っ向から取り組むタフさと笑顔を忘れずに取り組む鈍感力だろう．ジュニア合宿では問題が発生する度に「そのためにリハーサルをやっているのだ，ポジティブになろう」とホルトン氏からは笑顔で温かいコメ

ントをもらったのだった．彼女は温厚だが逆境には負けないタフな女性であり，彼女の行動を見ているとチームスタッフそれぞれにも的確に，そして心のこもった励ましの声をかける．しかも深刻さを周囲に感じさせないのだ．彼女の周りには常に笑顔があり，逆境さえ楽しむような空気があった．ジュニア合宿を通じて私たちは，そこに至る問題や課題が大きければ大きいほど絆は強くなるのだなと感じながら翌年の五輪準備に入ることができた．既に五輪合宿の目標がイメージ可能なものに昇華していたと言える．ホルトン氏の姿勢には学ぶものが非常に多かったが，こうしたハイパフォーマンスマネージャーとしての彼女の行動については章を改めて記すこととしたい．

ジュニア合宿での宿題

　もちろんジュニア合宿からは反省や宿題も数多く頂戴した．この時点では2000mコースの位置をベストの位置・形式に常時設定できなかったことが最大の課題だろう．近江大橋より北側の琵琶湖は風の影響で水面が荒れやすく，可能な限りコースを南に寄せるのが私たちの希望だった．しかし他の水面利用者との折り合いや観光・工事の大型船の航路との重複が大きな壁となったのだ．結果として近江大橋以北への突き出す仮設コース部分が理想よりも増えてしまい，2000mのうち半分近くが出っ張る形になったことには悔いが残った．またステークホルダーとの話し合いの中では，縦張り（2000mをまっすぐ貫くワイヤを設置してブイをくくり付ける方式）は湖面での業務上の障壁になる恐れが指摘さ

レセプションを終えて選手団と合宿関係者の記念撮影

れ，100 メートルごとに横張り（コースに対して直角にワイヤを地点毎に沈める方式）を採用するしかなかった．そのため直線コースとしてはブイの位置が不ぞろいになる部分が出てしまったこと，風の影響でブイが無視できないレベルに流されてしまったことが反省点だった．結果的にブイ位置の調整のためにスタッフには連日の修正作業をお願いして対応したのだが，NZ 代表チームからは翌年の改善案の提示を求められた．

　また夏場に繁殖する藻の対策も課題が残った．藻の刈り取り作業には膨大な費用が必要で，自治体の通常予算で行う湖面整備を可能な限り合宿の近い日程で実施してもらうように調整したが，天候の問題で作業日程が遅延してしまった．さらに予想外の晴天続きで藻の育成が早まったことで表出した藻にオールを引っ掛ける選手が頻出してしまったことも反省だ．NZ 代表チームからは五輪合宿をするならば藻の管理の精度を上げて欲しいと強いリクエストが来た．

3　理論で考えるスポーツが持つ公共性

　ここではスポーツが周辺に影響を与える「公共性」にはどのようなものがあるか，議論をしてみたいと思う．世界の舞台で頂点を目指すアスリートに対して，「トレーニングにおける最高の機会を提供したい」，「結果を残して欲しい」そう願う人は多いのだろう．しかしながら以下 3 つの特徴（**表3-4**）を理解する必要があるだろう．

① 公共財や公共施設を使用する意味合いの理解を求められること

　スポーツはあらゆる種目で公共の施設を使用する機会を目にする．野球やサッカーであれば自治体のグラウンドを使用したり，公立学校のグラウンドが試合会場になったりすることも日常的に行われている．また陸上競技や水泳などは自治体が所有する競技場・施設が大会の舞台になる．これらは公的な資金

表 3-4　スポーツの持つ公共性の側面

①	公共財や公共施設を使用する意味合いの理解を求められること
②	トレーニングに携わる姿や，試合を見てもらうことが公共に触れる機会なること
③	世間から注目や憧れの存在になる一方，非難・批判の対象にもなりうること

（出所）筆者作成．

で建設され，維持存続にも多額の税金が投入されていることは自明だろう．当事例のボート競技のように，琵琶湖・瀬田川の自然といった全国民が平等に接点を持てる場所（公共財）が競技やトレーニングの場所となることも珍しくない．収益性のある競技ではその利益の一部が施設の建設・維持管理に投下される例もあるのだが，大半の競技では公的資金がなければ立ち行かなくなるのが現状だ．ショッキングな例を挙げると1998年長野オリンピックではボブスレーやリュージュの会場であった長野市ボブスレー・リュージュパークは資金難から2018年度より競技使用が停止された.[3] 毎年国からの補助金とは別に1億円を超える維持管理を地元自治体が負担するには，利用者があまりに少ない実情が問題となったのだ．このような施設が負の遺産となりうるリスクはスポーツイベントの従事者，スポーツビジネスの関係者はもちろんのこと，競技団体に所属する関係者は理解しておく必要があるだろう．

　このような理解のもと，公共財を使用するスポーツは総じて，最低限の行動としてステークホルダーに対しての情報公開や，理解・協力を求める努力が不可欠となる．そうした理解のためには活動報告であれ，会計報告であれ正しい情報を適切なタイミングで説明するプレゼン能力，および組織や活動自体に関する適切な情報公開が求められる．スポーツチームの周辺には多様なステークホルダーが存在しており，これらすべてのステークホルダーへ，チームの活動に関する理念，経営方針やビジョン，経営や試合の結果，今後の予定などを説明することは「信用」を築く上で非常に大切なことなのだ［あずさ監査法人 2018：65］．

② トレーニングに携わる姿や，試合を見てもらうことが公共に触れる機会になること

　スポーツを通じて競技力を高めるためのトレーニングや，試合（ゲーム）は多くの方の目に触れることがある．つまり公共の場で公共財を使用するということは，世間の目に常にさらされているのと同然である．

　一方でスポーツ観戦は「共同体」を拡大するという特徴を持つ．例えば高校野球は1つのチームが勝利を目指す活動の一環だが，そうした活動は参加校という集合体を形成する．チームの躍進が始まると単独組織の域から簡単に昇華をみせるのだ．例えば甲子園大会に出場となると学校の全校応援体制やPTAや同窓会組織の寄付活動，また地元の町内会や商店街等からの応援と活動範囲

は拡大する．また高校によっては勝ち進むことが地域の社会現象にさえなることもある．ようするに「個」として勝負を楽しむためのスポーツは，いつしか共同体を形成し，共通体験を誘発し，地域を巻き込む性質を持っているのだ．つまり地域経営の理念形として，マーケティング・ネットワークの地域〈包括〉が形成されることなる［矢吹 2010：120-121］．

　オリンピックなどの国際大会では選手と一緒に現地の観戦者も一丸となって国歌斉唱に参加する姿が良く見受けられるが，こうなると地域はおろか国を繋ぐコンテンツだとも言えるだろう．こうした世間＝公共と結びついているのがスポーツの醍醐味でもある．

③ 世間から注目や憧れの存在になる一方，非難・批判の対象にもなりうること

　2022 年のサッカー W 杯では日本チームの躍動が話題になったことは記憶に新しいだろう．強豪国を次々に破る戦いぶりは国全体を巻き込んだムーブメントになり，ゴールを決めた選手は称賛され，献身的なプレーを見せた選手には尊敬や拍手が集まった．スタジアムを清掃してから帰路に就いた日本サポーターには大会関係者からは御礼の言葉が直接伝えられ，また日本代表チームがきれいに清掃した試合後のロッカーの映像を FIFA が公式 SNS を通じて発信をするなど，世界から数多くの好評価を得たことも記憶に新しい．

　一方で非紳士的なふるまいは瞬く間に非難の対象にもなる．決して意図的でないプレーや言動も，誤解が選手の生命さえ脅かすこともありうる．注目の大小こそあれ，スポーツはその精神＝スポーツマンシップゆえに，世間の模範となることを求められるのだ．仲間を尊重する，審判（判断）を尊重する，ルールを尊重なくしてスポーツは成立しないことになる［広瀬 2005b：45-47］と言えるのではないか．こうしたスポーツマンシップのベースとなるリスペクトの精神はチーム現場にいる・いないに関わらず，スポーツの関係者はしっかりと学んでおく必要があるだろう．

　以上のようにスポーツの持つ公共性を議論してきたが，では私たちはどのように振る舞うことが求められるのだろうか．広瀬［2014］によれば，それはスポーツに関わる全ての人間が正しくスポーツマンシップを理解し，その理念を啓蒙することだ．ちなみに読者は大会に出場した際のライバルチームはもちろんのこと，あらゆる関係者をリスペクト出来ているだろうか．また試合では審

判のジャッジだけでなく，大会側の多様な判断をリスペクト出来ているだろう
か．もちろん人間であるがゆえ判断を間違うことや状況を見誤ることは多々あ
るだろう．しかしながら修正を求めるにしても，各ジャッジをリスペクトする
姿勢を保持するためには相当な人間的修行が必要になってくる．またルールを
リスペクトすること．これは試合ルールだけにとどまらず昨今ではコンプライ
アンスの問題にまで広がりを見せている．競技者として，大会やイベントの運
営者として，管轄団体のスタッフとして色々なところで人間力が試されている．
一流のスポーツ人は色々な立場や場所で色々なルールに向き合うことが求めら
れるが，こうした積み重ねこそがスポーツを支える公共性なのであろう．

◇注
　1）ボート競技の使用艇は体重設定がなされており，クルー編成に合わせてその平均体重
　　　と艇の企画を合わせて使用する．
　2）主旨に賛同して協賛を頂いたのはアヤハグループ，叶匠寿庵，桑野造船，関西みらい
　　　銀行，滋賀銀行，瀬田商工会，東レ滋賀ボート部，大沢ワイン，滋賀レイクスターズ，
　　　（株）アイバード，大津商工会議所の各企業および団体．そして滋賀県スポーツ協会と
　　　滋賀県ボート協会からの資金を含めて予算を作成した．
　3）日本経済新聞 2017 年 3 月 27 日朝刊．

第4章 地域密着

はじめに

　前章で触れたとおり，東京五輪の事前合宿のリハーサル的な位置づけにあったジュニア合宿で私たちはある程度の手ごたえを摑むことができたのだった．計画当初にボート競技に対する情熱だけで準備を進めていた域からはようやく抜け出して，公共性や汎用性ある幸福感の醸成を視野に入れながら，ステークホルダーとのコミュニケーションも確立しつつあった．

　ただ決して万全ではないとの気持ちで同時に自身を引き締めることにも務めた．迎える五輪事前合宿は選手やスタッフの規模も，目指す大会成績も，選手はもちろんスタッフや，受入側までが受けるプレッシャーが格段に大きくなる．ジュニア合宿の及第点を経て，翌年には一層の「産・官・民」が一体となった地域としての受け入れ体制を作り上げ，NZ代表チームをサポートする基盤を整備しなければならないと考えていた．

1　実行委員会の組織強化

　琵琶湖・瀬田川にNZ代表チームを受け入れるにあたって，私たちは2019年に発足した実行委員会について，リハーサル大会を経て連携の修正・拡大に取り組み始めた．限られた資本・資源を有効に活用しながら一層の機動性をもって機能し，もっと幅広い範囲のフォローまで可能にする組織はどういったものか．そんな思考を巡らしながら体制を再構築していくことを考え抜いた．実行委員会の構成メンバーおよび，直接的なサポートを担当する自治体・企業・団体・から構成される「五輪本番用」の受け入れ組織のチームビルディングである．もちろん2020年の五輪合宿も活動母体の実行委員会は任意団体であることから，ジュニア合宿と同様に専用のオフィスや施設を持つことは求め

表4-1　修正拡大後の実行委員会

① 滋賀県スポーツ課〈増員〉 管理職1名＋担当者2名体制	⑤ 瀬田商工会 担当者の明確化
② 滋賀県教育委員会 担当者の明確化	⑥ 滋賀県スポーツ協会〈増員〉 副委員長＋担当者6名体制
③ 大津市スポーツ課〈増員〉 管理職1名＋担当者2名体制	⑦ 滋賀県ボート協会 委員長＋担当者2名
④ 大津商工会議所 担当者の明確化	⑧ 学識経験者枠 業務範囲の拡大

（出所）筆者作成.

　なかった. しかしながら各実行委員の間での効率良い連携には特に意識を高め, 各人が日常業務に従事しながら, タテにもヨコにも連携を構築していくことを目指してレポートライン方式を採用した. それは民間企業でいうプロジェクトチーム制に近いイメージであろうか. この章では合宿を実行するための組織内および組織間の連携の在り方, および連携の先にある NZ 代表チームに対して, 地域密着した受け入れチームで「五輪で勝つための環境を提供する」という目標到達へのプロセス設計について議論をしていこうと思う.

　実行委員会を形成して各部門で一生懸命に取り組んだジュニア合宿であったが, 私たちの気づきは各団体・組織の窓口が一本化されていなかったり, 情報共有の流れにボトルネックがあったりしたことだ. 必要に応じて増員をお願いすることや, 改めて担当窓口とその業務の再確認を進めた. 実行委員会の構成メンバーは, その各人が所属する組織ではタテのラインでつながり, かつ同時に実行委員会の構成メンバーだけでなく, 自治体や事務局の実務担当者とのヨコの情報の流れを意識した横断的コミュニケーションもできる仕組みに修正をかけた（**表4-1**）.

① 滋賀県スポーツ課

　文字通り滋賀県庁にて県内のスポーツ施策を企画・推進する組織であり, 実行委員には課長職が1名, また課長職とレポートラインにある実務担当の計3名を固定の担当として稼働してくれた. 具体的な担当業務としては, 仮設コース付近の水域の安全管理には滋賀県立琵琶湖漕艇場（関西みらいローイングセンター）が業務を担っており, 県施設である漕艇場と滋賀県庁各セクションの連携

を強化した．例えば夏場に繁殖する藻の除去作業を始め滋賀県が主導する琵琶湖保全の施策と，五輪事前合宿の準備を紐づけてくれた．これによって県のレギュラー行事に，今回の合宿の準備作業を連動して行うことができ，ヒト・モノ・カネを効率的に運用するフレームが完成した．

　こうした県庁内の連携にとどまらず，合宿の全体予算の作成に対する助言だけでなく，国から施される補助金・助成金公募のリサーチや情報提供は常に最先端をいくものだった．後章で改めてまとめるが，新型コロナウィルス感染対策では受け入れ側の司令塔的な役割を果たし，滋賀県の健康医療福祉セクションとの綿密な連携をすることで，実行委員会の施策が道を踏み外さないようにアテンドする役割も担ったのである．

② 滋賀県教育委員会

　スポーツと地域社会が市民の交流企画で連動するにあたっては，公立学校やクラブ活動との提携は最優先で検討する対象となるであろう．琵琶湖のある滋賀県では中学校でもボート競技の部活動が行われており，合宿拠点となった大津市では合計 200 名を超える中学校ボート部員が日々の練習に励んでいる．また県内の各高校のボート部も伝統的に全国的に高いレベルにある．こうした学校のボート部の活動と NZ 代表チームの接点は近未来の選手強化や人材教育，さらには指導者育成に直接つながることが期待できる．この教育委員会事務局保健体育課より課長職 1 名が実行委員に参加し，NZ 代表チームの事前合宿と地域の学校を繋ぐ役割を担ってくれたのだった．

③ 大津市スポーツ課

　県庁在地であり，合宿ご当地の自治体である大津市スポーツ課からは実行委員に管理職 1 名，また実務担当 2 名を固定の担当としてくれた．市の広報紙での告知や結果報告，中学校ボート部顧問の教員との諸連絡を始め，企画イベントへのコーディネートを緻密に進めてくれた．また観漕会と銘打った NZ 代表チームのデモンストレーションの日には，生徒によるメッセージ入り特大応援旗の制作をサポートしてくれた．また感染対策が非常に厳しく求められた五輪事前合宿では保健所と連携しながらチーム入国の際の安全確認やアテンドを受け持ってくれた．さらに緊急事態の際の連絡ルートや感染者が出た場合の搬送ルートなど，現場の実務的な対応について交通整理をしてくれた．こうした基

準をマニュアル化する作業では中心的役割を果たし，他の自治体と連携しながら他競技の状況を実行委員会の知識として提供してくれるなど，期間を通じて現場の最前線で稼働してくれた．

④ 大津商工会議所，⑤ 瀬田商工会

　地元の商業者に対する広報活動，特に地元の商圏で五輪合宿が行われることを理解してもらうための呼びかけに大きな役割を担ってくれた．国内 56 年ぶりの五輪開催という日本の中央イベントは，実は滋賀県大津市のような地方都市では価値そのものが伝わりにくいことは既述したが，こうした民間企業を含めた地元商業者に対しての公式なアナウンス力の影響は大きかった．総じて大津市は保守的で日常生活からの変化を得意としない傾向がみられる私たちの街であるが，地元企業・商業者より五輪合宿に関して開催を疑う声が前面的に出なかったのは，こうした商工会議所や商工会による地道な広報施策の賜物だと考えている．

⑥ 滋賀県スポーツ協会

　本来は県内のあらゆる競技をフラットに総括する公益財団法人であるが，当プロジェクトではボート競技に寄り添っていただいた．実行委員会副委員長を筆頭に事務局スタッフとして計 5 名，また指定管理者として携わる滋賀県立漕艇場（関西みらいローイングセンター）から 2 名が合宿運営のメンバーとして活躍した．おもな役割は事務局機能として予算編成，予算管理，発注及び精算，委員会の招集や会議の進行および資料作成，コース敷設と撤収のプランニングと実行，自治体および首長との調整事項．私たちが何から何まで頼りきってしまったほど業務のカバー範囲は広かった．また実行委員会が重要感染対策として取り組んだ受け入れマニュアルの作成では総まとめ役として各方面の資料を一貫したロジックに沿いながら編集・調整し，各機関の指導を受けながら完成させるといった極めて重要な役割を果たした．

⑦ 滋賀県ボート協会

　該当競技の統括団体として実行委員会の委員長は滋賀県ボート協会の会長が務めた．そのほかにボート協会から 2 名が実務担当として稼働した．その内容は県内各競技団体との調整，ボランティアの募集，NZ 代表チームとの交渉・

調整，合宿業務の実作業，機材運搬等やロジスティック業務，必要機材の見積もりや発注も含め，現場業務の計画・実行を担った．またジュニア合宿では合同練習会の企画と運営，五輪合宿では観漕会と銘打った市民還元型のイベントを企画し実践した．

　こうした現場業務には，琵琶湖・瀬谷川水域の安全確保のための危険な作業や，コース敷設の実務，NZ代表チームの練習中の安全監視などがあったが，縁の下の力持ち的な業務を滋賀県ボート協会会長も自ら率先して受け持ち，現場での陣頭指揮を執ったのだった．また県ボート協会の理事長（当時）であった山中貴幸氏は滋賀県の強豪実業団チームである東レ滋賀にて活躍した実績から，関西および県内の競技団体に非常に幅広い人脈を持っていた．杉藤洋志氏は広島県で1994年に開催されたアジア競技大会にて金メダルを獲得するなど長年日本代表選手として活躍しており，また引退後はカナダに渡り海外でコーチライセンスを取得しているプロのコーチである．こうした杉藤の専門知識や語学力，多彩な国内外ネットワークが合宿具現化の原動力であったことは言うまでもない

⑧ 学識経験者枠

　この枠には僭越ながら私が入れて頂いた．現在は大学でスポーツマーケティングを専門に教員活動をしていることが主な要因であるが，大学教員に転職する以前は在阪の民間放送局でスポーツ部門を中心に25年間勤務していた経験がある．長野五輪やアメリカゴルフツアーでは中継ディレクターの経験があることなど，民放でのスポーツ番組の制作やスポーツ現場での取材経験をもとに，実行委員としてプロジェクト業務の遂行に携わらせていただいた．また民放時代には広報PRセクションにも在籍したこともあり，私たちが取り組んだ「2つの本番」では広報PR担当も兼任した．また練習拠点となった総合型地域スポーツクラブNPO法人瀬田漕艇倶楽部には大学時代から約30年在籍しており，かつ2020年からは倶楽部の理事を務めていたことから，倶楽部との連携や会員との調整，ボランティアの募集など受け入れ現場の体制作りも担当した．

　以上のように，「東京五輪の熱気を琵琶湖に！実行委員会」は滋賀県内の「産・官・民」のキーマンとなる人材が結集する形で再組織化された．もちろん各実行委員は名誉職ではなく，それぞれが「連結ピン」として各出身母体の

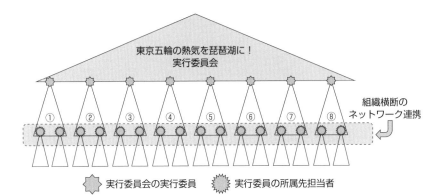

図 4-1　実行委員会のタテの繋がりと組織横断のイメージ

（出所）リッカート・リンキング・ピンモデルを参考に筆者が加筆した実行委員会モデル.

組織内とも連動した. 組織論の分野などで問題視されるのは, こうした実行委員会が形骸化されることであろう. つまり決定事項の確認・承認のみという主旨の実行委員会ではないことが大切である. つまり各委員が複数の実務担当者がともに稼働する仕組みにデザインされていたこと（図4-1）は, 任意団体である「東京五輪の熱気を琵琶湖に！実行委員会」が機能するためのカギであって, この組織横断的な連動を構想したのが滋賀県スポーツ協会の木村孝一郎理事長（当時）だった. 木村は長らく滋賀県文化スポーツ部において地方行政の分野で活躍した実績を持ち, 滋賀県庁および大津市役所を始め地元のネットワークは非常に広範囲に及んだ.

　ビジネススクールのマネジメント分野で著名な教科書とされる書籍に「ビジョナリーカンパニー」シリーズがあるが,「重要なのは誰をバスに乗せるか, 行先はおのずと決まる」[Collins 2001：邦訳66-72] というフレーズはご存じの方もいるだろう. まさに木村は滋賀県ボート協会長の奥村とともに「五輪事前合宿」というバスに, 一体誰を乗せるかとの構想作りに熟考を重ねたのだった.

2　実行委員会による練習拠点や地元事情との調整

　実行委員会はさらに琵琶湖・瀬田川で NZ 代表チームを受け入れるにあたって, 以下のような現場体制を組んだ. 練習拠点としてメイン会場となる受け入れ施設には, ジュニア合宿と同様に総合型地域スポーツクラブ NPO 法人瀬田

漕艇倶楽部に決まった．海外ナショナルチームの練習拠点が地方の単一法人である瀬田漕艇倶楽部となったことは，非常にインパクトあることである．ここではその決定プロセスを記す必要があるだろう．

🥈 練習拠点の確保と決定

実行委員会に集まった情報によれば，今回の東京五輪の事前合宿地としてボートおよびカヌーチームを受け入れた多くのホストタウンは，公共施設である「市立艇庫」「県立漕艇場」などを活用する例が大半を占めていた．私たちの受け入れ拠点がそうならなかったことは主に2つの要因がある．

第一の要因は当初の五輪開催とされた2020年は滋賀県立漕艇場が建て替え工事中の予定だったからだ．この工事は，数年前から準備計画されていた国民体育大会（当初は2024年開催だった）と，ワールドマスターズゲームズ（当初は2021年開催だったが，新型コロナウィルスの影響で開催が一旦白紙になった）の二大会の開催に向けての整備計画だった．

第二の要因は国体等で使用するには充分な規模の施設であっても，強豪国のナショナルチームが使うには手狭な面や，また公共の施設だからこそ一般利用者との棲み分けの困難が予測されたことだ．実行委員会では当初は公共の県立漕艇場での受け入れを想定していたのだが，NZ代表チームから「瀬田漕艇倶楽部でやらせてほしい」という強い希望を受けたことも大きく影響した．NZ代表チームのスタッフが重視したのは，一般利用客との棲み分けで受け入れ側に過度な負担をかけないこと，練習後にリラックスできるクラブハウス・スペースがあること，練習後には選手たちに素早く食事提供ができるか．ボートが大好きな人が沢山いそうで，そんな人々のサポートを得ることができるか，と

瀬田漕艇倶楽部・艇庫本館

瀬田漕艇倶楽部クラブハウス

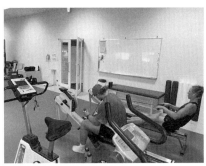

直接の交流は出来なかったが，体育館ジムからは温かい歓迎メッセージが壁に

いうことであった．もちろんこれらは最初から全て伝えてもらっていたわけではないが，ホルトン氏との以降のミーティングで少しずつ気づいた内容である．

　受け入れに関して他の主要施設としては超一流アスリートのウエイトトレーニングに満足できるトレーニングジムの課題があった．瀬田漕艇倶楽部のトレーニング機材では全く足りず，ジュニア合宿では宿泊したホテルのジムを活用したが，高級ながらも手狭であった．またジュニア合宿は人数的にコンパクトな選手団であったにも関わらず一般宿泊客の利用とのスペース共有が難しかった．よって他の施設の可能性をリサーチした結果，近隣企業の主有する体育館アリーナに隣接するジムを提供してもらえるようお願いをした．そのアリーナはバレーボールＶリーグチームの本境地であり，そのチームの活動に一部制限が出てしまう可能性もあったのだが，チーム関係者からは「たとえ種目は違っても世界一流のアスリートが来るのであれば，きっと我々も学ぶべきことが多々あると思う．色々と参考にさせて頂きたい」とのコメントをくれたのだった．そして企業内での部外者利用に関する申請・調整までを行い，さらにはジム内にローイング専用のシミュレーションマシーンの持ち込みも許可してくれたのだった．こうした競技種目の壁を超えた協力体制は本当にありがたく，この事前合宿が実行委員会だけでなく，地域に根差したワンチームに向かっていることを実感する一面であった．

⚱ 協力団体関係者

　こうして徐々に環境を整えつつ，ジュニア合宿での宿題を１つ１つ克服している中で，私たちが多大なお世話になった地元の協力団体を紹介したい．まず

は漁業組合3団体である. 彼らの生業である「しじみ漁」などと合宿の期間が重複したのだが, 琵琶湖・瀬田川の水域に仮設コースの設置と占有の必要に理解を示してくれただけでなく, 猛暑の中を安全監視のための漁船を毎日出してくれた. 海外選手団の合宿のために, 通常とは一部異なる水上の航行ルールの運用を把握した上で, 県外からも訪れるレジャーボート利用者や他競技の練習活動に対して非常に上手に安全誘導をしてくれたのである.

桑野造船 (株) は大会サポートを国内各エリアで積み重ねた豊富な経験実績から, コースの設計と設営, 資材の準備, 仮設コースのメンテナンスを担当してくれた. 県立漕艇場との効率的な資材共有・活用は日常の同社の取り組む競技協力によるものである. また改めて関西学生ボート連盟には人的な協力を要請した. その活動は多岐にわたり, 五輪使用艇の搬出入や猛暑の中でのコース敷設, NZ人コーチが乗るモーターボートのドライバー, 合宿時のNZ選手団の買い出し担当などである. これらには京都大学を中心に, 同志社大学, 龍谷大学から数多くのボート部員がボランティアとして活躍してくれたのだった.

🏺 現場スタッフ

宿泊については後述するがびわ湖大津プリンスホテルが受け入れてくれた. チームのオーダーは非常に多岐にわたり, 食事面から後に対処が必要になった新型コロナウィルス対策まで, ホテルスタッフの知恵と情熱なくてはこの合宿は語れないといっても過言ではない.

航空機のチケット手配, 関西国際空港から滋賀県への移動, 合宿打ち上げ後の東京選手村への移動, 合宿期間の施設間移動で使用するバスの運用, また一番苦労した毎日のPCR検査の実施などは近畿日本ツーリスト (株) 滋賀支店が担当してくれた. 松田剛副支店長 (当時) は全体プランの構築から事前渉外, 当日のアテンド, 精算, 実行委員会での協議参加までフルカバーをしてくれた. また福田奈奈緒氏は数々のツアーアテンドの豊富な経験実績を活かし, 通訳兼アテンド担当としてチーム一緒に泊まり込んでの参加となった. 彼女の仕事はきめ細やかで, 場の空気をいち早く察する気遣いによって受け入れチームは数々の危機を回避できたのだった.

最後に特筆するべきはモーターボートのドライバー (キャプテン) である. 国内では法律によって日本の船舶免許を保有している者がモーターボートに同乗しなければならない制約から, 能勢鯨太, 平野城治, 武良美恵, 大越将洋, 今

モータボートキャプテンズ　6 人のサムライと NZ コーチ陣

村拓也の 5 名は合宿期間中に所属先に休暇を申請してのボランティア参加であった．また後述する新型コロナ感染対策のため，外部との接触をしないバブル内スタッフとして合宿期間中はチームと泊まり込み，家族はおろか一般の人々との接触を遮断してまでモーターボートの運転に専念し NZ 代表チームの最終調整をサポートした．しかしながら無形の報酬として，彼らはボート後進国のスタッフながら五輪直前の強豪国の調整やコーチと選手の会話の一部始終を，チームの一員として体感することができた．

🪆 私たちの地域密着とは

　この受け入れチームを端的に表すならば，担当者の先にいる地域市民の息遣いを感じながら，地元産業の理解や支援を得るための工夫の総合体とでもいうべきであろうか．決してトップダウンではなく，かといってボトムアップのみでもなく，ステークホルダーと「ともに創り，ともに汗をかき，ともに喜ぶ」そんな高い理想を掲げていたように思う．決してすべてが上手くいったわけではないが，最初から夢・野望を持たなければ何も始まらない．そのような実行委員会メンバーの思いが詰まっていた地域密着の準備と実践であったと思うのだ．

3　理論で考える地域密着の意義

　公共性のあるスポーツイベントを地方都市で実施するにあたって，この合宿の命題にもなった，汎用性ある地域の幸福感をどうやって目指すのか．これは簡単には正解を導くのが難しそうな，スポーツイベントの永遠のテーマのよう

にも見える．しかしながら考え方は至ってシンプルで，自治体と友好的なかかわりなくしてスポーツイベントの成立は難しい．ここからこの章における理論の理解をスタートさせよう．

地域密着への潮流

第2章でステークホルダーの整理を行ったが，自治体は欠かすことのできない存在であることは言うまでもない．例えばJリーグの川崎フロンターレでは，チームが地元の小学生を対象にした学習教材を作成し，教育委員会を通じて学校に配布する取り組みを続けている．教材が小学生および家庭に届く仕組みから若年層教育との連携を構築している．一見するとフロンターレの社会貢献活動に見えるかもしれないが，実はこの教材配布はフロンターレ側からすると，毎年若年層のサポーターを獲得するマーケティング施策として活用している一面もある．1993年に開幕したJリーグはその地域密着の理念を掲げ，地域と連動したリーグやチームの成長に取り組んできた．こうした潮流は2004年のプロ野球再編の危機に面した，プロ野球パシフィックリーグの各球団にも大きな影響を及ぼした．パリーグ各球団は親会社中心の立場から，こぞって地域密着にシフトしたことからも，いかに地元との太いパイプ作りを進めるかが肝要かを教えてくれる［市川・脇村・田中ほか 2014：38］．国内外を見渡してみると自治体がプロクラブに資本参加するケースもある．また県庁などにファン・サポーター組織を作り観客動員に協力しようというケースも見られる．こうした住民との接点という意味合いだけでなく，スポーツ関係者が再認識しなければならないのは，大会・レースというコンテンツ創造の際に，その生産現場は一般的に自治体が所有する施設であるということだろう．

公的資金の流れと地域密着

さらに内部の仕組みを考えてみよう．フォーカスしたいのは競技施設の建設や維持管理を実施しているのは自治体であるが，その財源はどこから出ているのかという事実である．一般的に公共施設の建設は公金でまかなわれ，その維持管理の費用も税金をベースに予算が組まれていることを考えると，実は自治体は地域住民からの資金を地域住民のために運用しているのであって，まさに競技施設の出資者は地域住民や地域の企業そのものであるのだ．よって各スポーツの競技団体やチームは，こうした自治体のロジックを所与のものとして，

スポーツにおける地域密着の意味合いを理解する必要がある．つまり個別の競技力強化やその競技団体の成長繁栄のみを目指すことは，ある意味でナンセンスであり，スポーツが期待されているものを充分に応えきれていないことになる．私たちスポーツ従事者は（少なくとも運営者や指導者は），競技の先に社会的なインパクトはもちろんのこと，地域に対する社会福祉的な価値を高めることも視野に入れる必要があるのだ．

地域とスポーツの接点

最近の競技場（スタジアム・アリーナ）と企業の接点にネーミングライツがある．年間の維持管理のランニングコストに不足が生じた場合，古くは補填する形で自治体が税金を投じて対処してきたことが見られた．近年では 1990 年代よりアメリカ・メジャーリーグで新スタジアムが建設される際に企業名が命名され始め，そこに高い費用対効果が生まれたという．そこからアメリカンフットボールなどアメリカ 4 大スポーツにネーミングライツは波及し，そのビジネス手法が日本にも導入された経緯がある．ちなみに日本で最初のネーミングライツが導入された例は東京スタジアムが 2003 年 3 月に「味の素スタジアム」[3]として運用を開始したケースだと言われている．さらに平成 15 年に設けられた指定管理者制度[4]により公的なスポーツ施設の運営に民間が参入できるようになったことも大きなインパクトをもたらした．これら動向からも国策として地域活性化には「スポーツコンテンツ」を活用しようという，認識の変化がみられるのである．

新公共経営（New Public Management）と公民協働（Public Private Partnership）

これまでに例示したように自治体が民間の力とのコラボレーションを試みながら，スポーツコンテンツを活用した施設運営は，いつの頃から始まったのだろうか．その背景について資料を紐解けばイギリスでは当時のサッチャー政権が 1979 年から当時の国営・公営企業の民営化に着手したことが発端だともいわれている［原田 2020：200-201］．そこから 1980 年代入ると日本でも公的な施設についても運営非効率を原因とする財政赤字が指摘され始めたのだった．そこで顧客（利用者である住民）にとって利便性の高いサービスを継続発展させつつも，コストの削減などの効率性も求めることを目的にした，民間企業の経営

手法を導入することが採用され始めた経緯がある．そうした新しい形の公的なサービスに対するマネジメントを新公共経営（NPM）と呼ぶようになり，また公共と民間が連携・協力して公共サービスを効率的に運営する概念に公民協働（Public Private Partnership）とともに，施設運営手法のスタンダードも進化し始めている［日本スポーツ施設協会編 2022：13-14］．

〈参考　NPM の特徴〉

① 顧客中心主義

　自治体も民間企業の経営手法を導入するのであれば，利用者を顧客として認識するように変化した．利用者である地域の住民や企業を対象に顧客満足の向上を成果目標とする．

② 結果主義の導入

　予算の確保から予算の執行で完結していた設備に対する費用投下を，明確な基準に基づく結果の評価を求めるように変化した．

③ 市場のメカニズムの公的機関への導入

　施設・設備の利用や活用についてどのような需要があるのか，その需要に見合った施設・設備の提供がなされているのか．こうした調査や調査結果の評価が運営の基準として採用され始めた．そこでは自治体のコスト削減を目的としながら，需給バランスを鑑みながら具現化する施策が求められ，その結果サービスの総合評価を向上させることを目指す．

昨今の公共の競技施設には，こうした概念を駆使して経費の圧縮をしながら住民サービスの向上，さらには地域の振興と活性化を果たす役割が期待されているのだ．

◇注

1）瀬田町漁業協同組合，湖南漁業協同組合，山田漁業協同組合の 3 団体．

2）川崎フロンターレ「2019 川崎フロンターレ算数ドリル完成しました!!」（https://www.frontale.co.jp/diary/2019/0511.html，2019 年 7 月 9 日閲覧）．

3）J リーグに加盟する FC 東京と東京ヴェルディ 1969 の本拠地である東京スタジアムの名称が，2003 年 3 月 1 日（土）から「AJINOMOTO STADIUM」（和文表記：「味の素スタジアム」）に変更された．またサブグラウンドは商品名から取った「アミノバイタルフィールド」となった．「株式会社東京スタジアム」と「味の素株式会社」が基本合意したもので，契約期間は 5 年間，金額は 12 億円でスタートし，以降も契約更新が

続いている.

　詳しくは東京スタジアム「ネーミングライツとは」(https://www.ajinomotostadium.com/
naming_right/, 2023 年 9 月 27 日閲覧).

4) 2003 年 9 月に地方自治法第 244 条の改正により公的施設の運営を民間に委託するこ
　とが出来るようになった.

第5章　戦略の考え方——意思決定のプロセス

はじめに

　2019年9月，ジュニア合宿の準備開始段階から約10カ月がたっていた．受け入れが決まってからの半年，多くの力を結集させてサポートしたNZ代表ジュニアクルーの金メダル獲得は本当に嬉しく，私たちはつかの間の夏休みを取れるはずだった．個人的な話で恐縮だが，大学教員としての前期の成績作業は山積みで残っていたし，仲間と進めていた共同研究では相当な迷惑をかけていた．そこに，また大きなニュースが入ってきたのだった．世界ジュニア選手権優勝の余韻を満喫することなく，選手団団長を始め何人かのスタッフは母国に帰ることなく彼らの主戦場であるヨーロッパに戻っていった．そこで開催されていた世界選手権（兼オリンピック世界予選）においてNZ代表五輪チームが素晴らしい成績を残したのであった．

1　五輪合宿モードへ

　南半球の島国であることから，ボート競技NZ代表チームの活動拠点はヨーロッパのベルギーに置かれている．そこでW杯などの世界規模レースのたびに強化合宿を実施して，大会が開催されるヨーロッパ各地に転戦をする行程を取っているのだ．NZ本国は大会の主戦場となるヨーロッパからは遥か遠方の島国であり，かつ季節が逆転するビハインドがある．よって南半球から世界と互角に戦うためには，年間を通じての活動拠点をヨーロッパに置くことが得策との方針なのだ．

　2018年の世界選手権では調整面の失敗から金メダルがゼロに終わり，世界メダルランキングでは18位に沈んでいた．しかしながら迎えた2019年世界選手権（兼オリンピック世界予選）でのNZ代表チームは，前年とは段違いの強さを

見せた．東京五輪まで 1 年と迫り参加した各国にとってもリオ五輪後 3 年間の成果を問う，大きな意味合いを持つタイミングでの世界選手権だったが，そこで金メダル 4 個・銀メダル 2 個を獲得したのだった．さらに複数種目でも上位に入り，この時点で 9 種目の五輪出場権を獲得したのである．私たちの想定通り，既にこの時点で五輪選手団は 40 人を超える大所帯となり，2021 年春の最終予選の結果によっては 70 名以上の規模になるとの速報が届いた．

　大躍進を遂げた世界選手権を終えてわずか 3 日後には，最終視察団が琵琶湖・瀬田川にやって来た．内訳は女子選手 4 名（いずれも世界選手権の金メダリスト），男子選手 1 名，コーチ 2 名，マネジメントスタッフ 2 名，栄養士 1 名の合計 10 名の構成であった．

⚭ 五輪代表チーム最終下見

下見日程：2019 年 9 月 3 日（火）～ 5 日（木）

五輪代表チーム最終下見　行程表

9 月 3 日	午後：世界選手権直後に NZ 代表チームの一部 10 名が，ドバイ～関西国際空港経由で琵琶湖に到着．翌年の五輪合宿で宿泊予定のホテル入り
9 月 4 日	午前：練習拠点の瀬田漕艇倶楽部の施設視察，琵琶湖・瀬田川で試漕
	午後：ホテル内の視察・確認，合宿時を想定した食事メニュー確認試食及びシェフと意見交換．終了後は新幹線にて東京・海の森へ
9 月 5 日	五輪コースの下見，選手村アクセス確認などを済ませて帰国

事前合宿の宿泊先および練習拠点
- ・ロイヤルオークホテル（当時）　滋賀県大津市萱野浦 23-1
- ・総合型地域スポーツクラブ NPO 法人瀬田漕艇倶楽部　滋賀県大津市大萱 6-1

⚭ 主な視察要素

① ジュニア合宿が利用したホテルに実際に宿泊．極度のプレッシャーが高まる時期の宿泊が想定されることから，実際の五輪代表メンバーによる翌年を意識した印象調査．
② 練習拠点（瀬田漕艇倶楽部）の施設の確認，および練習水域の試漕確認．
③ 選手の日常品の買い物や，五輪使用艇やオールのメンテナンスに必要な部品調達の環境チェック．具体的にはホームセンターの地理的位置，品ぞろ

えはNZナショナルチーム選手団の慣習を満足させるものかを確認.

④ 近隣のコインランドリーやホテルでの洗濯手段などの確認. アレルギー対策ができる食品入手の複数経路を確認, 近隣の店舗でニュージーランドの日常で食べている主食（パン数種類）が再現できるか等の視察と交渉.

⑤ 練習拠点（瀬田漕艇倶楽部）とホテル間の1kmほどの距離について, 実際に徒歩や自転車で移動しながらロケーションのチェック. 街の印象や治安状況の確認など.

この視察の位置づけは, チームの中心メンバー（選手とコーチ・スタッフ）がそれぞれの目線から本当に琵琶湖で良いか, 五輪前の状況を想定しながらの最終確認であった. この視察の参加者にはジュニア合宿の成功が情報共有されていて, おおむね和やかな空気で諸確認が行われた. 選手たちは練習拠点となる瀬田漕艇倶楽部のクラブハウス, 想定されるレース艇置き場, トレーニングルーム, キッチンやシャワールームの確認を随時進めた.

施設確認が終わると激戦の疲れを感じさせずに琵琶湖・瀬田川へ計7kmほどの試漕に出たのだった. つい数日前に世界選手権で金メダルを獲得したメンバーが琵琶湖・瀬田川を漕ぎ下っていく姿が目に映ったのだろうか, 瞬く間に川沿いにある大学艇庫の中から部員が駆け出してくる姿が印象的だった.「あ！ 世界最速記録のロビー・マンソンだ！」,「女子のペアは圧勝だったよね！」,「ヤバイ！ なんでここにいるの？」など学生たちのテンションは最高潮という状況だった. こうした光景を目にした実行委員会委員長の奥村は「こ

当時の世界最高タイム保持者・Manson選手

試漕の世界選手権金メダリスト達

れ，本当に五輪で金メダルを取るための準備が始まるな．相当な気合いで準備
をしないと！」と，NZ サポートメンバーのアテンド車で運転手を務める私に
語った．

　試漕後は宿舎予定のホテルに場所を移した．着いてみるとジュニア合宿で指
摘された課題から既にいくつかの修正が加えられていた．主に栄養サポート面
での課題となった食事のメニュー構成では合格点が与えられ，また会場や部屋
のホスピタリティについても「素晴らしい！」語るチームマネージャーの一言
にホテルスタッフと一緒に胸をなでおろしたのだった．

打ち合わせ概要（食事面）

① 合宿期間中の選手は朝の練習前に 1st Breakfast（シリアル，フルーツ，パン，
　フレッシュジュース，牛乳，ヨーグルトなど）を各部屋または食事会場などで取り
　たい．
② 朝の練習が終わり次第 2nd Breakfast（ニュージーランドや欧州の合宿で食べてい
　るメニュー）を瀬田漕艇倶楽部のクラブハウスにて，チームシェフが調理提
　供したい．
③ Lunch はホテルのレストラン利用とするか，瀬田漕艇倶楽部でチームシェ
　フによる提供かは今後の調整としたい．
④ 午後の練習後の Dinner はホテルを想定．メニューは個別で相談したい．西
　洋スタイルをベースにするが和食のメニューも織り込んで欲しい．タンパ
　ク質と炭水化物の質や量は引き続き相談させて欲しい．
⑤ ホテル内の食事会場または会議室にシリアルステーションを設置したい．
　また冷蔵庫を常備して，選手がいつでも補給できるようにセットしたい．
　簡単なフルーツや果汁 100％ジュースも常時の設置にしたい．
⑥ 男性選手の 1 日摂取カロリーは 8,000〜10,000kcal に及ぶことを認識してほ
　しい．

最終視察の評価と私たちの「戦略」

　選手・コーチの評判は上々だった．監督の立場で来日した Jan Taylor 氏は
「母国ニュージーランドに似ていて，琵琶湖は自然豊かで親しみを感じる．練
習環境として素晴らしい」と太鼓判のようなコメントを残した．もちろん実行
委員会も精一杯のサポートを提案したつもりであった．東京五輪誘致の際には

チーム下見と両国スタッフの食事会後のスナップ

表5-1　実行委員会の意識

①	NZ側が求める「五輪で勝つための環境整備」に同じチームのメンバーとして協力する姿勢を前面に出す
②	誘致のための接待攻勢はしない（出来ない）
③	選手ファーストを考え抜いて，詳細まで徹底する
④	地元の若い世代に五輪レガシーを残す目的を随所に織り込む
⑤	最終的に地域密着となり，地域貢献につながる合宿をデザインする

（出所）筆者作成.

滝川クリステル氏の発した「おもてなし」という言葉が注目を集めたが，私たちも選手ファーストで考えうる最善策を練り上げて最終視察に臨んだ．しかし接待攻勢をしたということではなく，弱小国ながらも同じボート競技人として「最高の練習環境の準備は私たちに任せて欲しい」という意思表示であったと記憶している．実行委員長の奥村も「世界トップクラスの選手たちが琵琶湖で練習をすることは，競技に取り組んでいる若い世代への刺激になる」と地元紙にその思いを語ったが，私たちは精一杯のサポートを提供し，NZ代表チームの五輪での成功，そして地元の次世代に五輪レガシーを残したい！との思いを強めたのだった．

🎽 勝負への厳しい向き合い

　順調に進んだ最終視察が終盤に差し掛かったころ，ホルトン氏は人払いをした上でちょっと言いにくそうに，杉藤に切り出したことがある．「自分たちの

合宿中，できるだけクラブハウスと艇庫を NZ の占有にさせて欲しい」ということだった．当初は杉藤も，それを杉藤から聞いた私もいまひとつ意図が理解できなかった．私たちの頭によぎったのは，「五輪直前で勝負スイッチが入った選手に，その独特の緊張感を読み取れない日本人スタッフがストレスを発生させない配慮だろうか」という感覚であった．完全に的外れではないものの，残念ながら私たちの想像はここまでだった．後に意図を詳しくヒアリングした杉藤によれば，NZ 代表チームは帯同医師を中心に日本でコンディショニングの留意点を既に丹念に調べ上げていて，日本には夏風邪や，まれに夏のインフルエンザがあることも知っていたのだった．つまり施設占有による感染症対策を新型コロナウィルスの発生前から想定して，事前合宿の枠組みをデザインしていたのであった．

　杉藤にしてみれば自身の日本代表として国際大会に出場した経験，私にしてみても国際大会やオリンピックの取材の際には，各種目のアスリートに取材経験があったはずなのだが，思いついたのは勝負メシの輸送や現地手配，飲料水への配慮，外国語や異文化ストレス，飛行機内でのエコノミー症候群への注意などが関の山だった．「海外環境になじめる適応力と鈍感力が強い選手の要素の 1 つ」と妄信した思考に恥ずかしささえ覚えた．

　また杉藤が別日に聞いた話ではニュージーランドは入国時の検疫の厳しさでも世界的に有名だという．さらに驚くのは NZ 南島の中央部にあるコースで開催されるボートの全国大会では，たとえ NZ 国内であっても他地域から持ち込んだボートをすぐに湖に浮かべることはできないそうだ．到着後はまずボートを洗うことが求められ，その洗った水については排水経路までも管理され，外来植物・生物が入り込むことを徹底的に防ぐ仕組みが整えられている．私たちが国内で見かける生態系や環境保全に対する緩さをニュージーランドでは徹底的に排除している［杉藤 2022b：26-27］．

　話を戻そう．さらにホルトン氏は続けた．「献身的に尽くしてくれる瀬田漕艇倶楽部の皆さんには大変申し訳ないのだが，例えば時間を区切って施設滞在時間の棲み分けをするなど，NZ 代表チームと一般倶楽部会員の接触を極力減らすことをお願いしたい」，私に対してもホルトン氏は日本風に手を合わせながら「申し訳ない」と陳情に近いニュアンスながらも強い意思表示だった．東京五輪が終わった今となって思い返すと，私たちの衛生感覚をはるかに超える徹底した意識が，今回の新型コロナウィルス流行のもとで行われた五輪で「強

み」として機能したことは必然なのだろう．このように NZ 代表チームは新型コロナウィルス蔓延の前から徹底した選手の健康維持・管理を突き詰めた合宿環境を求めていた．このようにチーム指針には「五輪で結果を出す！」という並々ならぬ意気込みが随所に表面化しており，まったくブレが無かった．「自分たちに必要なサポートは，ROWING を知っている人からであってほしい」，という意味が今になって重く理解できる．

💧 ニュージーランド流オーソライズ

　最終下見からの帰国に際してホルトン氏は，杉藤にこう語ったそうだ．「これで自分たちの計画は完璧にできたと思う．ヒロシありがとう．でも本当に計画が承認されるかどうかはまだわからない」．これを聞いた杉藤からは何とも言えない表情での情報共有をしてもらった．既に時効であるからネタばらししてしまうが，杉藤と私は仰天したが，仕方なく「NZ 代表チームの現場責任者から琵琶湖・瀬田川合宿の GO が出ました．NZ 協会本部の決定を祈りながら待ちましょう！」と，決して文脈は外さないもののある程度の意訳を介して，私たちも実行委員会に報告するしかなかった．本心からすると「ちょっと待って．まだ五輪事前合宿がなくなる可能性もあるの？」，正直なところ胃の痛くなるような期間を過ごした．彼女の言動や働きぶりや，最終下見の雰囲気，感じ取ったリスクまで包み隠さず伝えてくれる人柄から，「このタイミングでひっくり返ることはないだろう」と信じてはいたが，やはり NZ 代表チームの高額予算の投入も含めて意思決定の厳格さには驚いた．以下では NZ ボート協会のオーソライズの手順を整理してみよう．

💧 NZ ボート協会の意思決定プロセス

　私たちのカウンターパートナーであるホルトン氏の職位はオペレーションマネージャーである．現場統括だけでなく，外部との渉外責任者，プロジェクトの企画立案，実施プランの構築・修正，選手コーチのケアなどが主な業務だ．そのレポートライン（企業でいう上司）にハイパフォーマンスマネージャーがいて，さらに Rowing NZ（ニュージーランドボート協会）のミッションリーダーという組織構造になっている．さらに，最高意思決定機関として Rowing NZ の理事会が機能するという具合だ．ホルトン氏からは 2019 年世界選手権での躍進から，ほぼ希望通りの五輪予算が確保できる見込との情報は都度でもらっ

ていた．五輪合宿地の最終決定も，そうした NZ ボート協会の意思決定のプロセスを順番に踏んでいく，つまり先方の議論を期待と不安を交錯させながら待っていた．

そして 2 カ月後の晩秋になる頃，私たちが待望した「正式に琵琶湖・瀬田川を東京五輪の事前合宿地としたい」と最終回答が来たのだった．高額予算等も含めて関係機関の承認を経ての決定に胸をなでおろした部分もある．

一方で実行委員会側も NZ 代表チームを全面的に信頼していたものの，最後の詰めの作業には妥協しなかった．実行委員長の奥村，副委員長の木村の発案であるが NZ ボート協会より正式な依頼文書を受け取りたいとの姿勢を打ち出したのだった．こうしたレターのやり取りは NZ の文化には馴染まなかったそうだが，そこは杉藤が語学力を駆使しながら「日本の文化を理解してほしい」と説得してくれた．そしてレターが届くと自治体を始め各ステークホルダーへの説明や提案が一気に円滑になったことは言うまでもない．スポーツマンシップの原則となっている「双方のリスペクト」はスポーツに限ったことではなく，こうした周囲の関係構築の原点でもあるのだろう．

⏳ ホストタウンの是非

東京五輪の際に他国や他競技において見られたように事前合宿を公共施設で受け入れること，さらに受け入れの自治体がホストタウンに登録する進め方に関しては，NZ 代表チーム側は希望しなかった．ホストタウン登録することで宿泊費などに日本の公的資金からの助成が期待できるメリットはあるのだが，NZ 代表チームは終始一貫して「コース設営以外は，資金面については援助を求めない，宿泊も食費も設備品の借用費用等も自分たちの経費として支払う」というスタンスだった．国内の多くのホストタウンでは，宿泊費や練習施設の使用経費を自治体予算や寄付金などから捻出し，市や町が臨時に専用職員を置く受け入れ態勢が見られることもあったが，それを彼らは求めなかったのである．

受け入れ業務を実際に行う私たちの立場からすれば，公的人材や資金が稼働してくれれば，より一層の合宿充実も考えられるとの思いが正直なところだった．しかしながら NZ 代表チームに再確認をしてみても，ホストタウン登録によって発生してくるであろう「周囲への配慮・接点」にかなり慎重な姿勢を感じたのだった．「地元の市民や環境には感謝の意を示したい，それもいろんな

形で感謝したい．だが練習拠点の占有までのリクエストする選手・コーチ達の想いも尊重してほしい．私たちスタッフであればいつでもどこへでも挨拶や協力要請に伺うから」．ホルトン氏の説明からは強い願いのような決意さえ感じたのだった．

　最終的には，仮設コースを設営するには，資金面でも運用面でも自治体がホストタウン登録されていないと準備があまりに大変だ，という私たちからの説得に折れて，ようやくホストタウン登録をホルトン氏は納得してGOサインを出した．結果論だが滋賀県と大津市が共同でホストタウンに登録したことで，新型コロナウィルスの流行の中でも合宿を受け入れることができたわけであり，当初のNZ代表チームの希望を聞く形では感染拡大の中での受け入れは不可能だっただろう．こうしたリスクマネジメントについては章を改めたいと思う．

2　チーム戦略と不測の事態

　新型コロナウィルス対策の一環として，ほぼすべての競技において各国チームは東京の選手村滞在期間を当初予定よりも短縮することを大会組織員会より求められた．スケジュール的に開会式よりも早く競技が開始するボート競技は，どのタイミングでチームが選手村に入れるのか，また会場の海の森でいつから調整ができるのかが非常に重要なポイントになっていた．

　新型コロナウィルスの流行前，世界の強豪が名を連ねるヨーロッパの各国は，アジアという未体験文化の中での合宿生活はアスリートに過度な負担がかかることを懸念した国が多かったようだ．こうした考えから事前合宿を行わず「競技に専念しやすいに選手村の開村とともに日本に入り，大会会場の施設を使用しながら時差や猛暑の対策をする」と計画した国が大半を占めていたようだ．しかしながら大会指針として滞在期間の短縮が発表になると，時差や猛暑への対策が時間的に間に合わないと不安視される競技が沢山出てきた．

　日本独特の多湿と猛暑への調整時間が無くなったことは，不測の事態とはいえ世界の強豪国の大きなハードルとして突如立ちはだかったのである．「日本で事前合宿をやりたいが，どこか受け入れてくれる場所はないか」，という緊急問い合わせが杉藤のところにも数件来たようだ．しかしながら2019年の最終視察の頃よりNZ代表チームからは，「自分たちにそれを言う権利はないことは重々承知だが，この水域でNZ単独の調整をよろしくお願いしたい」と

幾度となく頭を下げられていた．私たちはさらに他国を迎えることは検討さえ
しなかったが，日本の他水域での急遽の新規受け入れは特にボート競技におい
ては難しかったであろう．2018 年・19 年の世界選手権会場では複数の自治体
が，ホストタウンの仕組みを活用した事前合宿の受け入れ案内のブースを出し
ていた．それでもやはり資金力・組織力に勝る強豪国以外では，たとえ宿泊費
などを自治体が負担してくれるとしても，事前合宿を日本で実施するという判
断にはならなかったと聞く．ここに各国チームにおける戦略のポイントがある
ように思う．

　選手村の開村が遅れたことで各国選手団は急遽の事前合宿をやりたがったが，
大半は受け入れ側の準備が整わず合宿を諦める結果となった．当然ながらコン
ディショニングには大変苦労しての五輪だった．

　このような現象について指摘しておきたいのは，総じて各メディアの五輪報
道が扱かったように，「海外チームは日本での感染回避のために事前合宿を断
念した」という説明は不十分ではないかと思うことだ．正しくは「日本で事前
合宿をやらせて欲しい」と希望する数多くの国々や競技チームがあったにもか
かわらず，その最終段階でホストタウン登録をする自治体や地元の体制に，受
け入れは困難であるとギブアップされてしまった．よって渋々ながら突貫的な
調整で本番を迎えた国の方が多かったのではと私たちは見ている．

　新型コロナウィルス感染という見えない敵に立ち向かうためには，ホストタ
ウンの仕組みだけでなく，その合宿拠点に合わせた独自のアレンジが必要で
あって，その 1 つが NZ 代表チームの感染対策を始めとした姿勢であり，また
他の要素として受け入れ側のステークホルダーが一丸となった事前準備ではな
かろうか．要するに企業戦略と似通った部分があり，プロジェクトを進める一
番始めに「何をやるか，何をやらないか」という意思決定が非常に重要である
とする，経営戦略論の理論がそのまま当てはまる事例だと思い知ったのである．

3　理論で考える戦略とは何か

　誤解を恐れずに端的に表現するならば，広瀬 [2014] によれば「戦略」とは
「やらないことを決めること」だといえるだろう．もちろん「戦略」の立案は
組織の運命の分岐点とも言える．目指すゴール（成果）に向かって優先順位を
つけて，その順位に従って「ヒト・モノ・カネ・情報」といった経営資源を投

入し，既述の組織の「ミッション・ビジョン」に沿わない優先順位の低いもの
は捨てる覚悟を持つことだ．この節では戦略立案のプロセスを，以下の3つの
整理・決断・決定として理解を進めていきたい．

戦略立案のプロセス

① 整理：事業やプロジェクトは何であるのか　⇒何でないのか
② 判断：どんな姿になることを目標にするのか　⇒何にならないのか
③ 決定：プロジェクトの結果，何であるべきなのか　⇒何であってはな
　　　らないのか

では順番に議論を進めていこう．

① 整理：事業やプロジェクトは何であるのか

　企業経営でなくとも，スポーツの競技でも大会やイベント運営でもゴールの
設定は不可欠といって良いだろう．世の中には様々な不確定要素があるために
完全な到達地点を設定することは難しいが，そうした場合には「中期・長期的
に目指したい姿」と置き換えることが理解しやすい．まずは近未来の姿という
ゴールをイメージしながら現状の問題点を洗い出して，その不足分を埋めるべ
く論理的に納得できるプランを構築することから着手したい．その中で大切に
したい視点は「目指したい姿」＝「成果」の定義づけだろう．もちろんビジネス
現場では売上高だったり，利益率や市場占有率などの数値であったりすること
が多い．スポーツの場合は「健康維持と生涯スポーツ推進の気運醸成」のよう
な，一部で理念的な達成で許されることもあるだろうが，こうした数値目標と
達成までの期間の目標が必要になる．いつまでに達成するのか，いつまで取り
組むプロジェクトなのか，冷静に周囲を見回してみると，「成果」の定義が不
明瞭な事例をよく見かけることがある．「ゴール」の無いところに「ゴールイ
ン」することは出来ないのだ．

② 判断：どんな姿になることを目標にするのか

　これは事業やプロジェクトを進める仕組みづくりの確認とも言えるのではな
いだろうか．現状の問題点や課題点を解決するための仕組みについて，戦略立
案者はこれを構築する作業，修正する作業に取り組むことになる．そして限ら

れた「ヒト・モノ・カネ・情報」の経営資源の中から何がどれだけ必要で，適切な配分などを具体的な施策として描くことになる．もちろん経営資源は有限であるから，理想の全てを追求することは不可能だ．よって有限な資源を常に念頭に置きながら，この時点で何になることを目標にするか決断すると同時に，何にならないのかの決定も求められる．このような問題は，「現場の具体的な課題」と次々に表面化するが，戦略の立案担当者は立ち向かうしかない．これから何を行うかの決定のために外部環境を分析し，そして何を行えるかの理解のために内部組織分析した後には，必要な情報を入手し，競争に活用する戦略の選択を行うことになる．［Hitt, Ireland, Hoskisson 1994：邦訳142-143］

③ 決定：プロジェクトの結果，何であるべきなのか

　プロジェクトを進めるためにはその組織母体での「優先順位」を決めることが必要になる．逆に優先順位の低い要素は「やらない」という決断が求められる．その「やらない」決定基準の例としては「費用対効果」「効率」「緊急性」「時間対効果＝タイムパフォーマンス」などがある．こうした基準に沿ってやらないことを決めることが，「何であってはならないのか」という回避すべき状況を，私たちの思考内で整理してくれると言えよう．

　一例をあげると読者も金銭的な優位にあるプロチームが手当たり次第に選手獲得に動くことをしばしば見かけるだろう．世論からは「戦略が無い無計画な補強」と非難・失望されるのは，こうした決定プロセスが見えないことも要因の１つである．一方で潤沢な経営資源があれば緻密な戦略は必要ないのかもしれないが，ここでは一般的に有限な資源を活用しながら，理想を追い求める姿勢を議論の射程としたい．

　以上のような検討から戦略とはミッション（使命）を達成するために，ビジョン（なりたい姿）の実現を追い求め，自身の活動する場で着手する優先順位を決定し，経営資源を配分し投下することといえるだろう．

🕗 間接経営戦略とイノベーションのジレンマ

　こうした戦略立案をしたものの，それですべてが成就するわけではない．私のかつて所属していた社会人大学院などでは「先行きが見えないので計画を立てることは困難です」という意見を聞くことが多かったが，不確実な環境下で進むべき方向性を定めるのがゼネラルマネージャー始めとした戦略立案・遂行

スタッフの役割である。戦略実行者には「PDCA」サイクルなど駆使しながら，プロジェクトを再検討・再構築する循環的な思考が必要だろう。そこにはある可能性を再考する作業が必要になる。Mintzberg, Ahlstrand, Lampel［1997］が提唱するように，実現・達成した戦略，および途中でとん挫した戦略の双方を見直して新たな戦略に打ち立てる姿勢が肝要だ。ここでは不確実なビジネス環境について，前提となる考え方を整理しておこう。

① 既存の商品（モノ・サービスの双方）やビジネス手法は，いずれライフサイクルで，導入期⇒成長期⇒成熟期⇒衰退期と変化することを避けられない
② 変化の兆しはみられるものの，なかなか決定要因としては現れてくれないことが多い
③ しかしながら変化を見誤ると，市場からの退場を余儀なくされるケースに陥る
④ 変化は例外ではなく，環境も市場も顧客も常に姿を変えるのが普通だ

特に③はビジネススクールの名著である『イノベーションのジレンマ』によれば「新興の事業や技術は，規模が小さく魅力なく映るだけでなく，カニバリズムによって既存の事業を破壊する可能性を持つ。そして既存商品が優れた特色のため，既存商品ベースの改良・改善に注力し持続的技術に没頭すると，顧客の別の需要に気が付かない。多数いる顧客を大切にすればするほど新興市場への参入が遅れる傾向にある。結果として既存の商品より性能面では劣るが新たな破壊的技術を持つ商品を売り出し始めた新興企業に，大きく後れを取って新基準（新需要）を奪われてしまう」［Christensen 1997：邦訳 8-11］。現在の顧客状況やニーズに熱心なあまり，気が付けば取り返しのつかない事態から市場退出をしなくてはならないことになる。

ᚹ「決断」を再考する

企業内で頻繁に議論になることで「決断」という概念があるだろう。これを説明するにはコンテンツ業界が好例である。この業界では音楽ビジネス・テレビビジネスを中心にその技術力や商品力が業界を成長させて，長らく業績をけん引してきたことは言うまでもない。しかしながら，時代に変化の中で常に多くの顧客が望むスペックの領域に合わせた技術革新だったのかとなると賛否両論が出てくる。最新のハイスペックな音源や，8K16K のテレビが市場投入さ

れているのだが，業界全体のさらなる規模成長とまで至らなかったことには多様な意見があるだろう．一般論として市場成長に至らなかったのは，スマートフォンを駆使した映画や音楽のサブスクリプションに攻勢をかけられて，若者のテレビ離れが深刻化いることが一因とされている．最初は小さかったネット配信ビジネスや，インターネットコンテンツ制作会社，また一般の映像や音楽嗜好者から派生した Youtuber などの SNS ユーザーの成長に対応が出来ず，現状のテレビ顧客を最優先した結果，気が付けば市場退出しかない立場になりつつあるのかもしれない．

　このように現代は新たなビジネスモデルの構築を急ピッチで求められている局面となっている．また近年では大量データ時代に合わせて，企業もビッグデータを集め分析する手法を洗練させ，各大学ではデータサイエンス系の新学部や新学科の立て続けに設置された．しかしながら日産自動車の専務執行役員・星野朝子氏が 2015 年のマーケティング学会で警鐘を鳴らしていたように「私たちはビッグデータを活用するためには，ビッグ・ディシジョンをできる能力を高めなければならない」という視点を持たなければならない．つまり私たちの環境とも言える数々の現象（データ）と向き合いながら，ディシジョン＝決断＝やらないことを「絶つ」判断を磨く必要があるのだ．こうした理解は「戦略とはなにか」の問いに集約され，戦略を進める決定プロセスやその再考がいかに重要なのかを表しているといって良いだろう．

◇**注**

1）世界選手権前の欧州合宿から，一旦母国に戻って選手の精神的なリフレッシュを取り入れる調整をテストした．しかしながら惨敗の調整結果を踏まえ，ニュージーランドボート協会では東京五輪での調整方法の見直しが既定路線となった．2017 年世界選手権では，金メダル 3 個，メダル総数 7 個でメダルランキング世界 2 位となっていた．それは長期間にわたり故郷を離れることになる選手からは不評ではあったが，合宿拠点から母国に戻らずにダイレクトに大会開催地に入る「大会最優先型」の行程だった．

2）読売新聞 2019 年 9 月 12 日朝刊（滋賀版）．

第6章　緊急対応の現場力──新価値の創造

はじめに

2019年から2020年始にかけて全世界で新型コロナウィルスの感染・流行が確認されると，数カ月後には猛威がますます加速を見せたことは記憶に新しい．感染状況を鑑みたIOCは2020年3月30日には五輪の1年間の延期を打ち出すと，すぐさま全世界に発信されたのだった．順延余波の影響は多方面で現れたが私たちの合宿準備も例外ではなかった．NZ代表チームが五輪合宿を実施するとの正式決定後であったものの，私たちはプランの大幅な変更修正を求められた．後の章で詳しく触れるが，最大の問題は宿泊予定だったホテルが新型コロナの余波により倒産してしまったことだった．この章では未曽有の逆境下，環境の変化に合わせながら私たちが現場力で合宿の再構築に奔走した事例を用いて，"新価値の創造"の問題について考えてみよう．

1　緊急対応と現場体制の再構築

連日のニュース報道からは，「パンデミックから国民の命を守る」，「生活困窮者の救済をする」，「事業の継続を優先して支援する」などの国としての優先事項が発信されていた．スポーツの定義に立ち戻るならば，たとえ世界の頂点を決める大舞台であっても，「スポーツの原点は余暇活動の延長」との位置づけを改めて認識する機会だったのではないだろうか．

東京五輪の置かれる苦しい立場や，向けられる厳しい世論について，重々に理解した上で愚直かつ慎重に事前合宿を前に進めるしかない状況だった．私たちは「環境の変化は，あっても不思議ではないこと」と自身に言い聞かせ，幾度となく心が折れそうになりながらもある種の鈍感力（＝深刻に考えすぎないという決断）を随所にあてはめながら取り組むしかなかった．前章で触れた戦略の

表 6-1 再構築が必要となった 2020 年春時
点の主な課題

①	仮設コースのデザイン変更
②	宿泊ホテルの新規契約
③	安心安全を最優先に置く受け入れ体制のへ変更

(出所) 筆者作成.

変更・修正 (**表6-1**) を意識しながら，新型コロナウィルス感染下にありながら
も実現可能な地域と合宿の関係再構築を目指した．

　こうした改善・修正は公共に対しての汎用性ある幸福感を保持する不可欠な
ものであり，同時に最終視察後に NZ 代表チームからの宿題への回答にもなっ
た．この節では戦略の変化にともないながら，新たな現場体制の修正をした経
緯について確認していきたい．

① 仮設コースのデザイン変更

　新型コロナウィルスの蔓延で自治体を含めた公的機関との調整作業は止まっ
てしまった．自治体が政府のメッセージに沿って，県民市民の生活を守ること
を最優先することは重々に理解していた．今まで経験のない深刻な逆境に直面
している雰囲気を感じていたが，なぜか私たちは「NZ 代表チームからの宿題
に取り組む時間を与えてもらった」と考える発想の転換がスムーズにできたの
だった．偶然的な産物だが，本来ならば猛烈に焦るべき局面であったが実行委
員会トップの奥村・木村は「果報は (愚直に準備を続けながら) 寝て待て」と呼び
かけ続け，結果として委員会メンバーも腹をくくることができた．世の中が止
まってしまった間に仮設コース最善案をもう一度考え直し (**表6-2**)，認可をも
らうために調整する時間としてとらえたのである．

　2019 年ジュニア合宿で作った 2000m 仮設コースは，当時では出来る限りの
ベスト位置との認識だったが，やはり近江大橋以北に約 1000m 突き出た部分
が受ける風と波の影響は見過ごせないレベルだった．天候というコントロール
できないリスクに関して，いかに工夫と調整でリスクを最小限に抑え込むか．
そこが知恵の絞りどころだった．

　仮設コースの精緻化を求める，NZ 代表チームからの要望に応えつつ，漁業
関係者や観光船事業者の権益を 2019 年以上に侵さない配慮をして，同時に他

表6-2　仮設コースの修正プラン

①	各障害物や観光船・漁船の航行ルートを避けるルート再考．南北方向にとった2019年のジュニア合宿コースのラインを，大胆に北北西〜南南東と斜めに設置するように修正
②	100m間隔に4個のブイを設置し，合計3レーンを囲むようにした専有面積をブイ1個減らすことで他の水域利用者への影響を削減．敢えてダウンサイジングを提案
③	中央2つのレーンはブイに挟まれた従来型のコース形式．両端レーンは外側にブイがなく，ブイに挟まれた形状とはならないが最大4クルーがフレキシブルに並漕使用が可能
④	100m間隔であったブイ設置を50m間隔に増加させ，選手たちのコース取りやレース感覚保持の向上を目指した
⑤	専有面積を減らす一方，ブイを繋ぐ水中のワイヤーを深く沈める工夫を重ね，2000mを縦方向に1本のワイヤーで通す「タテ張り方式」に挑戦．風や水流によるブイのズレが劇的に改善される設置を目指した

（出所）筆者作成.

のステークホルダー（レジャーボートや他競技）との共存も実現する．このような変更には軟着陸の方法を模索するしかないと感覚的に理解していた．つまりNZ代表チームのオーダー通りに頑に進めるのならば，ジュニア合宿と同じサイズの占有を保持しながら，仮設コースの場所を変更し，タテ張りの水中ワイヤーを通すことまでを認めてもらう新規2点の主張をステークホルダーに求めることになる．しかし，こうした固定概念にとらわれては周囲の理解を得ることは難しく，当然ながら交渉が不調となる可能性が高い．ステークホルダーの求める情報から優先事項を注意深く検討して1つ1つの調整に入るには時間がかかったが，五輪延期の時間的な余裕が追い風になった．また滋賀県立漕艇場の保有資材を改めて確認すると，過去の大会で購入した1000mワイヤー6本が倉庫で眠っていることも判明した．この1000mワイヤーを2本つなぎ合わせ，2000mワイヤー3本として「ブイの水中タテ張り」を実現したのだった．

② 宿泊ホテルの新規契約

ジュニア合宿や下見を重ね，当初は宿舎に予定していたホテルが倒産してしまった．私たちは選手団が宿泊するホテルを新たに探さなくてはならなくなったのだが，感染対策による諸条件が多く，お願い事項だらけとなることが予想され不安が増した．しかし最優先事項を整理すると，NZ選手団が母国やヨーロッパ拠点と同様の西洋風スタイルの生活ができることだった．よって一般の外国人観光客に喜ばれる和風仕様の部屋は評価の対象とはならなかった．また

体格に恵まれた男子選手では身長 2 m 近い選手達が数十人レベル来県することになる．果たしてギリギリのサイズのベッドでは熟睡できるのだろうか．今あるベッドで選手たちは眠ることができるのか．様々な憶測が飛び交った．

　またコロナ禍前はレンタサイクル 60 台を活用し，選手が自由時間には散策や，日用品の買い物に出かける想定をしていた．それが新型コロナウィルス感染症にかかる行動制限下となると周囲との接触を避けるため，ホテルと練習拠点間との大型バスでの移動を課された．こうした修正プランを検討し始めたのだが，毎日のバス 2 台と十分な駐車場スペースの確保を同時にクリアしなければならなかった．NZ 代表チームからは選手が心地よく感じる食事（味）の追求のため，チーム帯同シェフがホテルシェフと厨房にて夕食作りを共同作業が出来ないかとのリクエストも受けていた．この課題については新型コロナウィルス感染症が収束する場合と，収束しない場合の両ケースを想定して新たにホテル側と交渉することにした．

　こうした NZ 代表チームの要望をまとめながら情報を整理すると，びわ湖大津プリンスホテルにはプロバスケットボール B リーグに加盟する地元チームである滋賀レイクス（当時は滋賀レイクスターズ）の対戦チームが宿泊していることが分かった．またバレーボールの V リーグの選手も利用していることもわかってきた．バスケットボールやバレーボールの外国人選手が宿泊しているのなら，きっとノウハウはあるだろうと実行委員会では全員一致でびわ湖大津プリンスホテルに助けてもらうことを選択したのだった．恐る恐る打診をしてみると，「夏のハイシーズンは学会や大型団体客の利用が例年あり，各署との調整は必要だが受け入れは可能」と前向きな返事を頂いた．NZ 代表チームからの要望も，帯同シェフとの共同調理については衛生管理の観点からハードルが高く丁寧な調整が必要だとしながらも，可能な限り前向きに考えたいと 100 点満点の回答を頂いたのだった．もちろんホテル側の視点からしても，新型コロナによる開催リスクはあるものの大口契約には違いなかった．こうして私たちは新型コロナウィルス感染症という見えない敵に対して，実行委員側とホテル側双方の Win-Win 創発に向けて動き出すことになった．具体的な施策については章を改めて後述しよう．

③ 安心安全を最優先に置く受け入れ体制への変更

　新型コロナウィルスによる緊急事態宣言は 2020 年 4 月から全国的に順次で

発令されたが，滋賀県も4月16日〜5月14日には対象県となった．また年が明けて2021年になっても厳しい状況は続いた．隣接する京都府は滋賀県内からの通勤・通学者が非常に多く，京都府下に2021年1月14日〜2月28日，1年延期となった五輪開催が近づいても4月25日〜6月20日に緊急事態宣言が発令された．滋賀県内の生活も相当な規制の影響を受けたのであったが，実行委員会も2020年の春からは会議で集まることを自粛し，コアメンバーは基本的にオンライン会議やメールが主なコミュニケーションツールになっていった．延期により時間的な余裕は出来たものの，慣れない方法での意見交換や確認作業にはある意味で余計な神経を使い，迫りくる五輪開幕日とスタッフの安全確保に挟まれて試行錯誤の毎日であった．ここでは2021年春からの急展開について，改めて整理しよう．

　延期した五輪開幕日まで4カ月となった2021年春，この頃に襲来した感染の第三波においては，「安心安全の確保」が最大の課題になった．「果報は寝て待て」と水面下の作業に専念したものの，全国的な感染が収まらない現実から「五輪合宿はもうあきらめる以外にないのではないか．いつ実行委員長の英断がなされても仕方ない」という雰囲気も漂っていた．そうした時期に発信された表6-3の五輪組織委員会からの指針[1]は，厳しい内容ながらも「組織員会」は五輪を諦めてないと私たちに頑張る力を与えてくれた．

　一方で既述の通りNZ代表チームに対して，「コロナ禍で仮設コースを設営するには，資金面でも運用面でも自治体がホストタウン登録されていないと準備があまりに大変だ」という再三の説得を経て，ようやく納得してもらい，ホストタウン登録を進めたのもこの時期だった．その時にできることを必死に探しながら東奔西走した偶然の結果なのだが，結果的には，滋賀県と大津市が共同でホストタウンに登録されたことでこそ，新型コロナウィルス感染症流行の中でも合宿を受け入れることができた．というのも感染対策を行うにあたっては地元自治体，特に保健所・医療機関との連携は不可欠であり，万一チーム関

表6-3　組織委員会が通達された事前合宿の指針（一部抜粋）

①	海外選手団の宿泊はフロア全体を貸切占有とすること，かつ一般客との接触禁止
②	食事はソーシャルディスタンスを保つために広大なスペースの貸切運用
②	海外選手団はホテルロビー等の公共スペースの使用や売店利用も禁止

（出所）国際オリンピック委員会「公式プレイブック」より抜粋．

係者が感染してしまった場合は治療にも隔離にも，そのサポートにも高額費用が必要になる．さすがに資金潤沢な NZ 代表チームでも，五輪組織員会が設定した感染対策を独自で実現するほど経費面での課題が山積みだったのだ．

　五輪組織委員会が出した新基準よって宿泊用の部屋の必要数が約 2 倍になった．食事会場も従来想定の 2 倍の広さが必要になったのだ．五輪の数カ月前に突然出てきた仕様変更となったが，ホストタウン登録されたことで，日本側の感染対策費の一部からサポートを受けられることや，NZ 本国では Rowing NZ が五輪中止となるリスクに関して保険加入することで筋道が見えてきたのだった．

🎱 プレイブックに沿ったバブル概念の具現化

　6 月に入って第四波のピークが過ぎはじめると，政府や組織委員会からは「プレイブック[2]」などの五輪行動の規定が次々に出されては随時更新され，違反者には国外退去措置も織り込まれた．同時に組織員会が提出を義務付けた「ホストタウンマニュアル」では，非常に厳重な感染対策が規定されていた．私たち実行委員会も膨大な作成資料に向き合いながら，1 つ 1 つの感染対策を琵琶湖・瀬田川モデルに書き換える作業を進めた．

　具体的には選手団の活動場所は，水上での乗艇練習拠点である瀬田漕艇倶楽部と，トレーニングジムの貸し出しを了承してくださった近隣企業の専用ジムのみとした．空港検疫を通ったら速やかに貸し切りバスでホテルに入り，ホテルでの選手団の行動は貸切エリアに限定され，倶楽部とジムをつなぐ動線においては貸し切りバスだけが許された移動手段になった．またバス運転手の 2 名，添乗員 1 名，モーターボートドライバー 6 名の日本人スタッフ計 9 名は，選手団との濃厚接触が避けがたいことから PCR 検査での陰性が 2 日続いてから NZ 代表チームに合流する自主規制を設定した．

　こうした選手団を中心に外部との接触を断ち，バリアで囲まれた領域はホストタウンでは「バブル」と呼ばれた．つまり見えないながらも大きな泡の風船というイメージの仮想空間に入り，新型コロナウィルスの内部からの流出も，外側からバブル内部への流入も防ぐ概念的なバリアだと言って良いだろう．このバブルに入る際も，バブルから出る際にも一定基準が適用され，「バブル内での行動規範」をマニュアルに落とし込んでいった．ただ前提として当初からNZ 代表チームの感染症対策は非常に高いレベルであり，練習拠点では NZ 代

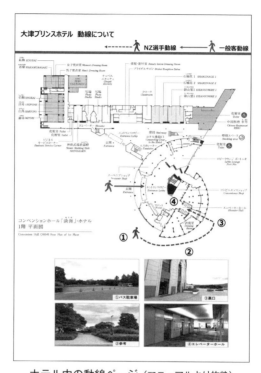

ホテル内の動線ページ（マニュアルより抜粋）
（注）資料は 2021 年 6 月現在のもの．現名称は「びわ湖大津プリンスホテル」．

表チームの行動時間は完全に占有であった．サポートにあたる日本人スタッフ
は感染対策を理解した上で人数を絞る運用想定であったため，「バブル概念」
にも予想外にスムーズに対応できた．こうして合宿中の「バブル」の仕組みが
出来上がっていったのだった．

🛎 マニュアル作成

NZ 代表チーム合宿受け入れの「ホストタウンマニュアル」を作る作業は，
誰もが経験したことのない領域であった．そもそも未知の感染対策の設定は正
直どうして良いか簡単には判断がつかなかった．大規模の海外選手団と行動を
ともにした経験がない中で，選手団のホテルや練習会場での動線確保や，一般
人との接触を避ける方法など，諸行動を事前に定めなければならないからだ．

　私も含めて滋賀県ボート協会や，実行委員会の事務局メンバーが分担してマニュアル執筆の担当箇所を分担したのだが，集約作業は滋賀県スポーツ協会のうち，理事長の命を受けた2名の管理職スタッフが緻密かつ迅速に進めてくれた．マニュアルの提出を求められた段階から新たにチームに加わってくれた自治体のスポーツ担当者も，この執筆・作成には大活躍をしてくれた．彼らは自治体ネットワークを活かし，他自治体の作成事例を入手してくれて大いに参考にさせて頂いた．さらに全国のボート仲間からも救いの手が差し伸べられたのもありがたかった．それは他自治体で欧州各国の Rowing チームを迎える際に，苦労して取り組んでいる事前合宿のマニュアル作成に関する情報共有である．

　各地の受け入れ体制の多様な構造も非常に興味深かった．ある自治体主導で某国の事前合宿を迎えるプロジェクトでは，大手の広告代理店やイベントコーディネート企業が入っているケースも見られた．もちろん民放勤務の時代に代理店業務はむしろ積極提携させて頂いていたので理解はしていたが，包括的なアドバイザリー契約があることは羨ましかったのが本音だ．予算潤沢な自治体の事例もあり，その進め方も苦労もさまざまであると知ることは刺激になった．参考にすべき点は積極的に取り入れ，今更不平を言っても仕方がない部分には

ホストタウンにおける選手等受け入れマニュアル

意図的な「鈍感力」で乗り切った．隣の芝生の色が抜群に青く見えていても感情は動かさずに，粛々とただ愚直に受け入れ方法の再検討を行い，行動マニュアルを作成することに没頭したのだった．

　政府や組織員会が進める受け入れの青写真に対して私たちが基準をクリアできるのか，その予測は非常に難しかった．合宿をサポートしてくれた仲間でもある滋賀県健康医療福祉部の狩谷悟史氏（所属先は当時）は新型コロナウィルスの感染例が県内で見つかって以来，ほぼ毎日が終電で帰宅する激務だった．そのような自治体が多忙な中で「申し訳ない」と手を合わせながら，私たちは90ページに及ぶマニュアルについて保健機関の確認作業を待った．こうしている間にも時間は過ぎ，マニュアルの暫定完成および保健所からの「内容はおそらくOK」と非公式な連絡を頂いたのはNZ代表チームの先発隊が入国する予定日からわずか2週間前のことだった．薄氷を踏む，綱渡り……．多様な表現があるがここまでくると覚悟と勢いと祈りで最後の一歩を突き破った感覚だった．

2　「バブル」の内訳と価値創造

　上述のバブルというバリア設定について．まずは3名の日本人スタッフがバブルに入ることはマニュアル作成の段階から決まっていた．2台のバス運転手の2名，そして，添乗員1名である．特に添乗員・福田奈奈緒氏の業務量は感染対策のために通常と比較して倍増となってしまった．チームの移動指揮，ホテルとの連絡・交渉，選手たちの要望の把握，これだけでも五輪直前の独特の緊張感の中で非常にストレスのたまる業務になる．そこに何より最も重要な役割が追加された．それはPCR検査を確実に毎日全員に受けさせ，その検体を間違いなく集め，滞りなく検査機関に時間通りに発送することだ．この緊急事態的な役割を，彼女一人でやり通してくださったことには感謝しかない．

　続いてバブルに入ることが義務付けられたのが，6名の日本人スタッフで主な役割はモーターボートの運転担当であった．日本には船舶国際免許のシステムがなく，国内免許の保有者が必ず乗船しなければならないと航行ルールで定められている．事前合宿ではこの6名を「モーターボートキャプテンズ」と呼ぶことにした．各コーチに助手（運転手）として帯同した6名は全員，その至近距離での行動からNZ代表チームと同じホテルに泊まり生活をともにする

「バブル内」生活を義務付けた．しかしながらこうした状況は想定外の絶好の機会にもなった．世界最強国の一角が人生を賭けて取り組む総仕上げのプロセスを，一番贅沢なポジションにおいて合法的に見て学べる日本人は，この 6 人のみだ．他のスポーツでも国際大会直前は練習の非公開など，仕上げの様子を外部者に触れさせないことが普通だ．例えばサッカーの強豪国が W 杯直前に戦術確認の練習をしている会場において，たとえホスト国の要人であろうが著名なサッカーコーチであろうが，チーム外の者がピッチに立てることはあり得ない．MLB エンゼルスの大谷翔平投手が完成間近の球種を練習する際に，ブルペンに外部の人間が近づくこともあり得ない．報道陣もシャットアウトされても文句を言うようなことはない．このように日本の特殊なモーターボート免許制度のおかげで，時には世界トップ選手の息遣いさえ感じながら，そして長年連れ添ったコーチと選手の最後の仕上げの練習を体感することが出来るチャンスが到来したのだった．

🎗 バブル内外の連携

　選手を始め NZ 代表チームに直接寄り添うバブル内 9 名とは別に，バブル外からのサポート人員についてもルールを定めた．バブル内外でコミュニケーションを成立させなくてはサポートがままならないことから，まずは NZ 代表チームからのオーダーをまとめる役割を 2 名の担当とした．つまりバブル内とバブル外との間の情報発信者・受信者だ．

　1 人は実行委員会事務局の一人でもある杉藤洋志だ．杉藤は主にホルトン氏を通じて寄せられるチーム（選手・コーチ）からのオーダーを取りまとめた．例えば実行委員会や瀬田漕艇倶楽部に対しての現場要望だ．代表例は練習時間や施設占有時間の微調整，また備品や消耗部品の調達など．本来であればチームスタッフが自由に調達に行くはずであった日常品も，感染対策からバブル外の日本人スタッフが調達しなければならない．それは練習ユニフォーム洗濯用の洗剤や簡易物干し，タオルやコーチが必要な備品の調達などの詳細まで至った．また章を改めるが，NZ 本国から持ってきたコーチ間の連絡用無線がトラブルで使えなかったため，滋賀県ボート協会の審判部より代替機を借用した．こうしたチームからのオーダーは杉藤に一旦集約され，バブル外まとめ役の筆者（田中）に SNS やメモ，時には距離を保ちながらの大声で伝えられ，その後に田中からバブル外スタッフで対処するように段取りした．

バブル外スタッフ証

買い物リスト

毎日の PCR 検査対応

　もう1人は能勢鯨太だ．海外勤務経験を持つ彼は抜群の英語力を駆使して，栄養士や帯同シェフからのオーダーまとめて田中に伝える役割を担った．これも章を改めるが毎日の朝食とホテルで食べる補食は瀬田漕艇倶楽部のキッチンで帯同シェフが調理提供した．毎日の食材の調達や，猛暑の中の練習で火照った身体を冷却するアイスバスに投入する氷の調達など，大量の買い物は毎日のルーティーンとなった．微妙な食材のニュアンス，国内で売っているものの日本人にあまり馴染みのない食材など，能勢の海外経験やリサーチ力，表現力を交えながら画像検索なども駆使しながら1つ1つ対応した．

　こうしたバブル内外のカウンターパートナー制度を構築したものの，杉藤と能勢はモーターボートキャプテンも兼務するため一旦水上に出てしまうと準備が滞る．この2人をサポートしたスーパーサブが添乗員の福田奈奈緒だった．彼女も抜群の語学力を持ち，場の空気を適切に読むことに長けており，私たちが奔走して余裕のない際にはタイミングを見計らう配慮にも優れていた．こうした窓口1本化は情報発信の量が過度に増加した際にはさばき切れないリスクも併せ持つが，「聞いてない」「誰に頼んだか忘れた」「やってもらっているはずだ」という不確実さを見事に解消した．同時にSNSや伝言板を駆使しながら，オーダーは必ずバブル内・外でも横断的な情報共有が出来ているように心がけたのだった．

3　理論で考える顧客満足

そもそもスポーツにおいてチーム・選手側と，その周囲の Win-Win はどこから考え始めたら良いのだろうか．ここは古典的名著であるドラッカーのマネジメント理論から考えてみたい．これはドラッカーが問う「顧客はだれか」という根本的な問題に回帰するのが良いだろう．その理解はスポーツマネジメント領域のステークホルダーの整理に繋がる．

🎗 スポーツマネジメントにおける顧客

もちろん第一の顧客として個の「ファン」を挙げることは容易だろう．つまり各スポーツが接する最初の顧客であり，それはチーム愛好家でもあれば，何らかの偶発的なご縁でチームに関心を示してくれている人やその集合である場合も見受けられる．

こうしたファンが集まると自然にコミュニティが出来上がるだろう．ここではコミュニティを第二の顧客としよう．昨今では SNS で繋がったり，また消費者が積極的に情報共有をしたりする動きが出てきている．もちろん情報はテレビ等のマスメディアが取り上げることもまだまだボリュームを占めるが，最近ではファンやチームが自主的に情報発信を行うことで露出が質量ともに拡大している．つまりスポーツ主体は増加したファンがコミュニティ化することで，更にファンを増やしうるのである．

そうなると第三の顧客であるスポンサーという立場が誕生する．チームや個人に対して直接的なスポンサードもあれば，大会に対するスポンサード，また番組等の放送権利コンテンツに対して対価を投入することでメディア価値を活用する顧客も現れる．

以上のように私たちはスポーツを対象にしても企業活動と同じく，射程に応じて顧客は誰なのかという視点を持たなければならない．第 3 章で述べたように，第二の顧客には自治体が入ることもある．また自治体が自ら公式チャンネルを持ち，スポーツ関連情報を発信することも昨今では多い．自治体が大会開催や，チーム・個人に出資することも珍しくない．このように考えると自治体の資金は税金が主であることから，スポーツの顧客は地域の市民だという考えることが出来るだろう．

▷ 顧客への満足訴求とは

　顧客に認められる，受け入れられるにはどうすれば良いのだろうか．顧客の
メリットを訴求することは，つまりは面白いだとか興味深いと思ってもらうこ
とだ．もちろんスポーツの特徴である「見る・する」だけでなく，最近は「支
える」ことも醍醐味として訴求できるとされている．

　その対象スポーツを「する＝取り組む」という顧客に対しては，プレーをす
ること自体に付加価値があれば実現する訳であるから，そのイメージはしやす
いだろう．では「見る・支える」という顧客価値はどのように創発していけば
良いのだろうか．その際に私たちが考えなければならないのは顧客満足（CS）
という概念である．では顧客満足とは一体どのようなものとして理解されてい
るのか，ここで簡単にマーケティングの興隆期の事例を紹介したい．

　古くは1908年頃よりアメリカでT型フォードという自動車が爆発的なヒッ
ト商品になった．フォード社は計画的な大量生産によりスケールメリットを武
器として，合理化を進めることで低価格路線を追求した．その結果，高嶺の花
であった自動車の購入が一気に現実的になり，多くのアメリカ市民は自動車オー
ナーになる夢を実現したのだった．街中では数多くのT型フォードを目に
するようになったのだが，この後に一体何が起きたのだろうか．端的に言えば
T型フォードは顧客に飽きられてしまったのだった．

　この消費者意識の変化に目を付けたのがゼネラルモーターズ（GM）だった．
GMは顧客満足の方向性を丹念に調べ上げ，価格別にスポーツタイプ，ゴー
ジャスタイプなどの差別化をしながら複数車種を市場投入していった．また
フォードが挑戦しなかったモデルチェンジも導入することで，断続的な魅力の
向上に挑戦した．大量生産による恩恵により，ある程度の品質を格安で販売す
るだけでは不十分で，顧客志向や顧客満足に沿った売れる仕組みを構築する必
要性の誕生．これが現代マーケティングの発祥とも言われている．

▷ 顧客満足の概念の歴史

　現代において顧客満足という概念はビジネスの基本として認識をされている
と言って良いだろう．その歴史をたどるとアメリカでは1980年代より研究業
績が集まり始めたとも言われている．端的に言うならば顧客が期待する内容に
ついて，いかに対応するか．例えば商品やサービスの提供であれば，何をどの
ように提供していくかを構築して，具現化するプロセスを整備するということ

表 6-4　顧客満足の 3 つの段階

第一段階	顧客に「不満・不快感」を与えないこと
第二段階	顧客に「満足」を与えること
第三段階	顧客に「感動」を与えること

（出所）筆者作成.

が研究されたのだ.

　また市場が成熟するにしたがって, 価格競争を回避して利益を獲得するには既存顧客のロイヤリティ形成や維持率向上が求められる. その方法の 1 つが顧客満足度の向上であるというのが通説である. またアメリカマーケティング協会の 1985 年の定義には「マーケティングは, 個人および組織の目的を満足させる交換を創造するために, アイディア, 商品やサービスの概念化, 価格設定, プロモーション流通を計画し実行する過程である」とあることから, マーケティングに紐づけられた概念と考えることは妥当だろう. 広瀬［2014］によれば, その顧客満足には 3 つの段階があることを整理しておきたい（表6-4）.

　第一段階はクレームや調査によって明らかになることが多く見られる. 対処の方法としてはマニュアル作成などによる商品の変動性に対する改善などがある. また不満や不満足を感じてもクレームを通じてネガティブな想いを発信するのは一部の人に過ぎず, 大半の人は沈黙のまま次回から購入をしなくなる特徴がある. 一方で不満を伝えてくれる人の意見は満足した口コミよりも影響が大きい場合があり, また適切な対応をすればロイヤルカスタマーに変身する可能性が高いとも言われている. ようするに熱いファンであるからこそ苦言を呈してくれていると考えることが出来るだろう.

　第二段階からはマニュアルの整備だけでは到達が難しくなる場合が多い. 顧客満足は個人の意識であるため完全に数値化できない部分もある. また適切な対応を受けても結果は個人によって変化する. 顧客の平均値は理解しつつも個別に応用する方法はどうすれば良いか. スタッフがより多くのオプションを使いこなすようになるにはどうすれば良いか. 対策としては日々のトレーニングやサービスの更新が必要になることは言うまでもない.

　第三段階の「感動」に達すると, 広瀬［2014］によれば顧客はロイヤルカスタマー化しているという状態だ. またスタッフが顧客に満足してもらうことに大きな喜びを感じるレベルに至ると, 顧客にも伝わりそれが「感動」を呼ぶよ

うになるという．またロイヤルカスタマーになると顧客側から改善ポイントを
気軽に指摘してもらうことが起き始める．

　こうして考えるとスタッフの満足と顧客の満足はプロジェクト成功の両輪で
あって，チームビルディングの担当者はこのメカニズムを理解するべきだろう．
こうしたスタッフと顧客の双方の満足度上昇が Win-Win の構成要因であり，
そこに新たな価値創発される局面となるわけだ．

◇注
1）東京オリンピック・パラリンピック競技大会組織員会について，設置から誘致までの
　政府連携については平田［2017：572-575］を参照されたい．
2）国際オリンピック委員会「公式プレイブック　アスリート　チーム役員　大会の安全と
　成功のためのガイド」（https://stillmedab.olympic.org/media/Document%20Library/
　OlympicOrg/Games/Summer-Games/Games-Tokyo-2020-Olympic-Games/Playbooks/
　The-Playbook-Athletes-and-Officials-jp.pdf，2021 年 2 月 25 日閲覧）．

第 7 章　おもてなしのマネジメント

はじめに

　東京五輪の本番が迫ってきた2021年6月1日，群馬県太田市において五輪事前合宿が国内でいち早くスタートを切ったと，多数のメディアで過熱気味に報じられ始めた．オーストラリアのソフトボールチームがおよそ1カ月半にわたり感染対策を実施しながら日本国内での合宿を開始したのだった．東京五輪の延期が決まってから海外チームが合宿で訪れる初めてのケースであり，かつ30人という大きな選手団であったことから全国的に注目が集まった．同日には丸川珠代オリンピック・パラリンピック担当大臣（当時）より，東京五輪に参加する国や地域の選手団による事前合宿や住民との交流について，これまでに全国の105の自治体で中止になった[1]ことが明らかにされた．この章では私たちが他の自治体事例の影響を受けながら，作っては壊して，また作っては修正を重ねた選手団への琵琶湖・瀬田川モデルの「おもてなし」について紹介をしたいと思う．

1　「おもてなし」を定義する

　いよいよ国が五輪開催に動き出した．その一方でオーストラリア代表ソフトボールチームが来日した6月1日は，東京都に3回目の緊急事態宣言（4月25日〜6月20日）が発令されている最中であった．そのためか大多数のメディアがこの合宿スタートを「五輪開幕が近づく」と取り扱ったのだが，世間では「国民には外出自粛とリモートワークを要請しながら，外国からの入国者を認めるのはいかがなものか」という論調が高まっていった．

　私たちに衝撃を与えたのは6月19日に大阪府泉佐野市で合宿を予定していたウガンダの選手が空港検疫で陽性[2]となったことだ．選手団は事前に予防接種

を2回済ませており，陰性証明を持っての来日だっただけに社会的なインパクトは大きかった．私たちはこうした報道を確認しながらNZ代表チームを受け入れる詳細を記したマニュアルの完成を目指し，一方で頭の片隅で受け入れ断念のリスクも覚悟しつつ，1日1日を進めていくしかなかった．

🎗 保健所と組織委員会の判断を受けて

同年5月に行われた最終予選を経てNZ代表チームの選手団は53名の大所帯になっていた．チーム事情から当初の最大80名規模と比較すると若干コンパクトにはなったが，開催に関する賛否両論が日本の全国で飛び交う中で，私たちには一体何ができるのか．そして何を諦めるべきなのか．新型コロナウィルス感染者数の速報に一喜一憂しながら，NZ代表チームが世界最強になるという目標を実現するために，最後の最後まで「最善のおもてなし」を再構築していったのだった．完成したマニュアルに対して6月23日には，保健所および組織委員会から「合格」を頂いた．私たちは速やかに実行委員会を招集して審議に入り，ようやくNZ代表チームの合宿実施が正式に承認されたのだった．

🎗 琵琶湖・瀬田川モデルの「おもてなし」

ここで扱う「おもてなし」という言葉のニュアンスであるが，既述の通り今回の事前合宿は一般的なホストタウン事業による「誘致」から始まったのではない．NZ代表チームの意向を実現にこぎつけた任意団体（実行委員会）による「協力」というスタンスが主なのだ．よって他の地域並みの公費投入や関係者への便宜はなく，もちろん選手団への特別扱いをしたわけではない．よって関係者への接待などありえなかった．

大切にしたのは仲間同士としての価値の創造だ．つまりお互いの国は違うものの，同じくボート競技に携わる者としての立場を最重要視したのだ．私たちが現時点で最善と考えられる練習環境の準備・整備を一緒に創り上げよう，という協業の意思表示とその実践が，私たちなりの琵琶湖・瀬田川流の「おもてなし」であると再確認をしたい．

2　合宿を共創する

▷ コース設営と搬入ラッシュ

　実行委員会で正式決定がなされてからの，準備スケジュールは**表 7-1** の通りとなった．もちろん正式決定になる以前に「内々定」の段階で合宿備品の発送など，NZ ボート協会が対応してくれた損害保険を担保に，見切り発車した一部分は否めないが，各作業は発送準備をギリギリのところまで進めておいて，正式決定と同時にすべてに GO サインを出した形だが，連絡系統の正確さと送り出しと受け入れ側の連携が非常にうまく機能した．これは 1 年間の五輪の延期期間に何回もシミュレーションを繰り返した賜物だと言える．いかに短期間でロジスティクスを機能させるか．綱渡りの連続ではあったのだが，**表 7-1** を見て驚く読者もいるだろう．

　いよいよ現場準備が始まった．帯同シェフの荷物では，食器は陶器でナイフフォークも本格的なシルバー製品が搬入された．検疫を通過したニュージーランド産のスパイス，調味料，ビタミン補給のゼリー，選手団が飲み慣れた海外産スポーツドリンクやゼリー，見れば見るほどワクワクする備品も本国から送られてきた．オールおよび艇の到着前には，倶楽部敷地内に仮設のラックを組み，練習の際に大型選手たちも運びやすく，また保管も安全にできる場所を新規で確保した．

　7 月 5 日には最新モデル・最高級グレードの五輪使用艇が合宿地に到着したが，東京・海の森からの搬出には杉藤が出向き陣頭指揮を執った．その際に NZ 艇を提供するフィリッピ社の代理店である YSDI のスタッフがコンテナヤ

表 7-1　コース設営と備品および使用艇の搬出・搬入スケジュール

6 月 27 日	NZ 本国より合宿備品（機材・食器等）の到着
7 月 3 日	アメリカのメーカーより合宿・五輪で使用するオールの到着
7 月 4 日	NZ 第一陣（4 名）の入国，以降でホテル・練習拠点との最終調整等
7 月 5 日	合宿・五輪で使用する艇が東京より練習拠点（瀬田漕艇倶楽部）へ到着
7 月 7 日	NZ 第二陣（コーチなど）の入国，リギング等の艇関連のセッティング，チームミーティングの開始，調理器具や日用雑貨の現地購入と搬入の開始
7 月 8 日 〜 9 日	仮設コース設置（水上でのワイヤーとブイの設置，ブイ位置の修正等）冷蔵庫・洗濯機など大型レンタル製品の搬入と食材手配の開始

（出所）筆者作成．

NZ 使用艇と搬入搬出チーム

ードに現れてくれて，コンテナの開梱に立ち会ってくれた．積み込みのための人手は，杉藤が日本代表時代にチームメートだった方が多くのメンバーを連れて来てくれた．組織委員会役員にも力を借りた．運搬用のトラック，スタッフなどがスムーズに会場に入れるよう手引きしてくれた上に，実際の積み込み作業にまで参加してくれたことには，私達も感謝しかない．琵琶湖での受け入れは学連メンバーのボランティア，瀬田漕艇倶楽部の会員が細心の注意で仮設のラックに収納した．五輪本番で使用する艇であり，搬入出は普段から扱いに慣れているスタッフ，運送会社トラックを配備して細心の注意を施して作業を進めたのだった．

🎀 第一陣の到着と NZ 代表チームとの協業開始

先発してきたのは 4 名．今回の遠征チームの責任者である，オペレーションマネージャーのホルトン氏（Lisa Holton），栄養士のクリステル氏（Christel Dunshee-Mooiji），帯同シェフの 2 人，であった．合宿実施までの苦楽をともにしたホルトン氏とは，コロナ禍を経て約 2 年ぶりの再会にエア・グータッチをしながら喜びを分かち合った．その後は先発 4 人の動きが想像をはるかに超える機敏ぶりで，次々と準備・調整を進める姿には，バブル外スタッフも真剣勝負が始まったとスイッチが入った．

まずは拠点の環境整備に向けて，ホルトン氏と栄養士のクリステル氏のフットワークは凄まじかった．「彼女たち 2 人のようなメモリを私たちの脳ミソにも欲しいな．もしもそんな外付けハードディスクがあったらノーベル賞だ

特大レンタル冷蔵庫と設置したシャー
ベットマシンとNZ国旗

事前にNZから届いた荷物

ね！」そんなジョークを飛ばしながら，彼女たちの動きに遅れないように私た
ちもピッチを上げた．買い物では大量な備品や食材を確保することにただ面食
らった部分もあったが，まず帯同シェフの2人は保存の効く間食など，栄養補
給メニューを黙々と作り続けた．気が付くとクラブハウス内はNZから持ち込
まれたスパイスの香りで包まれ，感じる異国情緒から私たちも合宿スタートを
改めて実感した．

　帯同シェフが要望した業務用の大型冷蔵庫・冷凍庫もレンタル2台が届き，
所定の位置にセットされた．選手団の暑さ対策用に手配されたシャーベットド
リンク製造マシンも，ニュージーランドから到着しており，日本の電圧調整な
ども含めた試運転が始まった．また薄手の練習着（ローイングスーツと呼ばれる衣
類）などを毎日洗濯したいとのリクエストもあり，近隣の大学ボート部合宿所
から洗濯機をレンタルして取りつけた．実行委員会からは対面でお迎えできな
い寂しさを少しでも緩和するため，クラブハウス内にはニュージーランドの特
大サイズの国旗を，また艇庫テラスには特大横断幕を掲げ，歓迎の雰囲気を織
り込んだのだった．

🎱 第二陣の到着と仮設コース設営

　7月7日にはコーチ陣とチームスタッフからなる第二陣が到着した．この第
二陣は先に練習拠点に到着していた使用艇やオールの荷解きから作業をすぐに
スタートさせた．バブル外スタッフも，杉藤の発信するSNSでメッセージを

仮設コースの設営と周囲環境

受けながら距離を保った位置から梱包を解く作業にも参加した．見守っているとコーチ陣は非常に効率的に艇のセッティングを進めていくのだったが，こういうサポート業務の1つ1つに最強国のオーラを感じてしまった．その中で全様を表した艇はオールブラックス仕様で黒色に塗装されている特別オーダー品であり，シューズが五輪使用の金色であることなど，見る光景の全てが初めてづくしであった．バブル外のボランティアであった学連スタッフが遠巻きながらも，興奮気味に生まれて初めて見る五輪使用艇やオールを眺めている姿は印象的だった．

　7月8日からは学連スタッフ合計13名が入れ替わりながら，猛暑の中での水上作業に尽力してくれた．桑野造船スタッフの指導を受けながら2日間の敷設工事の末に2000m仮設コースが完成させたのだった．

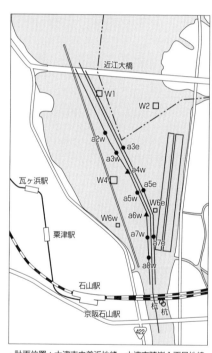

・計画位置：大津市由美浜地崎〜大津市晴嵐1丁目地崎
　　　　　　延長2km×幅13.5m（＝27,000m²）
・設置物：25mごとに直径15cmの軟質ブイの設置
　　　　　　（81個×2レーン＝合計162個）
　　　　　　（縦張り1,000m×4本，両端アンカー固定）

図7-1　2021年の合宿時に使用した仮設
　　　　コース地図

気温 35℃に近い過酷な炎天下で，GPS を確認しながら 50m 間隔で縦方向 3 レーン分のブイを設置する作業は気が遠くなるぐらいの重労働であった．さらに梅雨時の増水の影響で作業が遅れ，コース完成はチーム本体が到着する前日となったことには冷や汗をかいたが，なんとか 7 月 9 日の夕方に準備が完成したのだった．

　なお仮設コース（図 7-1）は 2019 年のジュニア合宿の際から大きく仕様変更をした．2019 年の 10 月には 1000m のワイヤーを 2 本つなぎ，2000m コースの水中深くをタテにワイヤーを張るテストも完了していた．波の影響を極力受けないために西岸に近づけて近江応端からはみ出る部分を 100m 程度に抑え込んだ．

⚗ 選手団の意向と地元理解のための配慮

　私たちは事前に選手団が練習拠点を使用する時間帯を細かく協議して，NZ 代表チームには了承してもらうことも重視していた．一般的に真夏の太陽のギラギラを感じる 7 月と 8 月は，日の出前後の朝 5 時頃には準備を始め，1 日の中で比較的気温が低く水面も安定している 6 時前から 8 時ころまでに水上トレーニングを行うことがボート界の慣例だ．しかしながら瀬田漕艇倶楽部が住宅街に面していることもあり，選手団のバスが通勤者や通学途中の生徒学生とニアミスすること避けたかった．海外選手団との予想外の接点に住民側の感情がマイナスとなるリスクを考慮し，通勤通学の時間帯を極力避けた 8 時半からの瀬田漕艇倶楽部の利用とすることにした．感染対策の一環として NZ 代表チームと地元感情への配慮で軟着陸をするしかなかったのだ．一方で近隣住宅街の理解には自治会長を通じて私たちのプランと配慮を説明して，丁寧に協力をお願いした．

　全体スケジュールとしては，選手団は 7 時過ぎから各部屋で軽めの朝食，朝 8 時過ぎに貸し切りバスでホテルを出発，そして 8 時半になり周辺住宅街の人出が減った頃に倶楽部に入ってもらうというルーティーンを合宿最後まで続けた．また練習拠点は 17 時までの滞在と限定した．これも近隣，および倶楽部会員の使用を配慮したギリギリの調整であった．7 月は国内でもシーズン真っただ中であり，倶楽部会員には国民体育大会を含めた主要大会に出場する者もおり，倶楽部選手たちの大切なシーズンを犠牲にすることも許されなかった．しかしながら NZ 代表チームの希望する「施設占有」を叶えるべく，受け入れる側と

受け入れられる側の双方に納得感ある落としどころを最後まで探ったのだった.

　使用する貸し切りバスは選手団53名を2台に分けて車内のソーシャルディスタンスを確保した. バブル内の日本人スタッフは基本的にはバス同乗とし, 車内では毎日のPCR検査の検体採取を行った. 各準備のためシェフや栄養士は練習拠点に先乗りしたいとの要請を受けたが, そこは地元住宅街の安心・安全に関する感情を最優先し渋々ではあるがチーム全員同一行動に納得してもらった. 採取した検体については玄関横のBOXに入れ, バブル外チームが非接触で受けとった後に, 毎日東京の検査団体に送付. 送られてくる結果レポートを毎日モニターしながら自治体やチームとも共有した.

　バブル外チームは朝のサポートが多忙を極めた. ミーティングを効率的に済ませた後は施設の消毒, 検体の送付サポート, 栄養士からの買い物オーダー表を受け取ると複数名で朝・昼・夕と最低3回調達に向かった. 事前予約できる品目もあれば, 何軒か商業施設を回っても調達が難しい食材もあった. ただ学連スタッフ, 瀬田漕艇倶楽部の会員で構成されたボランティアスタッフから感じるおもてなしの心は温かく, 世界最高峰の選手たちを目の当たりにしてモチベーションは非常に高かった. 地元のパン工房はオーダーメイドでNZ国内にて定番として食べられているパンの味を再現してくれた. こうした地元商店とも連携を進めて, 厳格なルールを敷きながらも選手団に快適な環境を整えていった.

オーダーメイドのパン

(写真提供) ロゼッタ.

🔔 感染対策の徹底

　まずは朝5時からの日常の早朝練習を行った瀬田漕艇倶楽部会員には，各自でトレーニング機器とトイレの消毒をしてからの通勤，通学をしてもらうように徹底した．これは倶楽部理事会から会員への協力要請としてオーソライズした．バブル外スタッフは7時半には集合してクラブハウス内の清掃と消毒（テーブル・床・キッチン・ソファ）を済ませて8時半の選手団到着を待った．日によってはバブル内スタッフから緊急対応の要請連絡入り，選手団の到着前に動き出すこともあった．バブル外スタッフはマスク着用を徹底し，選手団が滞在する時間帯のクラブハウスでは別室（事務室）に控え，艇庫に入る際はバブル内と必ず数メートルの距離を確保するよう徹底した．買い物で調達した物品も直接の受け渡しを控え，特定場所に納品する形で受け渡しをした．NZ代表チームの占有時間内は外部者の出入りを禁じ，倶楽部への来客であっても事情を丁寧に説明して玄関先での対応や，占有時間外での再訪問をお願いした．17時になると選手団はバスでホテルに引き上げるのだが，選手が全員バスに乗るとバブル外スタッフが一斉に事務室をでて，クラブハウス内，および施設の消毒，清掃や翌朝用のゴミ出し準備を念入りに行った．

🔔 警備・保全関連のサポート

　最新モデルの五輪使用艇は高価であることはもちろんだが，オーダーメイドの代替品が存在しないリスクにも対応しなければならなかった．倶楽部は非常に治安の良い住宅街に面しているとは言え，メディアのニュースからは五輪反対のデモが東京を中心にまだまだ数多く展開されていることも伝えられていた時期だった．万が一に備えて地元警察署との連携を改めて要請し，毎晩1〜2回以上の付近パトロールを快諾してもらった．併せて五輪艇が倶楽部に置かれている期間中は必ず倶楽部会員1名がクラブハウスで宿直担当として夜を明かした．また緊急連絡網を整備して，実行委員会の委員長，滋賀県ボート協会幹部，瀬田漕艇倶楽部の理事メンバーとは緊急対応ができる仕組みを準備した．こうした警備上の徹底ぶりは杉藤を通じてホルトン氏には逐一伝えられていて，相当な評価をしてもらったようだった．

　またメカニックサポートでは，モーターボートキャプテンズの1人である大越将洋が活躍した．ロンドン・リオ五輪の際にもボート機材を扱う（株）シマノのスタッフとして，ポーランド代表チームなど海外選手団の機材担当をした

ホテルの部屋に機材を持ち込み終夜の調整作業

経験が活かされた．今回も女子エイトの艇部品の加工と微調整を，夜を徹して行うなどの献身ぶりで，担当の Gary Hay コーチと女子選手が全員整列して大越に敬意を表したシーンには私たちも目頭が熱くなった．

🎱 宿泊ホテルとの連動

　日本に選手団が入る前，マネージャーのホルトン氏や栄養士のクリステル氏との打ち合わせは杉藤と実行委員会メンバーが，そして五輪チームの入国後は能勢鯨太が担当した．滞在中のホテルでの食事は，NZ スタイルにこだわる訳でなく，日本食を取り入れて変化をつけて欲しいとのオーダーだった．入国後の詳細調整では主な栄養素をとるだけでは OK ではなく，いかに合宿期間を通じて食事を楽しく摂取するかということ，コロナ禍による移動制限のため食事時間がストレス軽減の重要パートとなっていることを双方で再確認した．選手部屋の掃除は NZ 選手団からの希望で 2 日に一度とし，バブル外の人間との接点を出来るだけ減らす工夫を凝らすことでチームに一層の安心感がでると判明したため，ホテルスタッフへの周知を徹底してもらった．

　選手滞在中の食事は朝練習前に軽朝食（フロア各階のエレベーターホールにシリアルと果物中心のテーブルを設置，セルフサービス方式），練習後すぐに本朝食（瀬田漕艇

ホテルでの練習前の軽朝食　　　　　食事会場の感染対策

倶楽部にてチームシェフが調理して提供），ホテルでの昼食，夕食の計 4 食だった．また各階には臨時で冷蔵庫を常備してもらい，選手がいつでも補給できるような環境を栄養士がリクエストすると，衛生面での懸念から個別包装された，紙パック飲料などを準備することになった．

　ほぼ毎食で提供されたサンドイッチについてはホテル側で完成させた形状ではなく，パンの種類と具材を選手が自由に選んで作れるスタイルを希望された．栄養士によるとこうしたささやかな自由さや，選手たちが好みの材料をチョイスできる遊び心を織り込むことで，メニューの選択肢が一層増え，気分転換にも効果的だとのことだった．ホテル側は衛生面や提供時間の課題を懸念したが，まずは選手のセルフサービスでやってみようとなり，好評だったことから合宿終了まで続いた．

　ホテルスタッフはバブル外スタッフとの位置づけにした．よってバブル内への近づいての会話，料理提供やお皿を下げる作業は避けることで対応してもらった．サービス面ではホテル側の既存基準と合わない部分もあったようだが，臨機応変に考案した「びわ湖大津プリンス流おもてなし」として柔軟に対応していただいたのが本当にありがたかった．

　食事会場については実行委員会とホテル側の知恵を絞った対応が実を結んだ．披露宴等で使用される宴会場は広いスペースも宿泊フロアからの動線も確保できるが，合宿の実施可否の判断が遅れたため諸事情から宴会場使用を断念しなくてはならなかった．代わって浮上したのがコロナ禍で休業していた最上階の

合宿中の公式夕食会

公式ジャケットの着用と
NZ料理

ラウンジスペースの活用である．これが結果的には選手団に大好評で，琵琶湖
や比叡山の眺望を38階から眺めるロケーションが最高だったようだ．広々と
したソファータイプと椅子タイプの席を気分によって選び，昼食時には真夏の
キラキラ輝く琵琶湖を，そして夕食時には夕焼けに染まる比叡山・比良山・湖
面を楽しみながらリラックスした食事時間を過ごせたのだった．悩ましい多々
の調整の中で，この妙案を提供してくれたホテルマネージャーには感謝しかな
い．連日のハードな練習かつ緊張感でヒリヒリするような合宿期間中に，1日
だけ公式夕食会をチームとホテル共同で開催した．五輪の開会式等で着用する
ナショナルチーム公式ジャケットに身を包んだ選手団が，ホテルシェフが腕に
よりをかけたNZと日本の食材融合を楽しんだのだった．もちろんモーターボ
ートキャプテンズを始めバブル内のスタッフも同席させてもらい，これがまた
両国スタッフの絆の強化にもつながった．なお，NZ代表チームの食事メニュ
ーについては，栄養学・コンディショニングの観点からも非常に興味深いので，
章を改めて紹介をしたい．

🔔 どこまで対応するか，協力の源泉

実行委員会は合宿を受け入れたからには，基本的に余程の要望以外は第一声
として「No」とは言わずに可能な限りの検討をすることにしていた．選手
ファーストで知恵と工夫を集中投入する覚悟をスタッフ間で長らく確認してい
たからだ．当初からバブル内もバブル外もスタッフは「少しでも選手団の練習

の質を上げるために努力・協力しよう」とのバイタリティに溢れていたのだが，世界最高峰の五輪直前調整を続け，その姿をフランクに私たちに見せてくれるNZ選手団の姿勢も好影響だった．結果的に選手団に対するリスペクトが広まって，日本人スタッフが弱音を吐くことなく勤勉にサポートする姿勢に繋がり，またその日本人スタッフの姿に，NZ代表チームが意気込みで返してくれる．コロナ禍にありながら，互いを尊重し合うスポーツマンシップのリフレクティブな循環には言葉にならない感動さえ覚えたのだった．

　今となっては過激なオーダーとも思えるが，「明朝の練習前までにアイスバスに使用する氷を200キロ用意して欲しい」，「明日デリバリー予定の食材に加えて，卵を追加で300個ほしい」，「シャーベットドリンク用のマシン操作を，朝練に間に合わせるため夜明け前の4時にやってほしい」．一見すると無茶苦茶なオーダーではあるが，これを笑顔で出来てしまうスポーツマンシップの精神は，あまりに奥が深い．

　今となっては笑い話だが，言葉や習慣の壁を越えられない問題も多数あったことは確かだ．あるコーチから突然「無色透明な酢が欲しい」と言われ，スタッフが買ってくるのだが，困惑した表情で「これじゃないんだけれど」を繰り返される．よくよく聞いてみれば，コーチが食用に酢を欲しいのではなく，NZで使う習慣がある環境にやさしいボート洗浄用の酢が欲しかったのだ．その他にも牛肉の赤身とヒレ肉の表現方法が2国間で違っていることなど，私たちの想像や理解をはるかに超えるオーダーがあった．こうした「氷大量発注事件」とか「一体何用の酢？事件」や「牛肉事件」などは合宿が終わった後には最高の酒の肴になっているが，文化的なギャップは，「あって当然のこと」として受け止める意識が必要であろう．

3　理論で考えるサービス商品とプロジェクト制

　私たちのプロジェクトについて誤解を恐れずに表現するならば，NZ代表チームとともに創る「合宿」というサービス商品と定義することも可能だろう．この節ではわが国のサービス産業の特徴を確認してきたい．読者もホテルビジネスや飲食ビジネスにおいて「サービス品質」という単語をよく耳にするのではなかろうか．

表 7-2　サービス商品の特徴

① 無形性	サービス（商品）の取引はモノと違って事前に見たり触ったり，味わったりすることができない．要するに形の無いものの取引となる．
② 同時性	モノと違い，サービスの提供（売買）とサービスの利用（使用）を別々にできない．不可分な取引を通じて提供者と利用者が一緒に価値を作り上げていく．
③ 変動性	いつ，誰が，どこで，誰に提供するかでサービス商品の内容が都度で変わってしまうことがある．
④ 消滅性	サービス商品はモノと違って蓄えておくことが出来ない

（出所）伊藤・高室［2010］に筆者が一部加筆．

サービス商品の特徴と課題

　一般にサービス産業が提供する商品像を考えてみよう．改めてその特徴について見つめてみると表 7-2 の 4 つがあるとされている［伊藤・高室 2010：13-15］．

　サービス産業であれ，私たちのような任意団体のプロジェクトであれ，サービスという商品にはこのような特徴があるとの認識が必要で，これらの特徴から発生する問題課題には適切なタイミング・方法で対処することが求められる．例えば ① 無形性を克服するために，どうすれば顧客に対して購入前に価値を認めてもらえるのか，② 同時性を理解してもらい価値の共創に参加を促すにはどうしたら良いか，③ 変動性では例えばチェーン展開のレストランで一定の品質を担保する人材育成を促進する方法，④ 消滅性を想定して例えばアイドルビジネスのようにライブという体験型商品を，ライブに参加する前後で価値を高める工夫など，考慮の対象は多岐にわたるわけである．

ホスピタリティと「おもてなし」

　上述のような特徴を持ったサービス商品におけるサービス品質は，同様のニュアンスで「ホスピタリティ」という言葉で表現されることもある．一般にホスピタリティが高いというのは，サービスプロセスの品質が高いということを表し［近藤 2012：316-319］，世界的には顧客や訪問客への一般的なレベルの親切や友好的な商取引を示すと言われている．しかしながら日本で認識される「おもてなし」は，心のこもった対応や態度を含めて，心の問題がイメージされている．近藤はしばしば「おもてなし」が精神論で語られていることを問題視し，それらが仕組みとして提供する議論が必要であるとの姿勢を打ち出している．こうしたイメージをプロジェクトの担当者が自身を省みながら，究極を

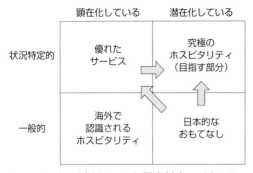

図7-2　ホスピタリティと顧客対応のパターン
(出所) 近藤 [2012] に筆者加筆.

目指す業務を進める段階では**図7-2**のマトリックスに自身の日常業務を当てはめることも有用だろう.

　このようにサービスの具体的な商品を単に顧客に提供するのみならず，その提供場面に応じて顧客満足を高めるように，取引プロセスに様々な創意工夫を重ねることが「おもてなし」概念の基礎になるのである．もちろん心がけではなく，顧客接点から取引完了までのスパンでマネジメントすることが肝要である.

8 プロジェクトチーム制とビジネスシステム

　西尾 [2007] によれば，こうした「おもてなし」は一般的に個人単独や，単独組織の努力で成し遂げるよりも，組織横断的に進められることが多いのも特徴であろう．この組織横断的な協調体制はプロジェクトチーム制の考え方が参考になる．プロジェクトチームは企業や自治体を含めた組織において，新規で事業を始めたり，新たな商品開発を行ったりする場合に，この目的を実現させるタスクフォースのことである．このためにプロジェクトに参加する各部署などの組織から，適任であると思われる人材を選抜派遣してプロジェクト組織を構成し，期間を定めて臨時で稼働させることが一般的だ．こうした臨時組織は目的が達成され，もしくは効果が見いだせず事業等が終われば，解散して，チームの構成メンバーは元の部署に戻っていくわけである.

　例えば組織Aからは人材AC，組織Bからは人材BB，組織Cからは人材CA，組織Dからは人材DAの計4人が参加するプロジェクトチーム編成は**図7-3**のようになる．またその周辺・内部には利害関係にあたるステークホルダ

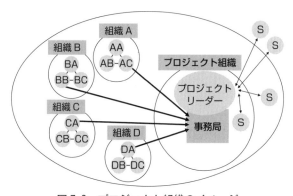

図7-3　プロジェクト組織のイメージ
（出所）西尾［2007］をもとに筆者作成.

ーＳが複数存在する．こうした環境の下で，組織横断的に人材を集め，内外の理解関係者と向き合いながらプロジェクトの成功を目指すチームは，異文化を認め合いながら互いに刺激しあう側面もあり人材教育にも効果を持つと言われている．これら延長上には次第にプロジェクトの意義や貢献度が高まり，顧客に商品やサービスをうまく提供するための仕組み＝「事業の仕組み」にまで昇華するケースも見られるだろう．こうした自社や自社以外の組織（取引相手を含む）とともに関係性を気づくことで成立する事業のシステムを「ビジネスシステム」と呼ぶ．このビジネスシステムは見えにくい実態であるが，相互に結びつく特殊性から簡単には調整できないため，一旦形として機能し始めると長期的な競争優位性につながる［伊丹・加護野 2003：71-73］．スポーツにおいても私たちのような任意団体であれ，法人格を持つ組織であれ，「システム」という概念を丹念に組み立てる時代が既に到来していると考えるべきだろう．

◇注
1）2021年6月1日放送のNHKニュースより．またWEBサイト記事はNHKニュース「ソフトボール オーストラリア五輪代表来日 群馬で事前合宿へ」（https://www3.nhk.or.jp/news/html/20210601/k10013061531000.html，2022年9月30日閲覧）.
2）読売新聞オンライン 2021年6月20日「1人陽性のウガンダ五輪選手団，合宿地大阪に移動」（https://www.yomiuri.co.jp/olympic/2020/20210620-OYT1T50105/，2022年10月1日閲覧）.

第8章 コミュニケーション戦略

はじめに

　かつてマスメディアの持つ情報伝達のパワーには計り知れないものがあり，広告宣伝の最強ツールとも言われていた．具体的にはテレビ（地上波・BS・CS・ケーブル），新聞・雑誌メディアを中心に，そのパワーの大きさから広告市場においては大半の投下先となっていた．マスメディアの特徴は強力なコンテンツを1Wayコミュニケーションで，一気に世論に伝達することであったが，携帯電話市場の発展などによって限りある電波帯域の使用が飽和状態となると，世界的に地上波放送のデジタル化[1]がすすんだ．さらにインターネット業界における技術革新が加速し，スマートフォンが社会に浸透を始めると，日常のコミュニケーションは様相が大きく変わってきた．その代表例はマスではなく「個」から「個」の双方向伝達の形式であり，さらには検索・拡散という情報伝達ルートの多様化である．また個人発信の意見やコンテンツがSNSを通じて影響を持つようになると，情報や話題拡散だけでなく，ネガティブな主張や誹謗中傷などによる「炎上」も頻出することになっている．個人であれ組織であれ，こうした環境下においては情報発信の際の危機管理を踏まえた現代風コミュニケーションの確立が望まれている．

1　スポーツとマスメディアを取り巻く環境変化

　テレビ等のマスメディアにおいて，ボート競技のように国内競技人口が少なく，さらに日本代表選手が世界大会での活躍が見られない競技は，長らく中継はもちろんニュースであっても取り扱ってもらうことは至難の業であった．特に民間放送局の地上波放送は視聴率において収益が大きく左右されることから，マイナースポーツは「数字がとれない」コンテンツの典型であって，その結果

として番組内で露出されることは非常に少なかった.

　サッカーや野球のメジャースポーツも昨今では大きな問題を抱えている. 国際大会において日本代表チームが活躍する度に, 主催者側からは次大会での放映権利料の増額を迫られている. そうなると WBC や W 杯, オリンピックといった最高峰の大会中継でさえ民間放送局の収支は厳しくなってしまったのだ. 民放勤務の経験がある筆者の感覚としては, 地上波放送・デジタル化の前後から世界物件の放映権利料は高騰し続けた. さらにインターネット業界の急成長に伴い, 民放スポーツ部門では担当番組のきめ細やかな費用対効果を追求するように変化していった. テレビで扱ってもらう観点からは, メジャー競技であれ, マイナー競技であれ, 収益が見込めない競技種目は苦境に立たされるようになったのだ.

　スマートフォンが普及した近年では, 一層の新たな局面を迎えていると言えるだろう. Z 世代によるテレビ離れが急速に進む現象が顕著になっているが, Amazon や DAZN などの海外資本の配信事業者だけでなく, SNS を始めとした個人発信コンテンツの影響力の増大もあり, 従来にはなかった情報伝達の特徴が見られ始めている. かつてマスメディアに対して競技力の向上や選手キャラクターの魅力発信を努力してきたスポーツ界だが, 多種多様なメディアへの対応に工夫を凝らしながら推進するべき時代になっている.

🎖 地方都市のマイナースポーツの展開を考える

　大きくメディア業界が変化する中で, 私たちの取り組んだ五輪合宿では資金的・マンパワー的に, どのような周知広報を行うことが出来るのか. どのように情報発信をするべきだと考えたのか. ここでは私たちが取り組んだコミュニケーション構築の視点, またメディアを通じた新型コロナウィルス感染症への配慮やステークホルダーとの連携など, この五輪合宿での情報発信の進め方を紹介できればと思う.

　私たちはボート競技がマイナースポーツであることを重々に承知しながらも, メディア各社を通じて, 地元市民に NZ 代表チームの来県を知って欲しいと切に願っていた. なぜなら地方都市・滋賀県であっても, 私達の五輪へのアプローチには相当な熱気を伴っていることを紹介したかったためだ. 私たちは既述の千葉ロッテマリーンズ・荒木氏の指摘にもあった通り, まずは今回の取り組みを知ってもらうこと, さらに知ってもらった後の無関心を回避することが重

表8-1　メディア戦略を立案する「考え方」の例

①	コンテンツ価値と メディア発信の目的の整理	自身のコンテンツ価値を客観的に把握する．競合との力関係を意識しておく．メディア発信の目的を整理する
②	メディア特性への対応	メディア各社が興味を持ってもらえる情報をそろえる 競技団体からの目線でなく，取材者の立場を想像する
③	マスメディアへの アプローチ	情報提供を行う正規ルートの確保，適切なタイミング，公平性の担保，問い合わせへの体制作りを進める
④	アプローチの事前準備	リリースの作成と関係者オーソライズ，内容の情報共有，窓口の明確化，現場対応の事前シミュレーション実施
⑤	独自の取り組みと メディアミックス	SNSの活用＋拡散可能なキーパーソン発掘 ＋発信コンテンツの整理と独自取材 ＋写真や動画コンテンツの自前調達をデザインする

（出所）筆者作成．

要なポイントだと考えていた．その中でメディアとのお付き合いの全体像をどうデザインしていくのか，「産・官・民」三位一体の実行委員会にはどういった強みがあるのか．以降では**表8-1**の項目に沿いながら，各要素を検討していきたいと思う．

① コンテンツ価値とメディア発信の目的の整理

　滋賀県に住む私たちの立場からすれば琵琶湖はとても身近であって，精神的にも物理的にも不可欠な公共財産と言えるだろう．しかしながらメディア側の視点からすると，そうした考え方は当てはまらないことが多い．関西圏で人口が集中するのは大阪・兵庫・京都であり，マスメディアにおける興味の絶対数では大都市圏から発信される情報にはかなわないことが多い．一般的に琵琶湖周辺の情報であり，かつマイナースポーツであるボートの情報は，他エリアやメジャー競技の情報と比較するとコンテンツ訴求力が非常に弱いことは民放勤務の経験から理解していた．

　ただ卑屈になるのではなくて，切り口やタイミングの最善策を検討し，どう現象をマスメディアに提供すればコンテンツ価値が少しでも高まるのか．そこは広報PR担当者の腕の見せ所だと考えていた．ちなみに読者の皆様は新聞の紙面構成や，テレビ放送の編成事情を考えられたことはあるだろうか．例えば国政選挙の当日夜に，どんなに平和でどんなに魅力的なスポーツ情報を出したとしても，国の動向に直結する選挙結果にはニュースバリューでかなわない．

また世界大会で日本のメジャースポーツが大活躍したタイミングには，他のスポーツ情報を提供したところで，メジャーを扱う沢山のニュース埋もれてしまうのだ．つまり紙面や放送時間は有限であるから仕方のないことだと理解する必要がある．ちなみに日本の某芸能事務所では，同じ事務所に所属するタレント同士の情報リリース日を絶対に重複させない．ライバル事務所発信の芸能ニュースと真っ向勝負して，そのコンテンツ価値を競うことはあっても，自身のタレントの競合によるカニバリゼーションは徹底的に避けるわけだ．

　このような理解を進めながら，広報PR担当者は自身の情報発信の目的をブレずに持ち続け，常に自身の発信するコンテンツ価値と，競合との力関係を客観的に理解することが必要になってくる．その中で目的を達成するプランを検討することが求められる．

② メディア特性への対応

　競技団体にとってどんなに将来有望な選手であっても，驚くべき新記録が達成されても，それがメディア各社の琴線にふれるかどうかは広報PRの戦術次第だと考えた方が良いだろう．スポーツ界に身を置く立場の人々は，所属競技団体の目線での美しいストーリーを考えすぎる傾向がある．それが世論に対して受け入れられる内容なのか，注目に値するニュースになるのか，冷静な自己客観化を忘れてはならないだろう．

　また伝える側の目線や切り口も重要になる．例えば強豪チーム同士のし烈な対戦を，選手目線で伝えるのか，それとも監督やコーチの目線で伝えるのか，ファンや家族の目線で伝えるのか．社会現象をどのように切り取るかはメディア側のセンスでもあり，主張を通じての各社の特徴にもなることから，取材担当者の興味の対象によって大きく変わる．すべてのメディア従事者と向き合うことはさすがに不可能ではあるが，A社ならこのような補足データ資料があればベター，B社ならこのような種類のエピソード追加が好まれる，C社ならスピーディーな広報資料の提供を意識するべき．このような取材者（社）の立場を理解してプラスアルファの行動を準備できるかどうかが肝要になる．

③ マスメディアへのアプローチ

　私たちのような地方都市の任意団体では，広報PR担当のマンパワーは極めて脆弱だ．よって既存のルートで発信できる仕組みを最大限に活用することか

ら着手するべきだと思う．つまり保有する戦略資産や人脈のフル活用だ．さらにメディアの特性を鑑みると，やはりマスメディアと呼ばれる新聞・テレビの各社とのお付き合いは可能な限り進めたいところだと考えていた．そうなるとマイナースポーツに関する任意団体でありながらも，マスメディアとの濃い接点はどこにあるのだろうか．私たちの答えは，県庁・市役所の記者クラブを通じての情報発信だった．こうした記者クラブを接点とすると，地方行政の担当記者を中心にとりあえず情報は伝わる．

　留意点として重要視したいのは，そのリリースタイミングだ．例えば新聞メディアとテレビメディアではそれぞれ締切の時間が違うのだ．新聞社で翌日の朝刊掲載を目指したいのか，インターネット配信で即時性を求めるのかで取り組みは変わる．テレビで言えば夕方ニュースでの取り上げを目指すのか，情報番組等で週末情報としての扱いを想定するのか．それによって記者クラブにリリースする時間帯が変わってくるのだ．このようにメディアの特性に応じた情報出しのタイミングも考慮するべき課題だろう．

　メディア各社に対する公平性の担保も重要で，取材される側（してもらう側）も取材する側への信頼関係構築に努力をする方が良いだろう．あくまで正しい情報を各社にリリースし，問い合わせにも公平に真摯に対応することを心がけたい．また私の記者時代の経験ではあるが，取材現場での取材者の混乱を極力減らす工夫や心配り，取材後のアフターフォローとして，個別の補足説明への協力があることもメディア側からの好印象に繋がる．

④ アプローチの事前準備

　メディア側にはメディア側の事情があり，その制約や慣例に沿って情報が発信されることから，取材を受ける側＝情報を出す側もそのタイミングには戦略的に向き合うべきだろう．例えば事案が起きた順番にその都度丁寧に情報リリースすることは，一見すると理にかなっているようだが，実はメディア側に煩わしい印象を与えたり，情報が頻繁過ぎるからこそ取材対象に関する意識が散漫になったりというデメリットも考えられる．少々テクニック的な話になるが，取材対象になると想定される情報は発信する量，タイミングをその都度で見計らいながら，小出しにするべきか総括的に出すべきかその時々の最善策を考えることが重要だろう．同時にリリース情報がメディアに取り扱われることは，実行委員会の構成メンバーのみならず，場合によっては各ステークホルダーに

丁寧な事前の情報共有が必要になる．組織内のオーソライズを完了させることで，「そんな話が今出るとは知らなかった」，「なぜ事前に言ってくれなかったのか」．このような身内の混乱を生じさせないことも広報PR担当者の責務である．

こうした情報発信の窓口は大型案件を除いて，可能な限り1本化する方が良いだろう．組織内部における情報の共有不足や理解のズレは，時としてメディア各社への大混乱を招くからだ．取材する側からすれば「担当者Aは〇〇〇といっていたのに，担当者Bは×××といっている．一体どちらが正しいのだ」というような情報の不徹底は，大きな不信感につながる．以上のように情報発信にはリリース内容や適切なタイミングを追求しながら，発信側のオーソライズを確実に済ませておく必要があり，取材現場の仕切りではブレのない対応が求められることを理解して欲しい．

⑤ 独自の取り組みとメディアミックス

昨今の通信環境やスマートフォンの普及を鑑みると，情報発信する側は自身のオウンドメディアの活用も整備する必要があるだろう．それもホームページの活用なのか，ブログ等の使用なのか，SNSなのか．詳細を検討するのであれば，同じSNSと呼ばれるメディアでも，Instagram，X（旧Twitter），YouTube，Facebook，TikTok，また動画配信のアプリも含めて最近の多種多様な中からのセレクトは大切だ．それぞれのチャネル特徴を理解して，ターゲットを想定しながら取り組むのが良いだろう．避けなければならないのは「流行っているから」と安易に始めたものの，更新が全くできていなかったり新規情報が途絶えたりすると，受け手からは完全に興味や意識の圏外に置かれてしまう．どのようなマンパワーを駆使して，どのようなコンテンツを，何を目的にどこで発信するのか．ここも「やること」，「やらないこと」をシッカリ見定める戦略的な視点が必要になる．こうした環境を整えながら，オウンドメディアを連動させて独自の拡散を目指すことへ進む．このように広報PR効果が最大限になるようなメディアミックス，つまりマスメディアとオウンドメディアの組み立てを構築することが必要だ．

2　実行委員会の広報PR

　ここで私たちの取り組みを簡単に紹介しよう．広報PR担当者は基本的には滋賀県スポーツ協会所属の事務局員1名と私の合計2名．もちろん私の本業は大学教員であることから，動ける時間帯や範囲には限りがある．しかも実行委員会の事務局業務も掛け持ちしていたため，全ての時間を広報PRに使えるわけではない．スポーツ協会の事務局員も他の調整事項が山積みであり広報PRに専念することは到底できなかった．実行委員会で協議した結果，私たちは広報PR活動を以下の3つに絞ったのだった．

① 自治体の記者クラブへのプレスリリース

　これは実行委員会の事務局業務を担った滋賀県スポーツ協会の担当者が実施した．また滋賀県スポーツ課，大津市スポーツ課の職員にも補助的なサポートをお願いした．私が原稿案を作成し，滋賀県スポーツ協会でも内容精査をしながら自治体向けのリリース書式にレイアウトを整える段取りだ．それを県庁・市役所の記者クラブルートで各メディアに情報発信したのである．そのタイミングとしては各行事の1週間〜3日前までに情報の先出しをすることを心がけ，新聞メディアの締切を意識して可能な限り正午までに記者クラブで配布されるように努力した．また問い合わせがあった際の補足資料や，記者からの簡易的な想定質問回答集を作成して，念のために実行委員会内でも数名が確認可能となるように準備をした．窓口は1本化と理想を述べたものの，緊急事態やたまたま電話に出られない等の突発事態が起こらないとは限らない．メディア各社からの質問・疑問に対して，仮に悪気はなくとも，取材者をたらい回しにしてしまえば，私たちのような弱小コンテンツはたちまち露出機会を失ってしまう．そんな意識を実行委員会でも共有したのだった．

② 取材メディア各社のアテンドとフォロー

　経験の有無に限らず広報PR担当者は，取材するメディア側がどういった仕事環境にあるかは事前にはわからないことが多い．例えばA社にはベテランで競技に詳しい記者がいる，B社は若手記者で転勤直後のため地理上の不安がある，C社は人員的に毎回の取材が難しい．こうした各メディア事情は当たり

前のこととして存在するわけで，またカメラマンと記者を兼ねることが多い新聞・雑誌メディアに対して，テレビメディアはカメラマンと記者（ディレクター）が2〜3人のチームで構成されることが多い．テレビ各社の機材は大きく重いことから取材車両が不可欠な事情もある．広報PRの担当業務を進めるにあたってはこうした諸事情の理解整理も必要になるだろう．

　こうした事情を視野に入れながら，私たちは取材会場との協力や取材方法の打ち合わせも重要視した．例えば公共や民間の施設をお借りしての取材設定の際は駐車場の確保をチェックし，各社の取材動線や取材位置の確認，なにより施設本来のお客様に絶対に迷惑をかけない配慮を徹底した．また取材日の前には各社からの質問事項を事前にまとめて総括的な選手団への代表質問も準備した．選手からすると何を聞かれるか全くわからないことや，同じ質問を繰り返されることは大きなストレスであり，メディアからしても現場を無駄なく円滑に回す段取りをする広報PR担当の努力は敏感に感じる．広報PR担当者が各メディアに「快適に取材をして頂くためにどういった工夫をするか」という意識を持つだけで，現場の雰囲気は相当変わるのだ．

　また私たちはニュースソースとして興味がありながらも，事情により取材に来ることが出来なかったメディアにも対策を講じた．それはインタビューの概要や写真・動画の提供を積極的に行うことだった．それはメディア側の取材に人員的マンパワーが足りなくても，各素材が揃っていればコンテンツとして成立することがあるからだ．例えばNZ代表チームが首長に表敬訪問した際には，チーム側の監督・キャプテンのコメントと，首長からの激励コメント．さらにはスタッフが撮影した選りすぐりの写真．これらを広報PR担当が取材できなかったメディアに提供したことで露出は確実に増えたのだった．また記者からの追加確認にも積極的に協力するべきだろう．日付の確認，年齢の確認，外国人選手氏名のスペル確認，こうしたQ&Aは事前に予測して当日配布の資料として活用したが，その後も電話対応など記者が出稿を終えるまでお付き合いさせて頂くことが信頼関係・および感謝の伝え方だと考えていた．

③ オウンドメディア──ホームページとSNS展開

　残念ながら実行委員会のホームページ運営は資金不足から実現しなかった．代わって滋賀県スポーツ協会のサイトを間借りして，大きなニュースのみ掲載する形を採用した．SNSの運用は非常に悩んだが，ボートという競技，さら

には国際試合の代表レースに興味がある年齢層，情報掲載の簡便性からジュニア合宿では Facebook とアメーバブログ（以下アメブロ）を選択した．SNS 計画を立てたのが 2019 年の春ごろであったため，現在では別の選択肢になった可能性も否めないが，当時の判断としては妥当だったのではないか．2021 年の五輪直前合宿は X（旧 Twitter）を追加してアメブロ継続を断念した．使い分けとして Facebook は事前告知や結果の総まとめの発信を担い，写真も複数枚使用する例もあった．

　原稿作成はスタッフが集めた情報や選手等の一言インタビューを織り込む内容とした．一方の X（旧 Twitter）はその機動力を意識して速報や興味深い写真が撮れた際，また微笑ましいハプニング的な要素などを訴求して手数が多くなることを心がけた．どちらも最低限 1 日あたり 1 投稿，場合によっては X を中心に複数投稿を自身のノルマに課した．五輪合宿でのアメブロは編集済みの動画等，もっと凝ったコンテンツを集めて発信するチャネルにしたかったが，2 人体制でのマンパワーから諦めるしかなかった．

　肝心な写真や短編動画の素材は，モーターボートキャプテンを中心にバブル内からの提供システムを構築した．具体的にはキャプテン 6 人に対して SNS で扱うのに最適な動画の取り方や素材の長さを事前に共有し，バブル内外の行動制約から写真や動画はクラウド上のサーバーを使って受け渡しをした．毎日少しずつ貯まっていく素材の中から広報 PR 担当者がセレクトして原稿とともに発信した．

　そうした発信の中でもう 1 つ重要視したのがジャンル別投稿だった．入国，練習開始，模擬レース，イベント告知などの「合宿行事編」のトピックス，「食事編」や「資材編」と称した練習以外の要素，また選手団や実行委員会を取材した「メッセージ編」などだ．これらを予測しながらバランスを留意しつつ暫定的な発信ラインナップ案を事前に作っていたのだった．そしてその日に突発的に起きた興味深いエピソード，素材の鮮度やコンテンツ価値を測りながら順番を微修正しながら発信していった．補足すると合宿で練習内容ばかりの発信が続けば競技関係者は満足するが，一般市民への訴求は期待できない．その逆で食事やハプニングの投稿に偏ってもバランスが取れない．時間的な余裕がなかったため市民を対象に調査を進めながらの投稿は出来なかったが，毎日の投稿は滋賀県スポーツ協会や自治体の関係者，競技仲間からの感想・印象を参考に微修正をしていった．

2019 年世界選手権・金メダリスト 2 名によるオンライン会見

記者による対面取材が出来ない制限を，オンラインで直接取材の場として提供した.

感染対策等のホテル側の受け入れ体制について，各メディアの合同取材を設定した

表 8-2　2021 年のメディア各社向けの主なリリース発信と広報対応

No.	リリース日	実施日とリリース概要
①	6 月 25 日	「NZ 代表チームの琵琶湖合宿・実施決定のお知らせ」 記者クラブに投函　➡　問い合わせには電話・メールで全社対応
②	7 月 7 日	「取材のご案内リリース」……以下 3 点について ・感染対策についてホテル側の対応説明（7 月 9 日実施） ・選手団の練習開始シーンの公開（7 月 11 日実施） 　※ソーシャルディスタンス確保・撮影のみの受け入れ ・選手コメント，代表撮影写真，水上練習の写真を提供（7 月 11 日） 　※記者クラブに投函する方法，および①の担当者にメール配信
③	7 月 11 日	「オンラインインタビュー機会設定のご案内」 ・NZ 選手団より主力選手のオンライン取材設定（7 月 13 日実施） 　①②の担当者にメール連絡．Google Meet を利用して，通訳も配置． 　メディア各社が直接取材できる環境を提供．
④	7 月 15 日	「観漕会のご案内」 ・合宿期間中に唯一の市民還元イベントの開催（7 月 17 日実施） ・中学校，高校，大学のボート部員，および一般市民 300〜400 人程度が五輪 　直前の 2000m リハーサル漕を至近距離で見学する企画の概要説明 ・感染対策と取材最適箇所，当日タイムテーブルのご案内
⑤	2021 年の 年始より 随時対応	受け入れ側（バブル外のスタッフ）取材はほぼ全てに協力 各問い合わせには全てメール・電話で対応 SNS を見て興味をもったメディア社には写真提供 各社の独自企画には企画意図を確認した上で可能な限り協力

（出所）筆者作成.

⚾ スタッフ体制──現実と理想

　私たちの広報 PR は，自治体の記者クラブへのプレスリリース，取材メディア各社のアテンドとフォロー，オウンドメディアと 3 つに絞ったのであるが，全てに費用をかけない自前運用の体制で進めたのだった．手前ミソで恐縮だが，滋賀県スポーツ協会にプレスリリースのノウハウがあったことや，私にスポーツ記者の経験があり，ハイライト原稿を書くことが苦にならなかったことや，記者時代に各取材現場で素晴らしい広報 PR 担当を見てきた経験は少なからず役立ったかもしれない．限りある戦略資産やノウハウは効率よく活用できた感はある．仮に今後にもう一度，こうしたプロジェクトやイベントにかかわるのならば，情報発信（特に SNS）は専門のスタッフを最低限でもう 1 名は置いた方が良いだろう．それは動画配信に対しての手厚さが今後は一層求められると予測するからだ．資金的に余裕がある場合は広報担当の実務をアウトソーシングする選択肢もありうるだろう．

　結果的には 2019 年のジュニア合宿と，感染対策の徹底が求められた 2021 年の五輪合宿では，その対応方法も取材内容も変わったものの，その時々のテーマに合わせたリリースに取り組むことができた．2019 年には首長へのチーム表敬訪問や，五輪代表の最終下見がメディアで取り扱われた．五輪中止以降は，コロナ禍で慎重に準備する私たちを色々な企画で扱ってもらった．また**表 8-2** のとおり 2021 年は限定的な取材の設定ながら，露出掲載を予想以上に行ってもらえた．合宿を扱った新聞・テレビメディアは 12 社に及び，長期間にわたる支援をいただいたのだった．また公式 Facebook は総リーチ数が 65026 リーチ（2021 年 10 月 25 日現在），さらに公式 X（旧 Twitter）では各大学や高校のボート部，また関係団体を中心に 240 団体からのフォローを頂いた．

　こうした広報 PR 担当をしていて，嬉しくなる反響も多数寄せられた．「Facebook 掲載内容から，五輪合宿にはビジネスプロジェクトのダイナミクスを感じ，毎日楽しみに応援していました」，「五輪がイメージできないコロナ禍の中で，私たちに前向きな五輪カウントダウンをさせてくれた」，「Twitter から観漕会の開催を知って，これは行くしかない！と駆けつけた」．こうした担当者冥利につきるメッセージには目頭が熱くなった．一方で丁重にお断りした取材も数件あった．表向きには「実行委員会の努力をサポートしたい」と取材希望のオファーをいただいたのだが，詳細を聞けば五輪開催と感染数に挟まれる「国民の困惑の象徴」としての素材になり，私たちの取り組みが五輪にネ

ガティブな要素になる主旨のものもあった．残念なことに「組織委員会に振り回される地方都市」といった私たちが思いもしないテーマの企画もあった．総じて丁寧にお伝えしたのは，「私たちは頑張ってはいるけれども困っていませんし，苦労もしていないです．地元の元気や子供たちに五輪レガシーを残すために，NZ代表チームとの友情のため，NZ代表チームを勝たせるため，すべてワクワク楽しんで取り組んでいます」という繰り返しだった．メディア従事の経験者として担当者の企画への思いは重々に承知しているし，コロナ禍の中でメディア側にも多様なミッションがあることは理解していた．しかしながら広報PR担当者はこうしたメディアを通じた世論への「伝わり方」には事前から細心の注意を払うことと，取材をしてもらった事後の世論についてシミュレーションが必要だろう．

3　視聴率と顧客区分

　テレビ放送における視聴率の調査方法は，日本国内では主に（株）ビデオリサーチが「ピープルメーター」という機器をテレビに取り付けて計測している．協力者には報酬が支払われているのだが，機器設置は守秘義務が厳格に適応されていて，放送事業者は設置家庭がどこであるかを知ることが出来ない仕組みになっている．昨今は「リアルタイム視聴率」（OAとの同時視聴）に加えて，録画番組の7日以内の再生率を示す「タイムシフト視聴率」などの計測指標が増加する傾向にある．また世帯視聴率よりも，どういった個人が視聴したのかという個人視聴率データが広告業界では需要視される傾向だ．この節では視聴率について理解を深めていこう．

� 視聴率データの概要と評価
　視聴率は放送ビジネスのマーケティング・データとして活用されている，唯一の指標に位置づけられている．この「ピープルメーター」の設置については，従来の世帯視聴率だけでなく個人視聴率のデータ収集が始まった2020年より調査世帯が増やされて，関東地区では900世帯から2700世帯に，関西地区では600世帯から1200世帯となったことは注目である．こうした調査標本の母数は，統計学上の「有意」を担保できる数であるとされているが，読者の中には意外にも少ないデータ数だと感じるかもしれない．またエリア別に調査は行

われているが，そのエリア人口によって調査母数は変わる．また評価としては，日本全国を商圏とする広告主となる企業・団体が，一般的に関東地区での視聴率データを重く扱うことが多い．よって民放各局は全国ネット番組において関東での高視聴率獲得に施策を巡らす．こうした背景もあって情報番組も旅番組も，またドラマも内容が関東地区のロケーションや行事にリンクすることが多い．

世帯視聴率と個人視聴率

2010年代の中頃まで一般に視聴率と呼ばれていたのは「世帯視聴率」のことであった．例えば4人家族世帯のうち1人しかテレビ番組を観ていなくても“世帯は観た！”と集計して総人数勘案をする際の指標になっていたわけである．しかしながら昨今はZ世代のテレビ離れなど，個人の視聴有無も重視する．つまり個人を対象に世帯のうちの何人がその番組を見たかを示す数値を入手して，マーケティング指標としてより詳細の把握が望まれるようになっている．調査対象はモニター家族の全ての個人とされ，人数だけではなく測定器に個人データを入力し，年齢・性別・職業等の詳細データも集計される[3]．こうした背景には広告代理店やスポンサーがCM出稿時に，ターゲット層に向けて効率良いプロモーションを目指して，個人の視聴動向を分析しながら出稿番組や時間帯を決める傾向を強めていることにある．

個人視聴率の区分

個人視聴率は視聴者を性別・年代別等の特性で区分化し，区分の中で何人が番組を視聴したかを表す指標である．また伝統的に**表8-3**の区分名によって年齢性別カテゴリーに分類し，その消費傾向のデータ等も併せて広告媒体としてのテレビを評価する．例えば宣伝する商品によって「F1・F2層に訴求する広告展開をしたい！」等のスポンサー意向が出てくるわけだ．各層に特化するスポンサー意向があり，その対応が肝要なのである．

また最近は「C層とM3・F3」を除いた世代の数字をコア視聴率と呼ぶことや，アクティブシニアというライフスタイルの浸透から50代〜64歳を切り分ける区分概念も使われ始めている．こうしたケースでは65歳以上を「M4層やF4層」と呼ぶなど視聴率区分の細分化も傾向として見られる．

表 8-3　視聴率区分とコア層（太線囲み）と呼ばれる対象

区分名	対象の性別・年代
C 層または K 層（Child・Kids）	（男女ともに）4 〜12 歳
T 層（Teens）	（男女ともに）13〜19 歳
M1 層	男 20〜34 歳
M2 層	男 35〜49 歳
M3 層	男 50 歳以上
F1 層	女 20〜34 歳
F2 層	女 35〜49 歳
F3 層	女 50 歳以上

（出所）筆者作成.

８ 世帯視聴率と個人視聴率の計測例

　ここで世帯視聴率より個人視聴率が低くなるケース，またその逆の例を考えてみよう．**図 8-1** のように 8 世帯（20 人）のうち，4 世帯・7 人がテレビを視聴していた場合，

　　☆世帯視聴率は……4 世帯÷8 世帯＝50％

　　☆個人視聴率は……7 人÷20 人＝35％　　　世帯視聴率＞個人視聴率となる.
先ほどと同じ 8 世帯（20 人）という条件で，今度は 4 世帯 12 人がテレビを視聴していた場合（**図 8-2**），

　　☆世帯視聴率は……4 世帯÷8 世帯＝50％

　　☆個人視聴率は……12 人÷20 人＝60％　　　世帯視聴率＜個人視聴率となる.

図 8-1　世帯視聴率＞個人視聴率となるケース
（出所）筆者作成.

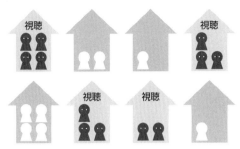

図 8-2　世帯視聴率＜個人視聴率となるケース
（出所）筆者作成.

視聴率と放送局の売上の関係

　放送局の CM セールスの代表例には特定の番組を指定購入する「タイム」と視聴率単位の「スポット」の 2 種類がある. また放送各社が所属する日本民間放送連盟の基準により, 各民間放送事業者は総放送時間において CM 比率は 18％以内に収める自主基準を適用している［日本民間放送連盟・営業委員会編 2007：48］. つまり CM という売り場は各局共通で, 24 時間の 18％しか存在せず, これ以上の売り場拡大は出来ないビジネスなのだ. その中で CM 2 種類のうちの 1 つである「スポット」は各スポンサーより「×××の期間に○○○％分を契約したい」とオーダーが来る仕組みだ. そうなると視聴率 20％を獲得している放送局と, 10％の局では売上高で倍の差がつくことが理解いただけるだろうか. ここに時折の批判対象になる, 民放ビジネスの視聴率至上主義の原因の 1 つがあると言える.

◇注

1）地上波デジタル放送は 2003 年 12 月 1 日の正午より導入が開始され, 順次エリア別の整備・採用を進めながら 2011 年 7 月 24 日正午に全国でアナログ放送からの完全移行が完了した. この背景には, 通信の普及により国の資源でもある電波の周波数帯が足りなくなっている問題があった. 当時の試算によればデジタル化によって 30％強が節約されると予想され, こうした節約を新たな通信などに使用が可能だとされた.

2）朝日新聞社, 京都新聞社, 産経新聞社, 中日新聞社, 毎日新聞社, 読売新聞社. 朝日放送, NHK, 関西テレビ, びわ湖放送, 毎日放送, 読売テレビ（新聞→放送の五十音順）.

3）ビデオリサーチ「『視聴率の種類』ビデオリサーチが解説　視聴率基本の『キ』」

（https://www.videor.co.jp/digestplus/tv/2023/10/81577.html, 2023 年 10 月 11 日閲覧）.

第 9 章　リスクマネジメント

はじめに

　2020 年春に東京五輪が 1 年延期となった頃，新型コロナウィルス感染拡大の影響は非常に広範囲に至り，私たちの日常生活は多方面で支障を受けていた．そして翌 2021 年になっても猛威が続くと，各メディアのニュースでは「東京オリンピック・パラリンピックは中止すべき」という街の声が大半を占めていた．開催まで残り 2 カ月となった時期には，五輪のオフィシャルパートナーであった朝日新聞社が「首相に大会中止を求める」という社説を打ち出した．各メディア任意の調査でも「五輪は中止になるだろう」，「中止発表は時間の問題か」との意見が大半を占めてきたのだった．一方で合宿受け入れを準備する私たちの立場としては，「世論」という全くコントロールできない逆風があることを前提に，粛々と準備を進めるしかなかった．合宿実現を目指す NZ 代表チーム側との連絡・情報共有はいつも悲壮感と背中合わせであったが，ホルトン氏からは「琵琶湖での事前合宿は我々の必勝プランで欠けてはならないピースだ，このまま可能な限り進めてほしい」と繰り返された．私たちはその言葉に勇気付けられながら，そして考えうるリスクを想定しながら今できる最善を尽くすべく，五輪トップクラスの感染対策を目指したのだった．

1　新型コロナウィルスへの向き合い

　NZ 代表チームの五輪直前合宿プロジェクトで，一番の難敵は新型コロナウィルスの感染拡大の影響だったと言えよう．2019 年のジュニア世界選手権でのリハーサルに手応えを感じ，迎えた 2020 年は年始より各準備の修正・改善等が着々と進み，受け入れ環境も整いつつあった．そんな中の新型コロナウィルスの国内感染の第一波は，本来ならば五輪シーズンの開幕という気運上

昇のタイミングと重なった．「さぁ〜本番，ゴールを目指して頑張ろう」という実行委員会の想いを一気に吹き飛ばすように，日本全国には緊急事態宣言が出されていった．警戒を呼びかける政府・自治体の発信する情報と同時に，私たちの日常生活は激変していった．もちろん合宿についても各方面での準備作業が完全に止まってしまったのだった．この章では数々リスクマネジメント要素の中から，私たちが取り組んだ1年半に及ぶ感染対策を中心に，受入側，チーム側の対応策や自治体も含めたリスクに向き合う多様な視点を紹介したいと思う．

🥉 五輪合宿が受けた影響

　2020年に感染が社会問題となった以降，私たちの置かれた環境での出来事を時系列的に振り返ってみよう．1月には感染拡大を理由に東京五輪・ボクシング競技のアジア・オセアニア最終予選が中止になるニュースが飛び込んできた．国内ではサッカーJリーグが「3月15日からの全ての公式戦を延期する」と発表すると，多くの競技団体が感染対策を理由に大会中止に追従した．国内の教育現場では2月末より小学校，中学校，高校の臨時休校が検討されて，いよいよ緊急事態の様相が顕著になってきた．こうなると自治体などの公的機関は感染対策への対応を最優先しなくてはならなくなり，私たちの進めたい合宿準備のサポートどころではなかった．国内外では五輪開催に関する批判や，延期の必要性を論じる意見が強まり，開幕まで4カ月を切った2020年3月24日には東京五輪の延期が発表された．そして3月30日にはIOC臨時総会にて2021年7月23日の開幕に延期となることが決まったのだった．仕方ないと現実を受け止める部分，やるせない気持ち，一方で私自身も子供を持つ親であり毎日の安心・安全には敏感な部分もあった．世の中には色々な人々の色々な思いがあると実感する中で，私たちは更に思ってもみなかった現実に直面したのだった．それはNZ代表チームが宿泊予定だったホテルが前触れなく倒産してしまったことだ．わずか半月前に私たちが「オリンピックは報道の通り1年後に延期となったが，来年の同じ時期に合宿をしますのでよろしくお願いする」，という連絡を取り合って間もないタイミングでの出来事だった．

　このホテルにはかつて2005年に岐阜県でボート世界選手権が開催された際に，事前のコンディショニングのために来県した海外ボート選手の団体宿泊をお願いした経緯があり，琵琶湖に面したロケーションとスタッフの対応が抜群

だった．なにより 2019 年のジュニア合宿が成功ともいえる結果につながったのは，このホテルの選手目線の丁寧な受け入れ体制が主な要因だろう．ホテル倒産をホルトン氏に伝えると NZ 代表チームにもすぐに共有された．中でも特に栄養士スタッフの落胆が大きかったそうだ．既に選手団に最適な数々の食材の調整や調達を済ませ，ホテルスタッフとの綿密な日本食メニュー導入の打ち合わせのほか，これまでともに構築してきたプランがあっという間に崩れ落ちた現実には，私たちも前を向くことが難しい数日を過ごした．

　しかしながら私たちは立ち止まることも出来なかった．新たに 2021 年の宿泊受け入れをお願いする交渉先をリストアップし，選手の移動手段・食事対応・練習環境の確保に動いた．そこで藁にもすがる思いの私たちをサポートしてくれたのが，びわ湖大津プリンスホテル，および近畿日本ツーリスト滋賀支店の皆様だった．先の全く見えない中で，私たちの話に耳を傾けて下さり，コロナ禍の激震の中で私たちの無理難題に真摯に向き合ってくれたのだった．

　年が明けた 2021 年になっても新型コロナの逆風は続いた．合宿の最終準備に差し掛かる 5 月になっても，日本では新型コロナウィルス感染の第三波の真っただ中にあった．実行委員コアメンバーのミーティングでも「もうさすがに無理ではないか」，「いつ中止の判断をするか，という選択肢しかないのでは」，「日本全体で世論が変わらない限り地域社会は受け入れてくれないだろう」と，集まるたびに重苦しい議論が続いた．正直なところ「国民の生活を最優先し，五輪はやめる！」と政府や組織員会が宣言してくれれば私たちも苦しみから解放されるかもしれない．そう考えたことがあったことも否めない．

感染対策と費用の問題

　コロナ禍の影響で最後の最後まで調整が続いた要素には宿泊先との準備が挙げられる．緊急事態宣言の発令以来，びわ湖大津プリンスホテルは営業休止にも及んでおり，経営状況が厳しいであろうことは容易に想像ができた．1 年の五輪延期という時間の猶予があっても，NZ 代表チームが本当に事前合宿を実施できるかどうかは不透明であったことから，ホテル側と NZ 代表チーム側はお互いの立場から書面での契約締結には至っていなかった．五輪の組織委員会や政府内では私たちが恐れた再延期や中止の可能性は低かったのかもしれないが，任意団体の「東京五輪の熱気を琵琶湖に！」の立場からすると，全てが情報不足であり，特に各署との間に迫る契約締結期限には相当の焦りの連続だった．

　この局面で最大の問題は，キャンセルポリシーの調整であった．感染対策として当時の組織委員会が条件に掲げたフロア単位の借り上げや食事会場の巨大なホールを予約することにはホテル側に理解を示して頂いたものの，五輪が中止になったらどうなるのかという大問題が残っていたのだ．五輪が無事に開催となり事前合宿も行われる状況となれば，新たに必要となる感染対策の費用は，五輪関連の全体方針から助成金の対象になる可能性が高いと予測が立っていた．しかしながら大きな懸念は，仮に五輪が中止になった場合，国や組織委員会はキャンセル料までを助成金で助けてくれるのか．また国や組織委員会のカバーが無い場合，NZ代表チームはその巨額のキャンセル料を支払うことはできるのか．あるいは五輪はやるけれどもNZ側が事前合宿を断念したり，大会ルールとして海外選手団の日本国内合宿が禁止されたりした場合，そのキャンセル料は誰が支払うのか．もちろん任意団体である私たち実行委員会にそのような財源がないことは明らかだった．

　また広報PR面でのデリケートな扱いにも細心の対策を心がけた．仮に「ウィルス保有の可能性がある来日者が地元で合宿をすることはリスクだ」という地元市民の声が挙がってしまうと，宿泊施設はもう営業どころではない．実際のところ日本の各地では第四波が猛威を振るう中で，多くの宿泊施設が海外チームの予約に対応できない状況に陥り，滞在先を失った多くのホストタウンが既に合宿のキャンセルを発表していたのだった．

🦴 組織委員会からの指示とホストタウンの恩恵

　5月，6月と感染ペースが全国的に非常に高まった時，毎週あるいはそれ以上のペースで五輪における感染対策のレギュレーションはどんどん厳しく再整備されていった．国や組織委員会がそれぞれに厳しい基準を示す中で，徹底した消毒方法や，ソーシャルディスタンスの確保も厳格化されたが，海外選手の買い物はもちろんホテルを出て散歩することも禁止になっていった．それは事前合宿を実施したとしても選手たちはホテルの部屋に缶詰め状態を意味しており，最終調整であるはずの直前合宿が逆にストレスにならないのかと自問自答を繰り返した．懸念を必要以上に検討しすぎることはナンセンスであるとは理解していたが，私たちの実行委員の気持ちは揺れに揺れていた．実行委員で互いに「鈍感力」と合言葉のように呟いてみても，コアメンバーのミーティングは出口の見えない迷路の中をさまよっているような雰囲気だった．

　この中でホストタウン登録の恩恵が私たちに希望を与えてくれた．毎週開催していた実行委員会の会合に滋賀県・大津市からもコアメンバーとして職員2名ずつが参加するようになったのだが，大津市スポーツ行政担当は前担当が保健所であった．彼は感染対策のあらゆる面で専門家のアドバイスを受けることに通じていた．また県の担当者は感染対策に関する助成に非常に明るい見識と人的ネットワークを保有していた．仮にホストタウン登録せず，当初 NZ 代表チームが示したように，「自分たちの費用で合宿を実施するから，最優先事項としてチーム活動の自由度を上げて欲しい，ホストタウン登録はあっても良いが無くても構わない」という意向をそのまま踏襲していたら，おそらく合宿はできなかっただろう．

　こうした自治体サポートを得ながら国や組織委が示す基準を完全に守り，私たちはいわゆる見えないバリアの中で選手団を活動させる「バブル」の完成を目指すことになった．

　第四波のピークが下がり始めた5月末〜6月初旬頃，組織委員会からは次々に「プレイブック」と称された行動規定の改定版が段階を追って示された．こうした動きも「東京五輪は予定通り実施の方向で，世論の中止賛成の気運にしょんぼりしている場合ではない」と私たちに再スタートを促してくれた．

　組織員会が発行するプレイブック，また組織員会が提出を義務付けた直前合宿実施のための「ホストタウンマニュアル」の作成要綱を読めば読むほど，非常に厳しい感染対策が規定されていることに気づいた．中でも「ホストタウンマニュアル」の製作作業は大変な苦労の連続であった．気が付けば7月はもう間近となる頃．ようやく私たちの合宿に課した感染対策の全体像が見えてきた．その概要は**表9-1**の通りだ．

表9-1　感染対策6項目とリスクマネジメントの方向性

①	新型コロナウィルスに感染した選手や関係者の来県をいかに事前に防ぐか
②	受け入れスタッフの感染対策をいかに徹底して合宿を迎えるか
③	NZ 選手や両国スタッフに合宿期間中の感染者を絶対に出さない
④	合宿をすることにネガティブな気運を作らない，そうした隙を徹底排除する
⑤	練習拠点の近隣や宿泊ホテルにマイナス影響を絶対に出さない
⑥	徹底した感染対策を構築し，適切なタイミングで概要を告知する

（出所）筆者作成．

① 新型コロナウィルスに感染した選手や関係者の来県をいかに事前に防ぐか

　合宿の大前提となる項目だが，ホルトン氏を通じて綿密な打ち合わせを行い，決定事項をNZ代表チーム内でも徹底してもらった．来日にあたってのワクチン接種と陰性証明書の発行．継続的な体温を含めた健康チェックや，チームドクターの帯同などだ．この課題については日本よりもNZの基準の方が厳格であり，私たちはリスクマネジメントが非常に容易だった．

② 受け入れスタッフの感染対策をいかに徹底して合宿を迎えるか

　実はこのマネジメントに一番頭を悩ませた．受け入れスタッフはそれぞれが本業を持っており，私を含めた数名は感染数が全国的にも多かった大阪府内の職場に勤務していた．率先してワクチン接種を行い，徹底した健康管理をとの注意を呼び掛けた．さらにマスク着用の徹底と適宜の消毒や，人混みを避ける生活を要請した．こうした厳しい規律に対しては非常に理解を示してくれるスタッフに集まってもらっていたことも幸運だった．逆に国内スタッフからは，対策としてこんな施策を試してはどうだと逆提案をもらったり，同じ消毒するにしても「明るくやろう」と，一見すると玩具のような消毒液の噴霧器を入手してくれたりと，スタッフ間の自覚意識を高めながら本番を迎える意識を作ることができた．

③ NZ選手や両国スタッフに合宿期間中の感染者を絶対に出さない

　これは既述したが選手団の活動場所は，全期間中にわたり水上練習を行う瀬田漕艇倶楽部と，時間帯別の貸し切り使用を了承してくれた近隣の専用ジムのみ．ホテルの食事会場も貸し切り占有とした．選手団は入国時に空港検疫を通ったのち，貸し切りバスでホテル入り．日常の行動はホテルと倶楽部とジムのみに限定．さらに3点つなぐ動線はすべてその貸し切りバスの使用とした．そして全員を対象に毎日のPCR検査を実施した．

　バスの運転手2名，添乗員1名，コーチと同乗するモーターボート運転手の6名，計9名の日本人スタッフはPCR検査陰性が2日連続で証明されてからチームに合流．選手団53名とともに外部とは接触しない「バブル」を作り，その内部に籠る生活を課した．

　「バブル」に入らない日本人スタッフについては近距離での接触を完全に遮断した．ホテルの食事会場でもパーテーションの向こう側からマスクとフェイ

<table>
<tr><td>スタッフ連絡ボード</td><td>NZ 選手団も自ら消毒＆清掃</td></tr>
</table>

スガードに手袋と完全装備をしたスタッフとの接触に限定した.

　ホテルでは3フロアをチーム占有とし, エレベーターも時間帯別でチーム占有として, 一般宿泊客との接点を作らないようホテルからは特別な配慮を頂いた.

　瀬田漕艇倶楽部ではクラブハウスのみならず艇庫も NZ 代表チームの行動時間帯は完全占有とし, サポートにあたる倶楽部員は壁や扉を隔てた「バブル」の外からのコミュニケーションとした.

④ 合宿をすることにネガティブな気運を作らない, そうした隙を徹底排除する

　何よりも恐れたのは東京で頻繁に見られた五輪開催中止を求めるデモ活動等が, 滋賀県内でも行われることだ. そのような事態が起きればもう収束は見えないと容易に想像が出来たのだった. 実行委員会やコアメンバーでの会議が開催されるたびに, メディアから準備状況に対して問い合わせが来た場合には, 誰がどのように回答するか. 世の中の動向や世論に合わせながら都度の対応を確認徹底したのだった. メディア出身でありプロジェクトでは広報 PR 担当を兼ねる私としては, 誤解が誤解を生むことや, 一時的であってもネガティブな感情が醸成されることは避けなければならないと重々に理解していた.

　印象に残るコアメンバーでの議論を紹介しよう．杉藤と私が厳しい行動制限を課される NZ 代表チームに，期間中に数日だけでもリフレッシュできる環境を提供するため，観光船を占有しての食事提供をしたいと会議に提案したことがあった．選手団は貸し切りバスで港まで移動して，外部から完全に遮断されての食事プランであり，我ながら妙案ではないかと自信を持っていた．しかしながらコアメンバーの結論は NO だった．そうした「少しだけなら」，「数日だけ」という考え方こそが「隙」の生まれる最大のリスクであり，私たちのミッションは鉄壁の感染対策だ．実行副委員長であった木村スポーツ協会・理事長から鬼の形相で指導を受けたことは新鮮だった．改めて一切の油断を許さない気運が実行委員会に醸成された瞬間でもあった．

⑤ 練習拠点の近隣や宿泊ホテルにマイナス影響を絶対に出さない

　感染対策は厳重に厳重を留意した．ホテルはフロア貸し切りであり，フロアにとどまらず食事会場・エレベーターもすべて専用化した．接触する日本人はすべて PCR 検査陰性を経てバブル内でサポートとして，バブル内外の人間はお互い 2 m 以内には絶対に近づかないことを徹底した．私たち日本人スタッフも合宿期間中は家族との交流でさえも遮断した．NZ 代表チームは移動の際は裏口から人目に付かないように貸し切りバスへ直行．彼らはホテルの部屋，食堂，練習場だけが行動範囲だった．国内で海外選手団の合宿をするからには，これぐらいの徹底が求められているのかと自問自答を繰り返しながら，選手団のみならず日本人スタッフが「誰一人感染者を出さない」というミッションに対して邁進したのだった．

⑥ 徹底した感染対策を構築し，適切なタイミングで概要を告知する

　合宿実施が正式決定したタイミングで，敢えて実行委員会側からメディア各社には合同取材の機会設定を目指した．それは実行委員会からの説明のみではなく，宿泊拠点となったびわ湖大津プリンスホテルでの現地取材という形で調整を進めた．感染という不安の最中でのメディアからの質問は，どうしても不安解消の施策が質疑の中心になると予測が出来ていた．よって合宿が決まったと同時に，誇れるほど鉄壁までに構築した琵琶湖・瀬田川モデルの感染対策を取材してもらうことで，地元市民の皆様に安心安全を感じてもらう狙いがあった．ホテル側も周到な準備と，独自のおもてなしや歓迎の体制を合同取材の際

に発表してくれた．広報を担当して下さった竹内あずさ事業戦略アシスタント
マネージャーの仕切りと説明は見事だった．

　尋ねられた際には適切に回答すること，尋ねられる前に適切なタイミングで
適切な内容をリリースすること．こうした使い分けは非常に難しいが，地元市
民やメディア従事の皆様に安心して頂くことを念頭にタイミングと内容を考え
抜いたのだった．

2　関係者入国の体制づくり

　2021 年 7 月 4 日の深夜，NZ 代表チームの第一陣が関西国際空港に到着した．
空港への到着自体が夜 10 時台，そのあと PCR 検査で一行の陰性が証明される
まで空港内にて待機が必要だった．到着したのは少人数ながらも移動には専用
大型バスを使い，夜中の 3 時近くになってようやくホテルに到着した．7 月 7
日には第二陣として一部のコーチ陣が入ってきたが，空港内での PCR 検査に
は第一陣と同様に非常に長い時間を必要とした．選手団の大半は 10 日に入り，
合宿が始まったわけだが．入国の際には空港の PCR 検査の現場を始め，合宿
では厚生労働省の指針を踏まえた行動や，県保健所からの指導を徹底させるこ
とが不可欠であった．もちろん有事の際に誤った対応は許されない．その各署
との連携を行う大役は大津市スポーツ課の牧野淳主幹（当時）が担当してくれ
た．こうした入国当日の想いについて，事務局スタッフとして非常に多くの役
割を担ってくれた村田惣一郎氏が別途機会にまとめてくれたのだが，あまりに
リアルな想いであり，ここでも引用させて頂こう．

　　7 月 4 日 22 時 35 分，関空着のシンガポール航空で，第一陣の 4 名の
　NZ チーム（以下 NZ という）が来日した．入国にあたって PCR 検査が必須
　の為，ある程度は時間がかかると予測していたが，入国ができるまでに 2
　時間を要した．全員が陰性であったことにひとまず安堵したが，本日より
　2 週間私たち実行委スタッフを含め毎日 PCR 検査が必要となる．決して
　陽性者を出してはいけないという意識と責任感を強く感じた．
　　NZ チームは練習会場以外の外出は一切禁止であり，練習会場まではバ
　ス移動であった．バスでの感染対策は，乗車時の手指消毒，座席の間隔，
　マスク着用など基本的なことであるが徹底して行った．ホテル内では，宿

泊階と食事会場以外の移動も一切禁止とした．食事会場ではアクリル板の設置，カフェテリア方式での提供とし，ホテルスタッフとの接触が無いように努めた．エレベーターでは一般のお客様と同乗することがないよう，またボタン操作においてもすべてホテルスタッフが対応し，感染対策に努めた．NZ は国全体でパンデミック初期の段階で，ロックダウンを行ったり，公共交通機関利用時の QR コード提示やマスク着用の義務化を徹底した感染対策を取っていた．

　今回の事前合宿を成功に導いたのは，その意識の高さやアスリートとしての競技に取り組む姿勢があったからこそだといっても過言ではない．With コロナのこの時代，様々な分野においても今回の経験を活かしたい．ご協力いただきました関係者の方々に深く感謝いたします．

　　東京の熱気を琵琶湖に！実行委員会　事務局員　村田総一郎

　　　　　　　　　　　　　　　　　[東京の熱気を琵琶湖に！実行委員会 2019]

⑧ カウンターパートナー制とのリスクマネジメント（表 9-2）

　NZ チームからの要望についてはマネージャーのホルトン氏と栄養士のクリステル氏でまとめられて私たちに都度で伝えられた．そうした要望は杉藤・能勢・田中の現場 3 者のミーティングで共有し，決済が必要な案件があれば田中から実行委員会に上げて判断を仰いだ．杉藤・能勢はバブル内スタッフであり，田中はバブル外スタッフであることからクラブハウス事務室に籠り，ドアを少しだけ開けて，ソーシャルディスタンスを確保した上でマスク越しに大きな声でミーティングをしていたことが懐かしい．ホルトン氏やクリステル氏からの要求はジュニア合宿の時の数倍と言って良いほど過酷を極めた．五輪で勝つことの厳しさを改めて確認する私達であったが，カウンターパートナー制度が非常によく機能した．一旦の情報集約と，決定事項としての要望と回答が行き来する共有・解決システムが稼働しなければ現場は混乱の連続であったかもしれない．ホルトン氏もクリステル氏もとても魅力的な女性であるのだが，立場上の役割から厳しい要求を笑顔でぶつけてくる．一方で彼女たちの立場や言動は全てが参考になる学びであった．私たちが学んだチームを動かすためのリーダーの役割については章を改めて触れることにする．

表 9-2　リスクマネジメントの留意点

①	NZ 選手団	ウィルスを持ち込まない，感染しない環境作り，安心感の事前醸成，チームドクター・シェフ・セラピスト・栄養士等スタッフの帯同
②	受け入れスタッフ	事前にマニュアルによる行動規範の作成，バブル作成の意図の理解，ウィルスに感染しない環境づくり（合宿中の家族とも接触禁止など）
③	宿泊先	一般客との隔離，スタッフの感染対策，安全体制の広報外出できない選手団の精神的なリフレッシュに対応
④	練習会場	時間帯別の占有利用の承認，通常利用者への協力要請，感染対策，旅行会社との提携，PCR 検査の毎日実施とモニター体制確立
⑤	地元自治体	情報収集および情報共有の徹底，関係各署とのネットワーク強化緊急時のシミュレーション作成，他エリア自治体との情報共有
⑥	実行委員会	自治体，スポーツ協会，ボート協会の連携，各所属より最新情報の収集，および速やかな情報共有
⑦	広報 PR	安心安全の周知を徹底，不安を取り除く，発生させない情報出し企画内容によっては取材をお断りする勇気と判断力を常に意識

（出所）筆者作成．

🔔 私たちの構築した感染対策とその結果

　あまりの厳格なルールを設定したことに，やりすぎだと感じたこともしばしばだった．ここでは合宿時の感染対策を題材に，杉藤が NZ 代表チームと重ねた会話と彼の受けた印象を私がヒアリングした概要を紹介したい．

　「これだけの規制をしなければ合宿受け入れはできなかった，受け止めてほしい」，と選手団に話すしかなかった．そのたびに「すごく安心できる，感謝している」という返事が返ってきた．一部が社交辞令だとわかっているが，それでも選手団の表情や厳格な自己管理を目の当たりにすると本心であったと思う．ニュージーランドは世界的に見ても新型コロナウィルスの感染拡大を上手く抑え込んだ国の 1 つだ．選手団や合宿関係者に毎日 PCR 検査をさせるとの指針が出た際には，危険なのは NZ から琵琶湖・瀬田川にやってくる彼らではなく，（直前まで大阪等の都市圏と行き来をする）私たち日本人である，というジレンマが強くなっていった．実は NZ 代表チームは今回の新型コロナウィルスの流行以前から，感染症には細心の注意をはらってきたチームだった．2019 年のジュニア合宿の頃から日本の夏風邪や，夏にインフルエンザが発生する事例を把握していて「対策をしたい」と相談を受けたことがあった．彼らが持ち合わせていた行動規範と，受け入れ側の努力の甲斐あって，私たちの構築したバ

ブルは機能したのだ．結果的に合宿期間を経て大会を終えて帰国するまで，毎日の PCR 検査を実施したものの，チームに一人の感染者も出なかった．実際に五輪会場では競技期間に選手から感染者が出て，決勝レースの当日にメンバーを入れ替えなければならない事態に陥った国もあったのだった．

3　理論で考えるリスクマネジメント

　ここではリスクマネジメント（危機管理）の一般的な理解について考えてみたい．そもそもリスクマネジメントが担う要素は大きく分けると３つあると考えられている．世の中は常にいたるところで危機と背中合わせであるが，一方でいたずらに心配しすぎることも「悪」かもしれない．しかしながら「何とかなる」と根拠のない安心＝油断に支配されて準備を万全に行わないことは「最悪」ともいえるのだろう．ビジネスにしろ，こうしたプロジェクトの実践であっても，想定しうる危機をリストアップしながら，その準備から逃げない行動規範が肝要ではないのだろうか．**表9-3**のリスクマネジメントが担う３要素について確認をしていこう．

① 向き合うリスクを予想する力を養う
　これは置かれた環境を丁寧に感じ取り，近未来に訪れる状況を推測する力ともいえる．しかしながら，こうした力は一朝一夕で構築できるものではないから厄介だ．やはり重ねた経験の分だけ発想に活かされる領域であろうし，仮に経験が浅くとも新たな経験を体系立てて適切に整理していけば，その力は磨かれるだろう．いずれにしてもこの節で扱う３要素の中のスタート地点ともいえる要素であることから，最大限の注意力を駆使して取り組みたい．なぜなら隙なく準備ができるとその後に担当者のみならず，対象組織に安心・安全を担保してくれるからである．

表9-3　リスクマネジメントが担う3要素

①	将来を見据える	向き合うリスクを予想する力を養う
②	対処の準備	そのリスクを軽減する力を醸成する
③	リスク対応	万が一，リスクが現実のものになった時に解決する力を日々整備する

（出所）筆者作成．

　例えば猛暑日でのスポーツ大会といった単語を聞いて読者は何を思い浮かべるだろうか．スポーツを取り巻く環境で検討することが必要なのは，猛暑日の予想気温だけではないだろう．競技種目や参加者の年齢，性別，人数と会場（施設），運営人員や体制，暑さ対策の物品準備，緊急連絡先や医療施設との提携，専門家のアドバイスや帯同など．検討要素は限りなくあるようにさえ思われる．大切なのは「安全に関する過去の安易な踏襲＝これまで大丈夫だったから，今回も！」という前例主義は非常に危ういということだ．いかに現在の状況・環境にプロジェクトを当てはめながら，リスクを客観視して近未来の状況を読み解くか．こうした姿勢は組織責任者でなくとも，構成スタッフは常に意識をするべきである．

② そのリスクを軽減する力を醸成する

　2つ目はリスクの存在に気が付いた前提で，どうすれば発生を防ぐことができるのか．またどうすれば発生の確率を下げることができるのか．という知識の体系のことを表している．現代では各分野でますます知識の専門化が進んでいることに対して，どれだけ最適な相談・判断ができるネットワークを構築しているかが重要になる．具体的には組織にどれだけの専門知識を持つ人材がいるのか，その専門知識は最新の内容にアップデートされているのか．さらに専門知識にどれだけの人がアクセス可能なのか．

　昨今ではスポーツ組織も日本スポーツ協会が中心に進める指導者資格の問題を始め，指導による暴力や暴言，セクシュアルハラスメントのようなコンプライアンスの課題に取り組む必要が指摘されている．多様な問題がニュースにも取り上げられ，一方で保護者の過度な介入や子供の人生を私物化する事例も報じられている．一部の指導者や保護者の思い込みや過去の経験のみに頼る競技運営や指導体制からの脱却が望まれているのである．

　公認・認定コーチ等の有資格者の設置は各スポーツ組織で今まで以上に必要とされ，幅広い人脈を常に構築し，場合によっては法律の専門家や政治家の助言を受けられるような人的ネットワークの構築も求められる時代なのだろう．広瀬［2014：152-155］によれば「ここでは『問題を解決する力』がキーになってくる．つまり『問題は何か？』『それを引き起こす原因と，その因果関係は何か？』『原因を取り除くために必要な能力は何か？』これらに応えることが『課題化する力』です」とのことで，私たちも課題の解決を常にシミュレー

ションしながら，万が一に備えて論理的に解決するための手段を準備しておくことが求められるのだろう．こうした準備を怠っているようでは，リスクマネジメントが出来ているとはとても言えないのである．

③ 万が一，リスクが現実のものになった時に解決する力を日々整備する

　大会の運営であれ，イベントや教室の運営であれ，「想定したリスクが発生することは避けたい」と考えるのが普通であろう．ただリスクが発生してしまった際には，それにどう対処すべきかが非常に重要であることは言うまでもない．最悪の事態ともいえるのが，リスクへの対処を誤ることで2次災害，さらには3次災害を引き起こしてしまうことだ．もちろんこうした対応も極めて重ねてきた経験に左右されることであるから，その準備は非常に難しい．しかしながら例えば対応マニュアルを作成し，常にマニュアルを時代に合わせて更新しながら有事に備える等，やるべきことは多々あるのではないだろうか．

🎗 広報活動を通じてのリスクマネジメント

　一般に今回の五輪合宿のようなプロジェクトについては，広く市民に知ってもらうことはスポーツの持つ公共性から非常に有効で，なおかつ開催を盛り上げる気運を高めることになると考えられる．新聞・テレビ・インターネット記事・SNSなどでの情報発信は積極的に取り組むことに異論はない．一方で五輪開幕4カ月前の2021年春に関西学生ボート連盟の幹部と準備をしている様子をテレビニュースで扱ってもらった際に，思わぬ地元からの指摘を受けたのだった．放送は感染対策を中心に学生たちの奮闘ぶりをお伝えする内容であったが，「このご時世に海外からの来県はやめて欲しい」，「私は事情によりワクチン接種が出来ない．そんな人々の命を軽んじていないか」といった厳しい意

表9-4　リスクにかかわる留意点

①	物差しは変化する．今まで許されたことでも，これからは許されなくなる場合がある．こうした基準はスポーツ内部だけでは決まらない
②	基準とは「世間」である
③	これからは情報開示を求められる
④	情報開示をするには情報のメカニズム＝メディアの特性を学んでおく必要がある
⑤	タイミングは慎重に判断し，適宜に適切な情報対応をすること

（出所）広瀬［2014］をもとに筆者作成．

見であった．この後，実行委員会の情報の出し方には細心の注意を払うことになるが，以下，広瀬［2014］が指摘する留意点をこの章のまとめとして紹介しよう（表9-4）．

　あるリスクに対して，私たちが間違っていないことは，「間違っていないことを世間に適切に説明する」ことで，ようやく現実的なものとして認識され始める．またこれは認識され始めるのであって，完全に認識されるまで努力の継続が必要になることも意識しなければならない．ましてや「わかってくれているはず」という根拠のない安心は慢心でこそあり，何の対策にもなっていない．そうしたメカニズムを常に意識することが必要ではないだろうか．

◇注
1）2021年5月26日朝刊で朝日新聞は新型コロナウィルスの感染拡大が止まらないこと，東京都に出されている緊急事態宣言の再延長の可能性が高いこと，医療現場のひっ迫から選手・関係者9万人の入国を避けるべきだとする主張を紙面の社説で打ち出した．

第10章　サービスのマネジメント

はじめに

　合宿まで1カ月を切った頃，私たちが毎日頭を抱えていたのが，地元の世論に対して厳しい行動制限を課すことでコロナ禍での来県を納得してもらうための理屈の整備だった．一方でまた実行委員長の奥村を始め，私たちが選手団の気持ちが痛いほど理解できる，元競技者としての感覚に挟まれたことも悩ましい課題だった．4年に一度（コロナ禍で前回五輪から5年後）の大舞台を迎えるにあたって，私たちに沸々とわいてくる五輪事前合宿をやるからには意義あるものにしたいという願いは相当なものだった．この章では，こうした緊急時におけるホスピタリティとは一体何なのか，コロナ禍での限られたホスピタリティの充実化プロセスについて，私たちの試行錯誤を紹介したい．

1　ホスピタリティの洗い出し

　6月の滋賀県スポーツ協会の理事長室では，実行委員コアメンバーのミーティングが熱くなっていた．安心安全の感染対策と選手の合宿時のモチベーション保持が相反する問題だった．1つ目は現場ファースト．合宿環境の整備にあたって選手のモチベーションやストレス軽減を最優先して配慮したい立場だ．2つ目は地元ファースト．地元自治体を始め地元の理解や合意形成を成し遂げるための手順と厳しい自主規制を大切にする立場であった．それぞれの立場や想いは，メンバー全員が理解しつつも結論はなかなか出てこなかった．首相官邸・厚生労働省が掲げた密閉・密集・密接を表す三密を避けつつ，限りある予算の中で私たちが提供できる「サービス」とはどういうものなのか．とりわけ栄養士のクリステル氏が提示してきたニュージーランド・ミールガイドの基準（アスリートの食事内容の基準）は相当にハードルが高いものだった．与えら

れた環境下で要望に到達するためのアプローチにはどういった手法があったのか．そうした議論を紹介したい．

🔔 センミツの心得

　合宿実施の正式決定は出ていないものの，残された時間が 1 カ月を切った頃，既述の通り感染対策はマニュアル作成で徐々に整えられていった．残りはマニュアルにおいて規制されない自由の部分をいかに充実させるのか．つまりコロナ禍で実施可能な究極のおもてなしを考案することだった．途方に暮れるだけでは前に進めないことは実行委員のメンバー全員がわかっていた．関係者によれば NZ と並ぶ世界最強の一角であるドイツ代表チームとスイスの代表チームは城崎温泉で温泉旅館に分宿するという情報が入ってきた．マニュアル作成に際して温泉旅館の全館を貸し切りにするのであれば，オフの時間帯に選手団は日本庭園を眺めることも，内湯で温泉を楽しむことも，三密を避ければ卓球やカラオケといった束の間の気分転換も可能だろう．

　一方で私たちは NZ 代表チームの宿泊を大型リゾートホテルで受けてもらう代わりに，感染対策からバブルを形成しなければならなかった．よって城崎温泉とは別の視点からのアプローチが必要なことはわかっていた．この頃になるとコアメンバーのミーティングにおいて，杉藤も私も提案するアイディアに NG をもらうことには慣れきっていた．また実行委員の間でも，「国内飲料メーカーではヒット商品を開発する確率が 1000 商品のうち 3 つ程度らしいよ（センミツ）」と，ある業界エピソードを誰となく見つけてきては，会議の雰囲気を停滞させないようにも心がけていた．最初は杉藤・田中の唐突なアイディアには「無茶を言うなよ」との姿勢が主だった実行委員のミーティングも，「次はどんな突拍子もないことを言い出すのだろう」と，気が付けばメンバーの思考に化学変化が起こり，実行委員長以下のブレーンストーミングは活況を呈したのだった．

　「2 日に 1 回ほど郊外の一軒家レストランを貸切ったらどうか」，「練習拠点の瀬田漕艇倶楽部のテラスでバーベキューをしたらどうか」，「温泉のお湯を運び，アイスバスを使って入浴してもらったらどうか」，「任天堂の Switch を各部屋に置けるようにタイアップを提案したらうまくいくか」，「有名なレストランの仕出しはどうか」，「琵琶湖の観光船でクルージングディナーを数回入れてもらったらどうか」など，実行委員長と副委員長は自由に発言をさせてくれる

場の雰囲気をつくってくださった．残念ながら NZ チームの食事基準の課題や，感染対策の面から実現しなかったおもてなし企画ばかりではあったが，最後まで知恵を振り絞って合宿の成功を検討しただけに，最終的に私たちが作り上げた琵琶湖・瀬田川モデルは NZ 代表チームに高評価だったのかもしれない．

　組織の作り方，チームビルディングの章で述べるべきかもしれないが，こうしたブレーンストーミングはビジネス面でも見かけることがあるだろう．基本的には発言者を絶対に否定せず，可能な限りの発想を共有し，出てきたアイディアを具現化したり複数アイディアを合わせて化学変化を狙ったりする会議手法の 1 つだ．しかしながら実際にこうした会議を進めることは非常に難しい場合が多いだろう．多忙から十分なミーティング時間が取れなかったり，会議に時間をかけない組織文化であったり，上司がワンマンであったりなど，理由は数多く考えられる．組織構成員の議論や目標決定のプロセスには多種多様な方法があるのだが，こうした議論を認めてくれた実行委員長・副委員長の寛容さには感謝しかない．

2　私たちのおもてなし具体例

✄ コース設営と安全提供のサービス

　これはホスピタリティとは若干ズレるかもしれないが合宿成功の最大要因である．既述のように琵琶湖・瀬田川水域には沢山のステークホルダーが存在する．ステークホルダーへのマイナス影響を最小限に抑えて，NZ 代表チームが自分たちのペースで水域を利用すること．これはあらゆるところに文化・慣習の違いからトラブルの種が隠れている．チームへの航行ルールの説明，観光船や漁業関係者など他団体との練習時間，範囲の調整・確認，期間限定の特別ルールの設定と周辺への周知，安全監視，仮設コース設営とメンテナンス．もちろん選手団が安心する合宿エリアの感染対策のプランニングと遂行も含まれる．「これは実行委員会にお任せしているので安心だ」とどれだけ選手団から信頼をしてもらえるか．可能であれば来日前から不安要素を払しょくできるか．当たり前のことを当たり前に完璧に整えること，これが究極のおもてなしだと考えている．

38F ラウンジ　トップ オブ オオツ

🎗 食事メニューでのサービス

　続いて安心安全を担保しながら，合宿に参加する選手団に満足してもらうために考えたことは食事面での充実だった．これは提供するメニューだけでなく，会場の問題，また時間帯などの利便性，そして選手ファーストの体制づくりだ．この合宿で選手にリラックスと楽しい時間を提供できるのは食事時間ぐらいしか見当たらなかったため，なおさら重点的に対処していった．メニューについては事前に「Rowing New Zealand Meal Guide」がチームより届き，事前に近畿日本ツーリスト滋賀支店の松田剛副支店長（当時），および実行委員会とホテル側で協議を進めた．この時にびわ湖大津プリンスホテルからは，森田英明・宿泊営業リーダーを中心に予想外の提案もいただき，有難いことに私たちの懸念を払しょくするホスピタリティが完成したのだった．

　第一に食事メニューはチームの基準に合わせて，ホテルのシェフがオーダーメイドで対応いただくこと．また会場は宴会場ではなくて，当時はコロナ禍による休業中だった 38 階の眺望の素晴らしいラウンジを使用させてもらうことになった．確かに披露宴等で使用する宴会場は格式高くゴージャスな印象なのだが，湖面に面した最上階の空間で時間帯別の琵琶湖の景色を楽しめるラウンジ環境は非常に美しく開放的だった．まさに「意図せざる結果」が素晴らしいものであったのだが，経営学の間接経営戦略にならって即座にプリンスホテルの提案をホスピタリティとして織り込んだ．その後はメールやオンライン会議で概要を作り上げて，第一陣の到着後からは日本人バブル内スタッフを交えて，ホテル側と詳細の最終確認を進めていった．以下，それぞれの食事毎に検討したプリンスホテル・瀬田漕艇倶楽部のおもてなし内容から記述していこうと思う．

ホテルでの軽朝食

帯同シェフがブレンドした特製シリアル

🛎 練習前の軽朝食

　おもに起床して30分後ぐらい，練習1時間前までに摂取する軽い朝食だ．しかしながら1日のスタートをするために，アスリートにとってその意味は大きい．五輪の大舞台を前に，いかに普段通りの感覚で最終調整の1日をスタートできるか．提供したのはパン5種類，シリアル各種，ナッツ，チーズ，日替わりフルーツ3種，ヨーグルト，果汁100％ジュース，牛乳，珈琲，紅茶，ヤクルト．シリアルは選手団が普段から食べているドライフルーツやナッツをバブル外日本人スタッフが調達して，帯同シェフが可能な限りの再現をしてブレンドしたものだ．パンは母国で食べている種類（ライ麦パンなど）が必ずラインナップされていた．さらに近隣のパン工房がオーダーメイドで作ってくれたパンも軽朝食で選べるように特例の持ち込みを許可してもらった．それらは宿泊占有のフロアに設置されたカウンターから各自がチョイスして宿泊の部屋で食べるスタイルをとった．またシリアル各種と果汁100％ジュースは占有フロアの冷蔵庫に常設され，補食が取りたい選手は自由に摂取できるスタイルを，ホテル側が衛生面でのケアをしながら柔軟に対応してくれた．

🛎 瀬田漕艇倶楽部での本朝食

　午前の練習が終了後の10時半ごろ，疲労した心身ともにリフレッシュさせる目的の食事だ．本朝食は帯同シェフがこれまでの遠征や本国での合宿で提供していた朝食を忠実に再現したものだった．持ち込み可能なNZ本国のスパイス，また日本で調達した調味料などもアレンジしながら母国の味を提供したのだ．選手たちには日本に居ながらいつも通りのリラックスしたひと時を過ごす

特製ソースが NZ 風の隠し味になった朝食

日替わりフルーツと特製手作りジャム

ことができたようである．日本で入手したフルーツも彩りを添えたのだが，特にリンゴ・スイカの評判が良かった印象だ．内容は日替わりパン数種類，シリアル各種，ナッツ，日替わりフルーツ，料理 1 〜 2 品，果汁 100％ ジュース，牛乳，手作りジャム，ピーナツバター，珈琲，紅茶，プロテイン，サプリ，エナジーゼリー適宜．また瀬田漕艇倶楽部のクラブハウスではリラックスしたひと時を過ごすためにエアコンの効いた室内テーブル席だけでなく，ホテルでは許可されない屋外の風に触れる貴重な機会も提供するため，テラスにも席を作った．余談だが，クリステル氏によれば朝食では 1 週間で 830 個の卵が使用されたようだ．

🍴 補食について

ホテル内でのシリアルや，果汁 100％ ジュースのみの補食ではどうしても単調になってしまう．帯同シェフは時に応じて NZ スタイルのおやつを提供していた．中でもナッツたっぷりの手作りチョコレート菓子は濃厚な味で，選手たちも非常に喜んで食べていた．期間中には滋賀日産プリンス（株）より大量のフルーツの差し入れを頂き，選手たちは設置コーナーに行列作って並ぶほど大好評だった．また菓子製造をしている会員が焼き菓子を提供してくれたが，特に女子選手や女性スタッフを中心に歓喜の声が上がったとも聞いている．

クラブハウスでの本朝食の風景

シェフ手作りの NZ おやつ

ランチメニューの一例

🍴 ホテル提供のランチ

　選手たちは本朝食のあとはクラブハウスで少し時間を過ごした．コーチやアナリストとミーティングをする選手もいれば，談笑する選手，そしてチームドクターなど各スタッフに相談を持ち掛けたり身体のケアの打ち合わせをしたりする選手も見られた．やはりホテルに帰ると部屋から出られない制約があるため，比較的自由に動くことができるクラブハウスでの時間を大切にしたかったようだ．私たち受け入れ側も，ホルトン氏を始め選手団と多くの確認作業をしたかったのだが，チーム内コミュニケーションに時間を優先してもらった．そして選手団は 12 時少し前には一旦ホテルに戻り 13 時から昼食を摂った．ホテルから提供されたランチは西洋風に和のテイストも織り込んだ日替わりメニュ

ーで構成された．具体的には，日替和食（寿司・丼・うどん等），味噌汁，ごはん，日替肉料理，日替魚料理，サンドウィッチ，サラダ，パン 6 種，牛乳，珈琲，紅茶．和食が好評で「明日はどんな丼が食べられるの？」との質問も多数あったようだ．サンドウィッチはセルフサービスで好きな具材を好きなだけ挟める方式で，実はこれが一種のレクレーション的な雰囲気を作ったと後で聞いた．昼食後には選手たちは各部屋で休息を取り，午後の練習に向かった．

💍 ホテル提供のディナー

気温が 35℃ を超える猛暑の中で 1 日に 2 回の練習を終えた選手たちは 18 時半ごろからディナータイムだった．丁度その頃になるとラウンジの窓は夕焼けから次第に夜景に変わり，この風情が想定した通り非常に好評だった．ディナーでも西洋風に和のテイストが加えられ，毎日の構成がホテルによって丁寧にアレンジされていた．日替丼，みそ汁，ごはん，日替肉料理，日替魚料理，日替パスタ，サラダ，サンドウィッチ，パン 6 種，日替デザート，珈琲，紅茶．デザートも一日の疲れを癒すように毎日の変化が出るように工夫が施されていた．こうして選手たちは男子で 1 日あたり 9,000〜10,000kcal，女子で 7,000kcal を最低限ベースとしていた．チーム栄養士に感服したのは食材のみならず，調

ディナーメニューの一例

笑顔にあふれた食事風景

理方法やソースの詳細までホテルシェフと打ち合わせ，選手のコンディション
を高めながら日常ルーティーンを守るための努力，さらには日本の料理によっ
て味覚・視覚への前向きな刺激を追求していたことだった．あくまで食事は楽
しく，おいしく食べるもの．そしてリラックス時間を意図的に提供するもの
だった．それに見事に応えたプリンスホテルの厨房チームには感動さえ覚えた．

　ここで苦言を申し上げるようで恐縮だが，国内の高校スポーツで一時流行っ
た大量の白米を流し込むような，まるで「修行」のような食事の側面は NZ 代
表チームからは一切見られなかった．サプリメントを大量に飲むシーンも見か
けなかった．クリステル氏と意見交換をしても，「予算の制約や与えられた状
況はスタッフ側が工夫することであり，食事は選手たちにとってワクワクする
もの，そうでしょ‼」，「それをしないのはスタッフの怠慢だよね」とズバリと
笑顔で言い放つ．私は「はい，その通り」としか言えなかった．

🎱 ホテルスタッフからの心遣い

　ここで一旦，食事面から離れて滞在期間の環境作りに視点を移そう．びわ湖
大津プリンスホテルについて，ホテルでの「おもてなし」には選手団から感謝
のメッセージが多数寄せられたものを 2 つ紹介したい．

　まずはホテルスタッフからの温かい気持ちや食事会場に掲げられたメッセー
ジの数々だ．常にスタッフは最高の笑顔で対応してくれて，またさりげなく
シェフもデザートのケーキに英語でメッセージを書いていた．チームは敬意の
表れとしてシェフにチームポロシャツをプレゼントしていた．NZ 代表チーム
が合宿を離れる時にはスタッフが総出でバスの出発を見送ってくれた．東京へ
の移動の際に各選手が自身の SNS で「合宿打ち上げ」を投稿していたのだが，

各投稿を見てみると必ずホテルのおもてなしを「Great」と表現しては部屋の様子や，ホテルの部屋からの眺望，食事のシーンなどが含まれていた．感染対策の中で言語も違うが，人と人の非言語コミュニケーションとしてホテルスタッフの温かさが伝わった何よりもの証拠だと思う．

　もう1点は選手団にはホテル側からギフトが全員に送られていたことだ．それはプリンスホテル色が前面に出た，いわゆるノベルティグッズではなく，滋賀県内の絶景が彩られたタンブラーだった．広報担当の竹内あずさ氏によれば「選手団は買い物にも行けないと聞きました．今回の合宿を気持ち良くやり遂げてもらい，コロナ禍が収まったら滋賀県に観光に来て欲しい．そんな思いからスタッフと一緒に選びました」とのことだった．ホルトン氏にそうしたメッセージを伝えたところ，彼女が心からの感謝を語ったのは言うまでもない．

🔔 自治体・実行委員会からのおもてなし

　本来ならば地元との交流会や激励会を開催するところであったのだが，こちらも感染対策から許されなかった．歓迎メッセージを団長以下，マネージャーにお伝えするだけでなく，プリンスホテル・竹内氏と同じ発想でギフトの準備をした．選手団は合宿中はもちろん，東京五輪の会場でも数々の行動制限をされると聞いていたため，選手本人用だけでなく本国へのお土産になる日本らしいプレゼントをささやかながら用意した．地元大津に伝わる大津絵を活用したもの，京うちわ，地元の陶器などだ．制約された予算に中で滋賀県スポーツ協会の河本会長自ら調達・手配に奔走していただいたと聞いている．

　また後述するが，チームと調整の上で「観漕会」というイベントを感染対策を徹底しながら企画した．これは地元の市民還元型のイベントである側面も持つが，選手の側に立てば歓迎イベントの1つに感じてもらえるように調整した．NZ代表チームには合宿最終日の2日前に五輪さながらの2000mのリハーサルを実施してもらったのだ．これを地元の中学校，高校・大学のボート部員に告知して，またSNSで発信して許される限りの歓声を選手団が感じられるようなイベントにしたのだった．もちろん地元のボート部員からすると世界最強の一角の本気の漕ぎを至近距離で見ることができるビッグイベントでもある．

　当日は仮設コースの1500m〜2000m地点に400人程度が集まって，マスク越しに大きな歓声を送ってくれた．また瀬田中学校と瀬田北中学校のボート部員は特大の応援横断幕を手作りで用意してくれた．コロナ禍においてプロ野球

もサッカーＪリーグも無観客試合が行われていた中で，私たちも非常に新鮮であり活気を感じたのだった．ＮＺ代表チームのコーチにしても予想外の歓声だったのだろうか，リハーサルを終えた後にはコーチボートでボート部員達の前をゆっくり走り「サンキュー．ありがとう！」と連呼して，集まった若者に声をかけていたシーンには目頭が熱くなった．

🏐 バレーボールチームからのおもてなし

感染対策から対面交流が出来ない中で私たちも驚いたのだが，トレーニングジムを提供してくれたバレーボールチームの選手たちが，壁いっぱいに歓迎メッセージを貼ってくれていた．さりげなく飲料水の差し入れも置いてあり，常に清潔で快適なジム環境を無料で提供してくれた．種目は違えどともに世界を目指すアスリート同士，メディアではあまり表面に出ないのが残念なのだが，こうした「スポーツマンシップ＝互いの尊重」を何とか次の世代に伝えたいという気持ちになった．

🚣 瀬田漕艇倶楽部からのおもてなし（来日前）

練習拠点となった瀬田漕艇倶楽部だが，大きく分けて２つのホスピタリティがあったと考えている．１つは合宿決定までに同じボート関係者として強豪国の仲間たちのが合宿地選定に，誠心誠意お付き合いしたことだ．これは杉藤の尽力によるものが多いが，候補地のリストアップから，2018年から候補地の下見に帯同したこと．また意見を求められた際にはホストタウン的な助言のみではなく，アスリート目線での調整面や利便性，さらには精神的な健康状態までを勘案しながらの意見が出来たことは，小さな配慮を積み重ねながらＮＺ選手団の信頼を増していった．

合宿決定後に聞いた話だが，ホルトン氏も下見に来日する前にＮＺ関係者には「ボート人同士で合宿計画を進められるのは非常にラッキーだ！」と伝えていたようである．ＮＺ代表チームのスタッフが重視したのは，日本という未知の国で国際舞台のRowingをよく知っている人がその場所にどれくらい居て，そういった人たちのサポートを得ることができるかという課題だった．その中で倶楽部会員の存在はＮＺ代表チームに対しての大きな安心材料になったようだ．詳細を語るのは避けるが，杉藤を始め，70歳代の世界マスターズ大会チャンピオン，全日本の優勝メダルを７個持つ者，五輪サポートスタッフとし

て豊富な経験を持つ者，レース艇メーカーである桑野造船の社員，そしてパリ五輪で日本代表を目指す若手選手たち．顔ぶれとしては及第点を超えていたと考えられる．

🏅 瀬田漕艇倶楽部からのおもてなし（来日後）

理事（当時）として恥ずかしいばかりだが倶楽部の資金は潤沢ではなかった．よって合宿用に新たな設備投資は難しかった．よって少しでも練習拠点に歓迎の雰囲気や安心を感じてもらうためにどうするか，少しでも快適な空間を提供し，艇やオール保管の安全徹底を行うことを一生懸命に行うことを優先した．具体的には実行委員会が予備として持っていた巨大な横断幕を借用して毎日選手たちが目にする位置に掲げたり，さりげなくニュージーランドの国旗や，オールブラックスのロゴを館内に掲示したりした．また本来は紺色の倶楽部のオフィシャル T シャツを黒色で制作し，背中にオールブラックスのロゴと「Camp For Victory 2021 Lake Biwa」とプリントした友好 T シャツをプレゼントした．最終日に選手団のほぼ全員が倶楽部 T シャツを着て記念写真を撮影し，ホテルにまで着て帰っていった姿を見ると，これまた感無量のシーンであった．

番外編とも言えるが，倶楽部に俳句と水彩画を趣味にしている会員がいた．その会員が自身の水彩画に著名な俳句，またオリジナルの俳句を書いた色紙を用意してくれた．これがホテルでの選手団に大ウケしたのだという．「しずかさや」とはどんな世界観を表しているのだ？　「岩にしみいる」ってどんな景色？　岩には何も染みないだろ！　選手団と行動を同じくしていたモーターボートキャプテンの日本人スタッフは質問攻めに合ったという．キャプテンたちは翌日の準備や睡眠時間を削って，片言の英語で俳句の世界観を一生懸命に説明したそうだ．こうした異文化交流は，本来であれば五輪事前合宿の醍醐味でもあるのだが，近い将来に，日本のどこかで制限のない交流ができることを切に願うのである．

3　理論で考えるホスピタリティ

私たちは消費活動においてホスピタリティという概念を，どのように捉えて評価しているのだろうか．結論から語ればホスピタリティは一般に旅館・ホテ

ルなどの宿泊業や飲食店などの接客業・サービス業において，消費の決め手と
して重要視される概念である［近藤 2012：317-318］．実践の方法として，事業者
は商品の対価を受け取って行うサービス財の提供価値を超えて，顧客の満足度
を一層高める工夫を考える．結果的には顧客のことを考えながら心のこもった
「おもてなし」を提供することを意味するのだろう．またそれは提供者から一
方通行で顧客に向かうものではなく，受け手の評価を合わせた相互の満足に
よって成立しているように思われる．

⚜ 日本の伝統に沿った「もてなし」

　日本には古来より，顧客満足度を高めるために重要とされるホスピタリティ
の考えが深く浸透していて，これまで個人や会社独自の基準で創意工夫が重ね
られてきた．この節では伝統ある京都の花街ビジネスを事例に「もてなし」を
論じている西尾［2007］の概念を引用しながら議論をしてみよう．そもそも
「もてなし」はどういった特徴があるのか，また「もてなし」はどう評価され
るのか．西尾は以下のように指摘する．

　　　花街で提供される「もてなし」は，見たり聞いたり，計測可能な尺度を
　　用いて品質をチェックしたりすることはできない．具体的な形はないが，
　　しかし人の心には確実に響く．まさに五感のすべてに訴えかけ，さらに顧
　　客の心を満たすようなサービスである．この「もてなし」の質をきちんと
　　保つことが，京都花街がサービス業として競争力を保つ基礎になっている
　　と考えるのは当然であろう．［西尾 2007：204-205］

　また西尾は，「もてなし」を，顧客に対して目に見える形で保証できないも
のを，一定レベル以上で継続的に提供できる京都花街だからこそ「信頼」に繋
がり，そうした信頼が「一見さんお断り」という独自の会員システムを成立さ
せ，継続的な需要を生み出すことに繋がっていると指摘する．つまりおもてな
しの具現化は信頼に繋がり，関係構築の重要なファクターになりうるというこ
とである．

⚜ 言葉の語源をひもとく理解

　ここで一旦，原語に話を移してみよう．ホスピタリティは英語の "Hospitality"
のことであり「歓待，厚遇」を意味する．この単語を，カナ表記で日本語に取

り入れた言葉が「ホスピタリティ」である．接客業やサービス産業で使われることが多いが，今回の NZ 代表チームのようにサービス業以外のシーンで使われることも英語圏を中心に見ることができる．また国語辞典によればホスピタリティとは「丁寧なもてなし」や「もてなしの心」を意味することが多い．つまり提供する側の心がこもった対応・接待というニュアンスでとらえられるだろう．

👜 日本のホスピタリティが向かう先

　日本ホスピタリティ推進協会によればホスピタリティは「接客・接遇の場面だけで発揮されるものではなく，人と人，人とモノ，人と社会，人と自然などの関わりにおいて具現化されるものである」とされている．このように人と人・モノ・社会・自然など対象は多岐にわたる傾向だ．昨今では東京五輪の誘致の際に注目が集まった重要キーワードとして使われた．また経済産業省によるサービス産業のおもてなし品質認証制度として，「おもてなし規格認証」が創設されている状況である．こうした人からの各対象にフォーカスする視点は，マーケティング論における顧客接点の概念や市場形成の概念にも隣接し，ビジネスのみならず多様な場面で私たちにヒントを与えてくれるのではないだろうか．

◇注
1）日本ホスピタリティ推進協会「ホスピタリティとは」（https://hospitality-jhma.org/hospitality/，2023 年 2 月 22 日閲覧）．
2）詳しくは経済産業省ホームページ（https://omotenashi-jsq.org/，2023 年 3 月 2 日閲覧）を参照されたい．

第11章　チームビルディング

はじめに

　一流の成績を残した選手個々の背景には，一流のスタッフの存在がある．さらにその内部をよく観察するとマネジメントを含む一流のチーム組織が存在する．こうしたことをスポーツ現場ではしばしば耳にする．例えば男子プロゴルフで 2021 年にマスターズを制した松山英樹プロも，テニスの 4 大大会で優勝 4 回を誇る大坂なおみプロもチーム一丸の勝利だったというニュースを目にした読者もいるだろう．もちろん競技種目によっては選手個人の努力と家族のサポートといった比較的小規模なユニットで世界と戦う例も見られるが，昨今は複数コーチの存在だけでなくチームドクターや理学療法士，栄養士やセラピスト，マネジメントスタッフなどと担当が細分化されており，チーム組織として戦うケースが増えていると理解して良いだろう．そうした潮流の中で私たちはチーム組織内のどうした役割に注目して，どういったチームビルディングに取り組むべきなのだろうか．この章では東京五輪で金メダル 3 個，銀メダル 2 個で国別メダルランキング世界首位となった NZ 代表チームの構成と役割を検討し，最強の作り方においてヒントを得たい．

1　リーダーとの出会いと学び

　2018 年夏の話だ．複数の合宿候補地を NZ 代表チームに提示した杉藤に，オペレーションマネージャーである Lisa Holton 氏（以下，ホルトン氏）から e メールが届いた，杉藤が返信するとホルトン氏からすぐに電話がかかってきたようだ．「3 日後に行きたい，リストの数カ所を案内して欲しい」との話だった．ここから 3 年間のプロジェクトがスタートしたのだが，この章では私たちが 3 年間に学んだ NZ 代表チーム流のチームビルディングついて議論を進めて

チームマネージャー　リサ・ホルトン氏

みたい．またこの章は私が把握する実行委員会での共有情報をはるかに超えたバブル内での会話・ヒアリングをもとにしたフィールドワークの結集でもある．詳細をまとめあげた杉藤メモ・およびモーターボートキャプテンズのレポートを元にホルトン氏が作り上げた最強軍団の背景にアプローチしてみる．

♛ NZ 流の決定プロセスに魅せられて

　まずは彼女自身のプロフィールと，なぜ私たちが「NZ 代表チームを通じて心の底から Rowing を学びたい」と思うに至ったか，その経緯を紹介する必要があるだろう．もともと彼女は現役時代にはコックス（舵手）として競技活動を行っていた．コックスはボート競技では“漕がない司令塔”ともいえるポジションで，水上では艇を進めるための指示を出すだけでなく仲間を鼓舞しながら集団として成長するためのコーチ役もこなす．自身はフィジカル練習をしないが，クルーの技術や体力の向上のためのメニュー考案や実施・管理まで，まさにコックスはアスリートでありながら 1 人何役もこなすチームの頭脳でありマネージャーなのだ．彼女はその後 Rowing NZ（ニュージーランド・ボート協会）とのキャリアに繋がり，フルタイムのスタッフとして勤務していたのだった．

　話を 2018 年の夏に戻そう．現場オペレーションにおいて決定権を持つ要人でもある彼女だったが，杉藤との JR 京都駅での待ち合わせにはホルトン氏 1 人ではなく Justin Evans 氏（以下，エバンス氏）が帯同していた．聞けばエバンス氏はバイオメカニクスが専門で，Rowing NZ 専属のアナリストだった．東京五輪成功への最善の準備という，重要な判断の一部を NZ 代表チームは科学

者に託していたのだった [杉藤 2022a：36-37].

　杉藤にしても私たちにしてもインパクトは大きく，国内事情に沿うならば JISS（日本スポーツ科学センター）の担当研究者が合宿地の決定をするようなもので，総じてレジェンド（競技の功労者）が決定権を持つ日本のやり方とは全く正反対だったからだ．ホルトン氏との合流後，杉藤は計4日間をかけて2人を計3候補地にアテンドした．そして視察の最後に，念のため下位候補としてリストに紛れ込ませた私たちのホームコースである琵琶湖へ，ホルトン氏の希望に沿う形で同行した．すると「念のための視察」のはずだったが，彼らの結論は琵琶湖・瀬田川で即決だった．杉藤は 2000m コースが無い現状を何度も確認したのだが，「琵琶湖にコースを設置できそうな水面はいくらでもあるじゃないか，それ以外の要素は文句なしに素晴らしい．コースは仮設で良いから何とかしてよ！」とウインクされたと，後日私たちも聞かされて更に驚いた．こうした発想や人材登用に接した私たちは一瞬のうちに「NZ 流のチームビルディングが見てみたい」と魅せられたのであった.

⌛ オペレーションマネージャーの仕事

　琵琶湖・瀬田川を事前合宿の最有力候補と決めてからは，ホルトン氏の準備は大きな部分から詳細まで多岐にわたった．受け入れ側と NZ 代表チームの立場の確認から練習環境に関する準備・調整は当然のこと，ホテルのベッドサイズ，食事には NZ 産羊肉の持込み希望との伝達，コインランドリーへの距離と利便性の確認，スタッフ分の自転車を数十台確保したいという希望，パンのオーダーメイド協力店の開拓，東京へのアクセスとチケット確保，私たちとの費用の支払い方法の確認までと調整範囲はとてつもなく広かった.

　さらに彼女は琵琶湖・瀬田川と同時に，東京での選手村以外の拠点確保にも動いていた．希望条件は五輪レース会場に車で 30 分以内，栄養士がチーム全体の食事準備をする大型キッチンがあること，不慮の事態に備えて選手用の予備ベッドルームが必要なこと，徒歩・自転車で食材を買い込める地域，その拠点ではホルトン氏を含む4人のスタッフが生活しながら作業する想定だった．「あまりに多大なリクエストに途方に暮れた」と杉藤は当時を振り返る．相談を受けた私たちも「都心にそんな一軒家はないだろう……」と頭を抱えたが，幸運にも日本ボート協会関係者がゲストハウスを紹介してくれたのだった.

⚓ NZ 代表チーム課題と事前合宿への経緯

　ホルトン氏を中心とした準備概要を語る前に，NZ 代表チームの置かれた状況と東京五輪のとらえ方を簡単に共有しておこう．打ち合わせを重ねていると NZ 代表チームは 2015 年ぐらいから，東京五輪の事前合宿が必要かどうか情報収集を始めていたようだ．五輪の 5 年前からの検討とは，その壮大なスケール感に驚くばかりだ．日本との時差がほぼないオセアニア各国にとって，事前合宿の目的は北・南半球の季節逆転への身体の順応がメインとなる．確かに季節逆転はリスクの 1 つだが，五輪前の総仕上げに巨額費用を投下して，かつ Rowing 後進国での合宿が必要なのか．杉藤が懇意にしていたシンクラー氏によれば，当初の Rowing NZ では事前合宿は重要議題には挙がっておらず，具体的な予算構想も無かったようだ．

　Rowing NZ の観点に立てば，極東アジアに位置する日本は全くの未知の異文化圏で，以下の点が懸念されていた．「大前提として五輪使用艇はサプライヤーである F 社に任せれば会場に希望通りに到着する．しかし事前合宿をするとなると自己責任で艇・備品の移動手配が必要で，費用や誤配・破損の可能性が大きなリスクとなる．五輪開催地の情報は 2019 年にリハーサル大会として開催される世界ジュニア選手権で集めれば十分だ」．総じてこんな雰囲気だったようだ．結果的に 2016 年のリオ五輪の頃までは，選手村・コースが利用可能になるタイミングで日本に入って気候順応を行いつつレースに臨む．これが Rowing NZ の考え方の本線だった．

　しかしながらリオ五輪では大きな問題に直面した．長期の欧州転戦から本国 NZ を経由せずに米国東部で事前合宿を実施して，レース直前にブラジルの会場に入った．すると五輪会場では相当数の選手が心身のトラブルに悩んだそうだ．大きな要因としてはポルトガル語圏のあまり言葉が通じない環境や，治安や衛生面からの不安が大きかったそうだ．具体的には選手村での飲料水，電気使用，住環境に想定外のストレスが重なり，スタッフが選手村の外に構えるサポート拠点に避難するように，選手村を離れて調整をする選手もいたそうだ．結果的にリオ五輪では優勝候補とされた 2 種目で金メダルを獲得したが，他種目は満足できない結果に沈んでいた［杉藤 2022a：37-38］．大規模選手団での長期間生活，異国ストレスへの対策，環境・衛生対策は改めて表面化したのだった．

　2018 年は大胆なチャレンジの年になった．それはリオ五輪での課題点に対

処するための行程変更だった．ここ数年のパターン通り欧州転戦を経てダイレクトに世界選手権を戦うのではなく，いったん本国に戻り数日間のオフ，そして自国での最終調整を経て，世界選手権会場に再移動するプランにチャレンジしたのだった．自国にいったん戻ることで選手・コーチの精神面の改善が期待され，施設や人材のフル活用などのメリットも生まれる．2年後の東京五輪でのシミュレーションも兼ねていたようだが，結果は金メダルゼロでメダルランキング18位に沈む，強豪国としては大失敗の戦績となったのだ．この結果からNZ代表チームは「長期間遠征のストレスは大きいだろうが，春からは欧州で転戦して自国に帰らず合宿体制の緊張感を保持して東京へ」という結論を出したのだった．

🎖 人材育成・起用の差異

2回の本番を通じて，私たちの印象に鮮烈に残ったのはスタッフの柔軟な配置とその役割，および各人間の俊敏なフォロー体制である．その代表例は既述のエバンス氏の起用，さらには2019年のジュニア合宿では全体責任者が30代の女性・Michele Munro氏（以下，ムンロ氏）であったことだ．日本では，競技実績を残したレジェンド的な人材が責任者になることが多い慣例からすると，NZのチーム組織作りには驚きを感じた．ムンロ氏が全体責任者として大きな海外遠征をするのは初めてであり，代表チームでの選手経験はジュニアとU21チームのみで，五輪出場はないという．また大学卒業で現役引退し，その後はRowing NZに事務のパートタイム職員として勤務する人材だった．その彼女が五輪リハーサル大会で大きな決断をも下す立場に起用されたのである．もちろんホルトン氏以下の経験豊かなスタッフも帯同しており，手厚いサポートはあったのだが勝負所でさえもOJTの要素を織り込む人材育成には驚嘆に近い文化の差を感じたのだった．

2　チーム構成と各担当者の関係

🎖 チーム構成の全容について

今回の東京五輪NZ代表チームの構成は，選手35名（うち補欠5名），スタッフ18名であった．スタッフはこのうち13名が東京へ移動後には選手村にも入った．残りの3人は選手村には入らない村外役員として，会場近くのホテル

に拠点を構えてチームの側面サポートに従事した．また2名の帯同シェフは事前合宿のみで帰国した．正選手30人に対してスタッフ18人を構成するチーム作りも私たちは大いに参考になったのだ．

　種目内訳は，女子のシングルスカル，ダブルスカル，ペア，クォドルプル，エイト．男子のシングルスカル，ダブルスカル，ペア，エイトの計9種目で，男子の補欠1名と女子の補欠が4名だった．男子の補欠は主にエイトの練習場面で交代要員として乗っていた．女子の補欠のうち，2名は絶対的金メダル候補だったペアの2人（プレンダーガスト・ゴウラー組）がエイトにもダブルエントリーするための補欠だった．その役割はプレンダーガスト・ゴウラーの2人がペアで練習する際にはエイトに乗って穴を埋め，2人がエイトに乗る時は別艇で自身の練習をしていた．他の2名はほぼリザーブ要員の役割で，事前合宿も東京でも独自に漕いで本番での突発に備える帯同だった．

　スタッフ構成ではエバンス氏を併せ分析担当が2名．チームドクターが1名．栄養士が1名．フィジオセラピストが2名．マッサージ担当1名．全てのスタッフの助手としてユーティリティースタッフが1名．帯同シェフが2名．チームの統括者はオペレーションマネージャーのホルトン氏，そして，彼女の上司であるハイパフォーマンスマネージャーの Judith Hamilton 氏（以下，ハミルトン氏）が団長としてチーム全体を総括する立場でチームを構成していた．

♟ コーチ6名体制

　女子スイープチームの（1人が1本のオールを漕ぐ種目）のコーチ，Gary Hay 氏はエイトとペアと補欠2名の担当だった．杉藤によれば Hay 氏は長いキャリアを持つが，派手な五輪コーチ経歴はない．代表チームでは U21 や U23 の指導を続けた末に，彼が育ててきた女子スイープチームはリオ五輪以降で躍進し，2019年の世界選手権ではエイトとペアで金メダルを獲得して迎えた東京五輪だった．

　女子スカルチーム（1人が2本のオールを漕ぐ種目）にはコーチが2名．ダブルスカルの正選手，補欠選手は James Coote 氏が担当だった．本来であれば世界選手権で優勝した軽量級ダブルスカルも加わるはずだったが，コロナ禍による延期の影響で選手側から継続を断念，勝負に「もしも」はないが五輪延期が無ければさらに1種目で金メダル追加も可能性は高かっただろう．シングルスカルとクォドプルは Mike Roger 氏が担当だった．杉藤が現役時代には何度も

軽量級ダブルスカルで戦った間柄で，来日時に再会を懐かしむシーンには私たちも遠巻きに眺め，スポーツの素晴らしい一面に出会ったのだった．

　男子スイープチームは Tony O'Conor 氏が指導に当たった．アイルランド出身で近年の NZ 男子エイトを強化成功に導いた原動力の１人である．

　男子ダブルスカルは過去に世界最速記録を樹立した選手を育成した経験のある Calvin Ferguson 氏．男子シングルスカルのコーチには Gary Roberts 氏が当たった．今回遠征に帯同した６名の中では２番目に若いコーチであったが，コーチ６名のチーフ的な役割も担っていた．こうした若手をまとめ役に指名するのも NZ 流の人材登用・育成の表れだろう．

　このコーチ６人体制に日本人スタッフをモーターボートキャプテンとして各コーチボートに専属配置したが，コーチ・選手との信頼関係を優先して担当は固定制とした．もちろん選手団の責任者であるホルトン氏と杉藤は綿密な打ち合わせを繰り返して決定した．

🔔 先乗りコーチと分析担当の連動

　ここでは各コーチ・スタッフとチーム全体の関係を表すエピソードを中心に，その役割を紹介しよう．コーチ陣が第二陣として先乗りして，本隊到着まで準備に取り組んだ３日間には，私たちも杉藤ほか数名がコーチ陣のサポートをする機会を得た．おおよそ日本国内では艇のリギング（設定・調整）は選手が行うことが多いが，国際的な現場では艇のリギングはコーチの重要業務とされている．そのリギングの際に参照にしていたのは，コーチ自身のノート等に残した数値ではなく，ラミネートされたカードに記されていたデータであって，杉藤

練習後のデータ分析・意見交換を繰り返すエバンス氏と選手たち

ほかキャプテンはカードにコーチ以外の意図を感じたという．聞けばリギング作業自体はコーチの仕事だが，その数値を設定するのは主にアナリストであるエバンス氏の仕事なのだった．つまりレースや練習でのデータを集め，コーチ，選手の意見をもとに「この数値で行くのが最適だろう！」と分析担当が理論上から提案する．担当コーチはエバンス氏の提案を毎回のトレーニングにおいて実践し，GPS 等の機材データ，自らの感覚，VTR 等を使って効果を再検討し，ブラッシュアップする段になっての「指示」や「再提案」を行う役割なのだ．こうした選手・コーチ・スタッフの関係からチームは非常にフラットな組織になっており，そのお互いをリスペクトしながらトップを目指す共同作業なのだ．傍目に見ると非常にフレキシブルで，意思決定は迅速で，コミュニケーションの連鎖が発生している印象だった．日本の多く見られるタテ型組織構造（監督→コーチ陣→選手・スタッフのタテ構造）で育った私たちにはカルチャーショックだった．

🎱 使用艇とオールについて

　東京五輪で使用したボート（以下，艇）についてもここで記してみよう．基本的に NZ 代表チームはイタリアの F 社とのサプライヤー契約があり，女子の1種目以外は F 社の艇を使用した．チーム向けのカスタム艇であり，オールブラックスの名の通り黒く塗られた艇体には衝撃を受けた．国際経験豊かなモーターボートキャプテンズの大越によれば，黒い塗装は太陽熱を吸収するため熱さの問題や，塗料重量が重くなる傾向がありメーカーとしては開発が非常に難しいそうだ．そこを性能的に克服してシンボリックな黒いカラーリングを整えたことは，F 社の五輪舞台に最高傑作を用意した意気込みを感じたのだった．

　オールはすべて，NZ 代表チームがサプライヤー契約を結んでいるアメリカ C 社のものだった．ブレードの形状はクルーによって違っていたが，おおむねスムージー2タイプのスキニーシャフト（シャフトが細いタイプ）のオールであった．例外として，女子スイープグループは通常の太いシャフトの軽量バージョン（Low-i）を用い，女子ダブルスカルは東京五輪に向けて開発されたとも言われる新形状の Comp を用いていた．コーチからは「分析担当の出す数字で決めた」，「分析担当の意見も参考にしたが，私は保守的なコーチなのでね」と様々だった．フラットでありつつ最善を協議して最終的には総合的な判断に

至る．こうした一面は道具選択の面でも見られた．

🗦 分析担当の仕事

五輪合宿には2人の分析担当がいて，1人はバイオメカニクス領域の専門家であり，艇やオールなど機材の力学的計測・分析を担当するエバンス氏，もう1人は生理学的分析を担当する Caroline McManus 氏（以下マクマヌス氏）だ．エバンス氏は漕手として U21 代表の経験があり，引退後も Rowing に携わってきたキャリアの持ち主だ．マクマヌス氏はアイルランドで競技アナリストとして様々な競技のトップ選手サポートを歴任し，2018 年から NZIS（ニュージーランドスポーツ科学研究機関）のアナリストに着任していた．

エバンス氏については既述のように，チームに帯同している一人の科学者という範疇を大きく超えて，コーチ以上の影響を持つこともある．NZ 本国の拠点では測定機器を駆使したデータ収集，解析，コーチへの提供，あらたな戦略提案を精力的に行っている人物だ．今回の事前合宿では，各コーチはスマートフォンをモーターボートに持ち込んで，エバンス氏のシステムからリアルタイムで集まる定量データを手元で確認していた．それらは GPS デバイスからの情報で，加速度計やジャイロセンサーも内蔵した非常に緻密なデータを取ることができるデバイスだった．そこで五輪本番で目指すパフォーマンスとの比較が練習時でも瞬時に判明する仕組みだったことは驚きだった．

マクマヌス氏は全体のサポートをしつつも，やはりケガ対策の必要性からドクターやセラピストとともに選手・コーチとの距離感が非常に近いように見えた．練習のたびにセラピストと一緒に選手の身体に幾重にもテープを貼る姿，そして練習後の食事の席では選手とともにニコニコと談笑する姿，活躍を心から願うスタッフの想いが投影されたようなシーンであった．五輪レベルの選手であっても，非常にストイックな性格のコントロールが一番難しいようだ．時には熱心さあまり何度も選手生命を脅かすケガに至ることもある．また五輪が近づくにしたがって NZ 代表チームにも，断腸の思いでのメンバー直前入れ替えや本番1年前の引退など悩ましい数々の節目があったと聞く．それらの大切な判断はいずれも選手・コーチ側の意向を踏まえつつも，科学的な数値評価が根拠とされたようだ．エバンス氏とマクマヌス氏がビッグデータを懸命に集めて，チームの英知を結集してビッグディシジョン＝大英断を行う．そんな客観的な科学的根拠を重視する行動パターンが NZ 代表チームには見事に定着され

ているよう感じられたのだった.

🎗 栄養士の仕事

　NZ代表チームにおいて栄養士の役割は私たちの想像を絶する重要ポジションだった. Christel Dunshea-Mooiji 氏(以下,クリステル氏)は,オランダ代表として世界選手権に出場経験を持っている. その役割は非常に広かったが,彼女が重視しているポイントには**表11-1**の3つがあったように感じた.

　彼女の印象は,前章で述べたようにホテルシェフとの詳細な交渉はもちろんのこと,栄養学のみならず選手コンディショニングまでを担当する総責任者というイメージだろうか. 瀬田合宿におけるクリステル氏の大切な商売道具が,「シャーベットドリンクメイカー」だった. そのマシンを使い数時間かけてスポーツドリンクを半凍結させ,選手に練習中だけでなく練習の前・後に適切量を提供していた. コーチボートには栄養士渾身のシャーベットドリンクが専用ボトルに入れられて積まれていた. 選手が摂取する瞬間までもが計算された温度を保ち,おいしさも保つための仕組みだった.

　このような緻密な計算の実現のために彼女から私たちへのリクエストも超一

表11-1　NZ代表チームの食事・補給方針の特徴

①	選手が食事の時間を楽しむ. 自宅に居るかのようにリラックスできる環境の整備
②	各栄養素を必要なタイミングで,最高のクオリティの(美味しい)料理で摂取させる
③	選手の体温や体内水分量,深部体温,電解質レベルにこだわり,水分だけでなく時には氷の摂取によって微調整を行いパフォーマンスの最大化を実現する

(出所)筆者作成.

クーラーボックスより特製シャーベットを選手に

シャーベットマシーン

流だった．ジュニア合宿の際には彼女自身が普通の自転車を何十 km と漕いで近隣の大型店や業務用食材店を全て回り食材チェックを行った．誤解を恐れずに表現するならば「執念」さえ感じるスゴミがあった．2021 年のコロナ禍では行動制限からネットショッピングでの言語の問題や，欧米人には馴染みの食材も文化の壁から日本人スタッフには理解が出来ないことに多少悩んだと聞いたが，瀬田漕艇倶楽部での朝食・補食の準備は 3 年間の蓄積があり，さらに選手団本隊到着の 1 週間前の先乗り準備で修正改善が進められていた．これはバブル外で買い出しを担当した日本人ボランティアスタッフの奮闘が前提ではあるが，クリステル氏やホルトン氏からは気候や天候が変わるたびに最善を目指した変更が伝えられて，難題ともいえるリクエストに次第に私たちも鍛えられた．それでも「今日の午後までに卵を 300 個」だとか，「明日の朝，ブロック状の氷が 200 kg 必要」，究極オーダーは 18 時を過ぎてから「今夜本隊が到着する空港におにぎりを 60 個持参したい．具は欧米人が好むもの．梅干し，昆布，鰹節などは NG，今から買ってきて欲しい．さっきチームから補食が思うように摂れていないと連絡があったの！」とまたまたウインク付きだった．超一流のリクエストには私たちも冷や汗をかきながら対応した．

　合宿の期間も彼女は選手村に入った以降の準備も同時進行していた．「琵琶湖では私たちは守られている，だが選手村では違う」と，連日のニュースから他国選手団のウィルス感染者が報じられるたび，彼女の表情は険しくなっていった．選手村では食堂が込み合う時間に選手らに食事させたくない，しかしすべての食事を村外役員でサポートすることは不可能だ．解けない難題に彼女は勇敢に立ち向かっていた．NZ 代表チームが東京五輪の会場に移動した以降は，モーターボートキャプテンズの一人である能勢氏が東京都内の自宅からの支援を申し出た．実況解説業務で五輪会場にいた杉藤もネット販売のお届け要員として参加し，およそ 1 カ月間に及んだチームサポートは完全達成されたのだった．

　若干話が逸れるが合宿期間から五輪期間を通じてインフレ状態となった彼女のリクエストの一方で，リクエストに奔走した私たちへの彼女の賞賛もインフレ追従したことは正直面白かった．最初は「Good！」や「Excellent！」だった会話が，次第に「Fantastic！」になり，東京では「Hero！」，そして最後は「God！」にまでなった．

　以上のように，学者としての顔を持つスポーツ栄養学の理論・実践両面のエ

キスパートのクリステル氏が作り上げていた選手へのサポートは，選手にとってもスタッフ陣にも心身双方へのエネルギー充塡，心の疲労回復，癒し，気持ちの切り替えに機能し，その組み合わせが相乗効果を生み出していたように思う．

3　NZ流の思考と価値観

⚇ NZ代表チームの意思決定のプロセス

　チームの最終決定をするのはホルトン氏であったが，決定プロセスとしては専門スタッフたちとの合議制を採用していた．団長のハミルトン氏は上司ではあるが，現地でのオペレーションはホルトン氏を信頼してサポート役に徹しているように見えた．日本側窓口という「専門スタッフ」である杉藤も，その意思決定の場に何度か参加する機会をもらった．杉藤によればチームスタッフ全体ミーティングは五輪代表チームでは事前合宿中3回の開催だったが，ジュニアチームの際には毎晩あったという．基本的に選手を預かるコーチも全員「専門スタッフ」の一員として機能するのが，NZ代表チーム流の意思決定プロセスと言える．併せて杉藤が強調したのは分析担当，ドクター，栄養士の意見が想像以上に重用されることだった．練習時間の決定，選手の能力を引き出すアイディア，能力の限界に追い込む最良の手法，これらは科学的なデータ分析から導き都度で提案された．ミーティングでは練習時間の具体的な調整，陸でのバックアップ体制の必要性と実現可能性，その効果予測という観点から様々な意見交換が行われ決定がなされていた．直接的に選手に向き合うコーチ陣の目

ジュニア合宿での連夜ミーティング

指す方向性を「専門スタッフ」が知恵を絞りながら実現に向かうのだが，栄養士が「栄養面のサポートが追い付かない」，ドクターやセラピストが「熱中症対策から危うい」，分析担当が「正確なデータが取れない」，などの意見を出すとコーチ陣の提案が修正されることも多々あった．もちろん「本当に無理なのか，対案は？」など多方面からのディスカッションを重ねながら，各専門スタッフが，すこしでも練習の質を上げるためには，少々難しくても可能性があるならやってみよう！というポジティブシンキングで溢れていたようだ．

🎱 コーチングスタイル

　各モーターボートキャプテンズからの印象では総じてコーチ陣は驚くほど静かにクルーの練習を見守っていた．もちろん前回の五輪から5年間，その期間ごとのコーチングには差があって，本番直前にはガツンとした言動が減ることを差し引いても，驚くほど穏やかなスタイルだった．各コーチが選手に話しかける際には，コーチの視点を主観で伝えるというよりは，「スピード感がでたあの場面の○○はどう感じた？」といった問いかけを重視する．ともにゴールを目指す Co-active コーチングなのだ．ただし声をかけるタイミングや選手との位置や距離感には各コーチ独特の世界観があったようだ．キャプテンズと打ち解けた合宿後半には，核心にせまる会話もあったようだ．その中で印象的なエピソードは Gary 氏の「うちの選手たちは，最初から強かった選手ではない．ジュニア時代に高い実績があるのはほんの数名で，ケリーとグレース（東京で金メダル獲得）は世代の中で目立った選手ではなく，重ねた努力がアメージングな選手だ．体力的なスコアはチーム全体でも下位だが，彼女らはボートを走らせる術を身に着けた．そしてチームプレーヤーだ．実績関係なく絶えず努力を，それを長期にわたって継続することこそが重要であり，それがタレントだ」と語ってくれた．なんとも心に染みわたるコメントではないだろうか．

　また選手のトレーニングメニューへの取り組みだけでなく，微妙なアレンジ，そしてチーム全体の空気を非常に鋭い嗅覚で感じ取るようだ．確かに事前合宿は最初から良い雰囲気で始まったが，2日目には「クルーがリラックスして練習をスタートできている．見ろ，みな微笑んでいる．この合宿は成功するよ．君たちに感謝する！」と選手の変化をすぐさまコメントしたコーチもいた．私たち日本人には「言霊」という概念があり，同様の感覚で NZ コーチも自身に言い聞かせる意味合いもあったかもしれないが，そうしたコーチの言動を伝え

聞くと，なんとも不思議な感覚を覚えたのだった．

🔔 天才志向よりもチーム志向

　ボート競技のみならず，色々な種目で良く聞く言葉がある．「欧米選手は体格が違いすぎて，最初から日本人はハンディがある」という種の類だ．今回の合宿を通じて学んだことは，洗練された技術や驚異的な体力指標もあるのだが，その他のプラスアルファの部分だ．東京五輪以前の NZ 代表チームは 1 人乗り・2 人乗り種目で強さを発揮してきた傾向がある．「きっと天才的な選手を生み出すシステムがあるだろう」合宿受け入れの狙いは，天才発掘のノウハウを一部でも感じ取ることだった．しかし 2 つの本番が終わってみると，印象に残ったのは「天才よりもチーム志向」だった．

　その原動力はホルトン氏というのが私たちの共通認識だった．彼女はコックス出身であり，ひときわ小柄だ．彼女からは仕事ができる人のオーラを強烈に感じるが，バリバリ発言することは少なければ，大声等で目立つキャラクターでもない．ただ全ての局面で謙虚であり，物静かでありながらとてつもなく強い意思と我慢強さを持っていた．そうしたチームマネージャーのホルトン氏の役割は，選手，コーチ，専門スタッフを適材適所に配置し，問題があれば迅速に修正を加え，チームの総力が最大限になる方向に導くこと．彼女の才能は驚くほど広い俯瞰の視点，そして冷静・適切な決断をする覚悟だろう．こうしたホルトン氏を中心にした NZ 代表チームが目指したのは過去の「個」による成功事例をチームとしてのシステムに昇華させ，さらに向上を目指すチームビルディングであったと思う．もちろん選手個々は国内ハイレベルの選考会を勝ち抜いたハイパフォーマーだが，個人的な能力アップよりも，科学的根拠に基づき，周囲と連動しながら個とチーム双方にベストの選択肢を見つけていく，そんな目標とコミュニケーション能力を持った集団だった．また選手たちは分析担当との会話で専門用語を駆使するなど，スポーツサイエンスやトレーニング理論をハイレベルで理解していた．五輪後にはイギリスの超名門校ケンブリッジ大学に進んだ才女をも複数輩出している．強権的なカリスマボスが引っ張り，時に精神的な強いプレッシャーをかけて鍛えるコーチング．そうした時代は少しずつ終わりに近づいていると感じる．

アイスバスでの体温調整

パンを切る医師との情報交換

⚭ マルチファンクションと協働

　練習拠点での NZ スタッフの行動パターンもまた，従来の私たちの常識を大きく覆してくれた．各コーチは自分の担当でないボートの調整も自然に助け合い，大勢の専門スタッフが自分の専門はもちろんのこと，担当以外の仕事も精力的にこなし，しかもサポートに慣れている．それぞれのスタッフが「いまチームはどんな状況で，何がチームにとって必要か」ということに敏感であり理解し合っている習慣づけのようなものを感じた．チームドクターは野菜を切りながら栄養士と選手状況を共有したり，選手が食べる場面ではその表情や会話・食事量まで注視したりしていた．分析担当の二人と栄養士は練習プログラムに応じて食事メニューの調整を相談していた．そして何より，帯同シェフは全スタッフと協力しながら考え抜かれた NZ 郷土料理提供に没頭し，わずか 2人で毎日 70 人分の食事を準備した．それを選手らは大喜びでがっついていた．体深部温調節に関してはドクターが設定したパターンに向かって，栄養士のクリステル氏が冷たいドリンクで内側から，アナリストのマクマヌス氏とセラピストの 2 名がアイスバスやアイスベストを使って体の外側からその調節を試みていた．まさに全てが専門知識を駆使し，連動させた協働作業であった．

⚭ 私たちの学びとは

　選手個人の高い競技能力や投下された努力の量は，当然ながら勝利への最重要な要素だが，こういったスタッフを含めたチームとしての協働活動が世界最高峰の勝敗を分けていく．これが昨今のトップ競技スポーツのトレンドであろう．5 年間に渡り失敗などの紆余曲折を経ながらも，五輪成功のストーリーを

しっかりと書くことができた NZ 代表チームは，結果論と言われるかもしれないが，必然的に強かったのだと言えるだろう．コーチ 6 名だけでなく 12 名ものサポートスタッフを，1 人 1 人の機能的な役割とともに五輪に帯同させた仕組みは Rowing NZ が構築してきたチームビルディングの成果ではないかだろうか．単に大勢の頭脳や経験に頼ることではなく，私たちが良く目にする名誉職的な帯同者も置かなかった．「専門スタッフ」のシナジーを愚直にまで追求しながらチーム共通のゴールを目指す姿勢には感動しかなかった．私たちが学ぶべきなのは選手強化のトレーニング手法だけでなく，こうしたチームビルディングなのだろう．

4　理論で考えるゼネラルマネジメント

🔔 組織トップの姿

　海外で著名なグローバル企業は一見するとリーダーシップに長けたカリスマ性がある経営者が，素晴らしい経営戦略を打ち立てて，成功を収めているように見えるかもしれない．しかしながら実際の企業を調べてみるとカリスマは不要で，素晴らしい戦略も何度も試行錯誤した上に現在の成功があることが多い．このように著名企業のイメージと実態の乖離からは従来の「常識」には間違いが多いこともあると気付かされる．そうした企業を「ビジョナリーカンパニー」と名付けた Collins and Porras [1994] によれば，時代を超えて生存する企業には原則があるという．以下，コリンズとポラスの主張する原則を借用しながら，ここでは「ビジョナリー」を軸に，マネージャーの役割（**表 11-2**）を考

表 11-2　マネージャーの役割

①	時を告げるのではなく，時計をつくる
②	基本理念を維持し，進歩を促す
③	社運を賭けた大胆な目標
④	カルトのような文化
⑤	大量のものを試し，うまくいったものを残す
⑥	生え抜きの経営陣
⑦	決して満足しない

(出所) Collins and Porras [1994].

えてみよう.

① 時を告げるのではなく，時計を作る

コリンズとポラスは全米 700 社のアンケート調査から経営者と社内組織について注目したが，日本においてもホンダの本田宗一郎と藤沢武夫，ソニーの井深大と盛田昭夫の関係など，語り継がれる際立った経営事例は多々あるのだ．藤沢武夫が目指したのは，第二の本田宗一郎を育てることではなくて「何人かの人間が集まれば」本田宗一郎以上になる，そんな「仕組み」作り上げることに腐心したのだった．「本田技術研究所」というスペシャリストの集団がその実績例といえるだろう．確かにカリスマ事例は派手であり，時としてムーブメントを作るのだが，カリスマ性あるリーダーが高付加価値の製品を作り出しているとは限らない．また製品にはライフサイクルといって，ヒット商品でさえ寿命が来るというのが定説となっている．また「右腕」とも呼ばれる名参謀を始め，組織にはトップとの補完関係必要であって，こうしたコリンズに発する議論から学ぶことは，私たちが目指すのはカリスマの発掘・育成ではなくて時を刻む時計＝着実に未来に進む組織を作り上げるということなのだろう．

② 基本理念維持し，進歩を促す

こうした未来に進む組織をデザインするにあたって，必要なのは「基本理念」だと言えるだろう．コリンズによればビジョナリーカンパニーには単なる収益追求とは別の次元で「社会貢献」や「誠実さ」，「従業員の尊重」，「顧客へのサービス」「卓越した想像力」などを重視しながら基本理念を策定し，進歩を促しながらその理念を突き通す姿勢が見られる指摘がされている．こうした姿勢は企業内において社員の考え方や行動パターンに深く浸透されており，「我々は何者で，何のために存在し，何をやっているのか」を理解する，具体的な組織の文化が存在すると言われている．

③ 社運を賭けた大胆な目標

製品ライフサイクルと同じように，好調の企業であっても時代に合わせた進化が求められる．アメリカ GE 社は家電の最大手から医療・宇宙分野への進出を果たして成功していることは有名です．国内においてはカメラフィルムのメーカーから医療・化粧品に進出して成功した富士フィルムの事例も有名だろう．

GEの元経営者ジャック・ウェルチは「参入したすべての市場で1位か2位になり，かつ小さな会社のスピードと機敏さを持つ企業に変革する」姿勢が必要だと唱え続けた．またクリステンセンは著書の『イノベーションのジレンマ』で「大企業には新興企業の事業や技術は，小さく魅力なく映る．大企業は既存事業を顧客に注視するため，既存商品の優れた特色を少しずつ改良することを優先し続けてしまう．結果的に顧客の新たな需要に気が付かないまま，新領域への参入が遅れると新商品を売り出す新興企業＝破壊的技術に後れを取ってしまう」[Christensen 1997：邦訳268-269]と主張している．このように高シェアの成功企業ゆえ，市場動向を見誤り結果的に市場から退出せざるを得ない事例がいかに多いのか．私たちもハッとすることが多々あることに気づくだろう．

④ カルトのような文化

　長きにわたって成長している企業には総じて独特の企業文化があると言われている．私たちが良く目にするものにはパナソニックの「信条・7精神」，トヨタの「カイゼン」などがある．決してカリスマ的なリーダーを個人崇拝することではなく，受け継がれる経営理念を社員たちは強く意識しているのだ．そこにはカルトともいえる同質性が存在していて，そうした考え方に共感する新たな仲間を迎え入れて，その中から管理職を選び，研修等でさらなる成長を促す．このように「基本理念」を通じて組織をマネジメントすることは，人種や身体的な個性などをも乗り越えて，更にはダイバーシティを実現する原動力なのかもしれない．

⑤ 大量のものを試し，うまくいったものを残す

　ビジョナリーカンパニーとして挙げられたJ&J社には，ある逸話が残っているようだ．たまたま医師の抗議から改善された，小さな缶に入れたスキンパウダーがヒットして「ベビーパウダー」になった．また社員の妻が指をケガした際に，たまたまテープにガーゼを貼って使ってみたら，看板商品の「バンドエイド」になったなどだ．国内でもそうした例はいくつも見られるだろう．大手飲料メーカーでは競争が激しいためにセンミツ（1000の新商品からヒットは3つ）という業界用語があるほど，トライ＆エラーを繰り返すのだ．そうしたトライアルから実際に売れ筋の定番商品となると，市場における牙城は揺るぎないものになる．また氷菓のガリガリ君で有名な赤城乳業も「トライアルで面白

い商品を作り続ける」をマーケティング戦略の基本方針にしているようだ．そこから通常では思いつかないコーンポタージュ味の氷菓が誕生したのだ．

⑥ 生え抜きの経営陣

コリンズとポラスの研究のみならず，経営陣の中長期の活動に着目する指摘も多くある．三品は経営者が少なくとも10年経営に携わることで好結果に導くと指摘し，リコー，花王の事例等から利益率の高い優良企業の条件には経営者の「長任期」があるとし，いかに能力があっても短任期という構造に縛られていては十分な成果を実現できないと主張した［三品2005］．昨今ではCSRやCSVという価値観の下に中長期のスパンでの経営資源を顧客や地域と共創する動向も見多く見られる．

⑦ 決して満足しない

これはコリンズとポラスの主張以外でも，皆様が多様な局面で感じることだろう．上述の6つの視点を組織に落とし込みながら，マネージャーは満足することなく追求を続ける．決して簡単なことではないが，常に私たちも意識をしたいポイントだ．

8 基本理念の徹底

このように成功企業が掲げる「基本理念」や，組織の作り方には多様なパターンがあるものの，基本ベースには理念の非凡なレベルまでの徹底があると言えるだろう．一方で経営者の最大の役割は「不確実な環境の中でいかに決断をするのか」であることがゼネラルマネジメント論では注目される．何を変えて，何を変えてはいけないのか．変える際の根拠はないか，目的は何か．こうした問いには「偉大な企業」の足跡が参考になるだろう．

第12章　スポーツを活用した地域ブランド

はじめに

　2023年1月5日，北海道北広島市において北海道ボールパークFビレッジの竣工式が行われた．パーク内には北海道日本ハムファイターズの本拠地であるエスコンフィールドHOKKAIDOほか，宿泊施設・商業施設・レストラン・マンションなどが建設されている敷地面積約32万㎡の巨大複合施設だ．スタジアムの建設費は600億円ほどを要したが，ファイターズは北広島市のインフラ整備費の負担，球団への土地無償賃貸，球場その他の公園施設に対する固定資産税と都市計画税が10年間免除されることで合意しているという．

　このようにスポーツを活用した地域創生を目指す動きは規模の大小はあるものの各地で進められている．官民が連携してスポーツの持つ潜在能力を引き出しながら「稼ぐ力」，「人を集める力」で地域活性化を目指す．そして税金のみに頼らない持続可能な街づくりを目出しているのだ．今後北海道のスポーツ都市として日本中から想起されるのは札幌市から北広島市に意識がシフトすることだろう．

　ファイターズ球団が掲げる来場目標は年間300万人であるが，データによればファイターズの2022年の観客動員は約129万人だ．単純な引き算をすれば，ゲームが組まれていない日の来場者と試合の観客動員の増加で170万人を獲得することを狙っている[1]．北広島市にすれば新たに300万人が同市を訪問するわけであり，その期待できる効果は抜群に大きいわけだ．こうした日本国内の最先端・大規模事例とまでは及ばないが，地方都市においてはスポーツをどのように活用すれば良いのだろうか．この章ではNZ代表チームから集めたコメントや気づき，さらには事前合宿においてステークホルダーとの会話から，地域ブランドの在り方について議論始めてみたい．

1　戦略資産の再考

　今回の合宿受け入れは既に述べてきたように，私たちにとって全くの想定外から始まった．念のために下位候補として案内した琵琶湖・瀬田川の下見をしたNZ代表チームが即決で「ここで合宿をしたい」と判断をしたことに始まったのだった．正直に言えば，昨今の滋賀県のボート関係者は自分たちに自信を失いつつある状況にあったのだ．競技人口の減少や，滋賀県で活動する複数の実業団チームがリストラ・撤退となったこと，日本全国に指導者が分散し始めたこと，またある県では全国大会で上位を狙いやすい種目だからこそボート競技を重点強化し始める例も出てきた．かつては県内勢の全日本選手権の優勝や，インターハイ・国体の優勝やメダル獲得が身近なニュースであったが，昨今では他の都道府県と互角に近い，どんぐりの背比べ状態となっていた．その中で世界最強の一角が自分たちの水域をベストとして選んでくれたのだ．ここはしっかりと総括をしていく必要があるだろう．

🏅 彼らが教えてくれた琵琶湖・瀬田川の価値

　合宿の詳細をミーティングで詰めていく際に，杉藤を始めミーティング参加者は責任者であるホルトン氏になぜ琵琶湖・瀬田川なのか，さりげなく尋ねることがあった．彼女はチームマネージャーとして10年以上にわたりNZ代表チームの成功を支えてきた立役者であり，海外の世界規模のレース会場や，世界の強豪国の拠点に対しての知識は非常に深く幅広い．だからこそ彼女に映った私たちの拠点の価値は今後も戦略資産として大切に，時に大胆に活用していく必要があるだろう．彼女たちの選定理由をまとめると**表 12-1**の①〜⑤の5点だった．さらに付随する事項として合宿中の選手団にインタビューをして得られた3点を合わせてまとめてみると，合計8つの項目が際立っていた．

　生活拠点を思い浮かべて欲しい．自身を置く環境を普段の当たり前の光景だと思い込んでしまうと，その関心度が薄らいでしまったり，魅力に気が付かなかったりするという経験はないだろうか．例えば海沿いに住居を構えれば心をいやす潮風や波音への意識が弱まるような現象だ．

　具体例を挙げよう．スポーツ庁によれば徳島県三好市は水上スポーツを活用してインバウンド獲得に大きな成功を収めたとされている．東西に吉野川が流

表 12-1　NZ 代表チームの琵琶湖評価

①	広い練習水域が確保できること
②	艇の出し入れを依頼できる施設が多数ある
③	サポートを得ることができるボート関係者がいる．さらに英語が通じる
④	ある程度の人口密集地であり，自分たちの西洋風の生活スタイルを崩さずに合宿が可能
⑤	ボートの部品や工具をすぐに調達できる環境にある
⑥	西洋文化圏の人々には日本は未知の世界だが，琵琶湖の人々はフレンドリー
⑦	景色と雰囲気が母国に似ていて落ち着く，また食事が最高においしい
⑧	中学生のクラブ活動に参加する数の多さに感動した

（出所）筆者作成．

れる立地環境なのだが，総じて川の存在は市民にとって生活の一部という見え方だった．しかし吉野川の上流は激しい流れの水域で下流に行くと川幅が拡がりフラットな水面となっており，近隣で異なる 2 面性を持つ環境を確保できることは戦略資産だとの認識が始まると，激しい流れの上流はラフティングや，その支流を活用したキャニオニングなどのアクティビティ，また下流ではウェイクボードの世界大会を誘致してアスリートや観戦者をターゲットとするなど，流域全体での広報 PR を開始したのだ．すると海外からのバラエティあふれたロケーションに観光客が激増し，スポーツ庁も認知する成功事例になったと扱われている．

　では私たちの琵琶湖・瀬田川には何があるのか．どういった枠組みでリフレーミングすることが効果的なのか．そういった観点で NZ 代表チームが教えてくれた 8 つのポイントを順番に確認してみよう．

⌛ NZ 代表チームの指摘した 8 項目の再考
① 広い練習水域が確保できること

　まずは琵琶湖と，琵琶湖から水を流す瀬田川だが，私たちは一般的に関西みらいローイングセンターの管轄するコース北端から，琵琶湖の水位と放水量を調整する瀬田川洗堰までの片道 5.5km を練習水域として使っている．雨季には流れが急になり使えない流域も出てくるが，比較的年間を通じて安定して使用ができる．ナショナルチームクラスになると 1 回の練習で 20km〜30km を漕ぐことが普通であり，長距離を止まらずに漕ぐトレーニングも頻繁に行う．

そうなると狭い水域では何回もターンをしなければならないため，トレーニング効果が落ちてしまうのだ．確かに 2000m のコースがないことをコンプレックスに思うあまり，アスリートとしてのトレーニングには狭いと感たことが無いことをプラス要素だと強く考えた経験はなかったのだ．

② 艇の出し入れを依頼できる施設が多数ある

琵琶湖・瀬田川でのボートの歴史は古い．同志社大学の前身である同志社普通学校に最初のクラブとして端艇部が設立された[2]のが 1981 年のことだ．続いて翌年に京都大学の前身である旧制第三高等学校に水上部（のちのボート部）が続く．このほか現在は，立命館大学，龍谷大学，滋賀大学教育学部，滋賀医科大学，実業団チームの東レ滋賀，さらには中学高校のボート部が琵琶湖・瀬田川に本拠を置いている．通常ボート競技は使用する艇やオールを屋内保管する必要から，各団体は艇庫と呼ばれる建屋を持ち，その艇庫を活動拠点とする．大学のボート部は艇庫に合宿所を併設していることが一般的であり，いわば水域の住民でもあるのだ．また 1000m の B 級公認コースながら県立の施設（関西みらいローイングセンター）も近隣にあるなど，距離にして 3 km の範囲に施設が集積しているのだ．

③ サポートを得ることができるボート関係者がいる．さらに英語が通じる

こうした環境はボート競技には大きなアドバンテージとなり，昨今では優位性が際立ちはなくなったが，全日本選手権や全日本大学選手権，インターハイでの優勝やメダル獲得が毎年あるエリアなのだ．当然ながら日本代表選手や代表を狙う選手だけでなく，経験をもったコーチも多数いる．また国内唯一の競技艇メーカーである桑野造船も滋賀県大津市にあることから「人・技術・情報」においても集積地といえる．またコーチや中学高校の教員や，大学生ボート部員など完璧でないにしても片言の英語を話せる人材もある程度いるため，コミュニケーションは可能なエリアであるのだ．

④ ある程度の人口密集地であり，自分たちの西洋風の生活スタイルを崩さずに合宿が可能

滋賀県の人口はおよそ 141 万人であり，大津市は人口 34 万人の地方都市だ．大阪や京都までは充分に通勤圏であり，豊かな自然が残っていることからベッ

ドタウンとしての機能を果たしている．そのためか日本の平均と比較すると人口減少の面では目立たず，子育てに滋賀県に居を構える若い世代もいる．コロナ禍によってジュニア選手権の合宿でお世話になったリゾートホテルが倒産してしまったが，五輪合宿でお世話になったびわ湖大津プリンスホテルなど高級リゾートホテルに類する施設も複数ある．またパナソニックや東レの事業所・工場もありビジネスホテルも地方都市でありながら多数ある環境だ．つまりそうした人流や暮らしがあることから生活インフラは整っているのだ．

　ボートの競技特徴を考えると，先述の艇庫や漕艇場を整備する必要があり，また最低でも 1000m の直線コースが必要であることから，ハード面の制約から大都心で新規で競技の普及推進を始めることは非常に難しいといえる．そうした中では既存の施設があり，ある程度の人口密集地で商業者がいることは恵まれた環境なのであった．

⑤ ボートの部品や工具をすぐに調達できる環境にある

　これは上述の人口密集地とリンクするが，ボートのメンテナンス上で消耗品の購入や修理資材を調達ができなければ練習環境としては厳しい．各団体は在庫としてある程度の消耗品を保有はするが，いつも完璧に揃えられていなかったり，想定外の修理が必要であったりと緊急対応は必要になる．その度に大都心の渋滞の中を調達に出かける必要が生じ，また遠方まで調達に行かなければならないためトレーニングの予定にも大きな影響が出てしまう．また専門的な部品は桑野造船を通じて購入したり，アドバイスを受けてから修理を依頼したりと，国内で競技人口が少ないために苦労されているエリアも多いと聞く．その意味では私たちにはアドバンテージがある．

　以上の 5 点を改めて再考してみると，2000m コースに対する無いものねだりに近いネガティブな感情ばかりが前面に出ていて，自分たちの水域が持つ戦略資産にいつのまにか気が付かなくなっていた可能性がある．NZ 代表チームが 4 カ所の視察を経て琵琶湖・瀬田川を選んだという事実を元に，今後はこうした戦略資産を積極的に活用するプロジェクト立案に注力しなければならないのだろう．また付随の 3 項目も改めて指摘されると納得ができる．

⚽ コミュニティとその構成者を理解する

　昨今は各競技でマスターズ競技が盛んになっている．野球ではマスターズ甲子園，ラグビーではマスターズ花園など，学生時代に競技を謳歌したOBOGが再び結集する気運が多くの競技で見られる．2023年7月には福岡で世界水泳が開催されたが，その閉幕直後には世界のトップが戦ったのと同じプールで世界マスターズ大会が開催された．世界中からはベテランスイマーが福岡に集い，競技と観光と多国間交流を謳歌したのだった．

　実はボート競技もマスターズ世代が元気である．合宿の受け入れ拠点となった瀬田漕艇倶楽部以外にも，県の施設を活用するマスターズのクラブチームが多数あるのだ．種目を問わずマスターズの各種大会に出場したことがある方はご存じだろうが，全国大会であっても現役世代に見られる，いわゆるギスギスしたライバル視は存在しないという印象だ．もちろん各自が各自のペースでトレーニングを積み，中には若い世代並みのストイックな競技者もいるのだが，互いをリスペクトする仲間意識が強く，運営スタッフへはもちろんのことともに大会出場する仲間に感謝をしている．それは競技が好きであるからから，活動に戻ってきているのであって，義務感でスポーツをしているわけではないからであろう．

　瀬田漕艇倶楽部には企業での定年を迎えてから生涯スポーツとしてRowingを始める方も多い．また子育てがひと段落したのを契機に復帰する方もいる．だから互いを認め合うスポーツマン（ウーマン）シップが浸透しているのだ．NZ代表チームが指摘したのは，こうした特徴を持つ多世代からの声掛けが，五輪選手へのリスペクトを感じさせつつ非常にフレンドリーであったことに起因するだろう．

　また世界的な観光地である京都に近い琵琶湖のロケーションについても特筆するべきであろう．京都が観光シーズンを迎える頃になると滋賀県にも海外からの観光客が来県する．あまり知られていないが古都に隣接している歴史的，地理的な背景からか都道府県別の国宝の保有数では国内ベスト5に入っている．具体的には天台宗の総本山である比叡山延暦寺や紫式部が源氏物語の構想を練ったとされる石山寺は滋賀県大津市に位置するのだ．また全国的に有名な京野菜は品種のルーツ自体は京都府内であるものの，滋賀県の農家が生産して流通させている場合も多い．こうしたことから滋賀県民の感覚には海外からの来訪者は意外と身近な存在であり，食材を含めて豊かな食文化があると言えるだ

ろう.

　そのロケーションで地元中学校には合計 200 名を超えるボート部員がいて練習に励んでいる. 実は海外の Rowing 関係者からすると称賛に値する環境なのである. 私たちは自分たちのコミュニティをまずは客観的に理解しなければならないのだろう.

〈参考資料〉

○滋賀県の人口　141.3 万人 (2019 年)

○大津市の人口　34.1 万人 (2019 年)

○滋賀県立琵琶湖漕艇場 (関西みらいローイングセンター)

　　滋賀県大津市玉野浦にある日本ボート協会 B 級公認コースで 1971 年に開設された.

　　ゴール付近は琵琶湖と瀬田川 (淀川水系) との境界があり, 過去に国民体育大会や高校総体等の開催実績がある関西有数のボート・カヌー専用コース. なお 2021 年 3 月に改修され, 関西アーバン銀行がネーミングライツを取得している.

○琵琶湖・瀬田川水域

　　ボート関係者では, 琵琶湖漕艇場コースの北端から 500m 付近に位置する近江大橋 (琵琶湖にかかる大津市側と草津市側を結ぶ橋) 付近から瀬田川の下流 (大津市南郷) までの計 6 km を使用して競技活動を行っている. 本書で扱う琵琶湖・瀬田川水域とは, ボートのトレーニングで使用できるこの約 6 km の範囲の水域を指す.

○琵琶湖・瀬田川水域の競技団体

　　企業チームの東レ滋賀, 大学では京都大学, 同志社大学, 立命館大学, 龍谷大学, 滋賀大学教育学部, 滋賀医科大学などの大学ボート部, また高校総体で優勝実績のある滋賀県の瀬田工業, 膳所高校, 大津高校の県内各校を始め京都府内の高校ボート部も活動している. さらに中学校のボート部や, 年代を越えて活動する総合型地域スポーツクラブの瀬田漕艇倶楽部などのクラブチームがあり, 滋賀県ボート協会にはおよそ 20 の公式レース登録団体がある.

2　ボートを活用した地域ブランドを作る

　私たちが持つボート競技における戦略資産を整理してみたが，ではどうやってボートを活用した地域ブランドを作る準備に入ったら良いのだろうか．まずは本書の冒頭で紹介した国会議員からの一喝に応える必要があるだろう．

　　　総じてスポーツ関係者は，熱さと自分たちが思い込んでいる魅力や感動で全てを語る傾向が強すぎると思う．競技を愛する気持ちを理解は出来るが，非常に狭い範囲の成果や周囲への貢献しか想定をされていない．事前合宿が仮に少額でも公的な資金を使い，地域の公共財を活用するものならば，そのアウトプットには汎用性ある地域の幸福感を意識することが必要だと思う．でもあなた達は周囲の協力や補助金について「協力してください，お願いします！」と叫んでいるだけで，あまりに無策すぎではないですか？

　繰り返しになって恐縮だが，こうした無策な「スポーツな人」からの脱却が必要だろう．強くなる，優勝する，有名になるといった視点は数ある目標の1つとして捉えて，その先に何を目指すのか．滋賀県ボート関係者全体のビジョン，ミッションを設定して浸透させるところが当面の課題だろうか．そしてボートを通じた汎用性のある地域の幸福感とは一体どういうものだろう．そのために私たちは何から着手するべきなのであろう．手がかりもなくやみくもに検討を始めると，ただただ途方に暮れるに終わるが，冷静に周囲を見直してみると滋賀県には最高のお手本事例があるのだ．

🍦 地方銘菓2社のライバル展開

　滋賀県にも全国で商品展開を行う，和菓子を中心に銘菓を製造する著名企業がある．1つは大津市に本社を置く「叶匠寿庵」であり，もう1つは近江八幡市に本店を置く「たねや」だ．この2社は私企業として利潤を追求する一方で，地元市民の雇用を生み出し，また菓子関連の人材育成を継続的に行い，食に関する研究の場の提供を通じて地域発の情報発信にも取り組んでいる．地域に根付いた製造工場でありながら観光拠点であり情報発信者なのだ．

　1933年創業の「叶匠寿庵」は1970〜80年代に高級化路線で京都の老舗和菓

子ブランドに対抗する戦略を講じた．西武池袋店への進出を起点に高級感を漂わせる菓子箱や包装の色遣いは百貨店等の売り場で存在感を増した．バブル時代が終わり，同社の商品は過重包装であるとの指摘を受けた時代もあったが，1985 年には大津市の郊外に寿長生の郷という自然との共存を楽しむことができる施設を整備している．そこでは和菓子だけでなく，季節の果物や氷室の仕組みを学べるかき氷等の季節限定メニューを楽しみながら野山を散策することができる．野菜の収穫・即売や子供が昆虫に触れ合う機会なども組み入れて，五感に訴える食と地域の融合を兼ね備えたビジネスを展開しているのだ³⁾．

　一方の「たねや」は和菓子のたねや，洋菓子のクラブハリエを運営しており，特にクラブハリエのバームクーヘンは全国の百貨店で取り扱われる有名商品だ⁴⁾．特徴は近江八幡の本店を中心に製造工程を顧客が見学できる店舗設計で，また店舗では焼きたてのバームクーヘンを食べることもできる．近江商人発祥の近江八幡市の景観保存地区では日牟禮ヴィレッジを運営し，朝日放送系列「必殺仕事人」など数々の時代劇の撮影のロケ地とコラボした街並みづくりにも一役買っている．また 2014 年には「ラ・コリーナ近江八幡」という水郷と里山の景観を活かした商業施設をオープンさせた．最新の菓子製造業の技術を落とし込みながらも，自然と共有しながら継続的な発展を主張するなど，地域を活かす姿勢が前面に出ているのだ．ここで 2 社の経営戦略について詳細を語ることは避けるが，こうした視点に何かお気づきの点はないだろうか．2 社ともに周囲との共存共栄を重んじているのである．

♟ NZ 代表チームからの気づき×成功事例からの示唆

　ここで唐突だが，マネジメントの著者として有名な P・F ドラッカーの問いを借用してみよう．資本に乏しいマイナー競技を母体に，夢ばかりを語るようで恐縮であるが，こうした自身への問いを磨く連続は新たな思考を始める最良のスタートであろう．

> （我々ボート関係者にとって）顧客はだれか？

　私たちのようなマイナー競技の関係者も，地方自治体の担当者の皆様も，ドラッカーの問いをきっかけに一世を風靡した『もし高校野球の女子マネージャーがドラッカーの『マネジメント』を読んだら』［岩崎 2009］のような発想を取

り入れることは面白いかもしれない．ボート競技の顧客は選手自身であり，広義に対象を広げていくとその家族であり，指導者であり，統括団体であり，所属する学校であり，地域であり……．という具合だ．このような検討・洗い出しで浮かぶ顧客こそが，ボートのステークホルダーと重複しており，地方銘菓2社の取り組みこそが，国会議員氏に一喝された「汎用性ある地域の幸福感」に繋がる施策のヒントになるだろうと筆者は考える．

🎱 ボート界の中での差別化戦略

　日本ローイング協会という中央競技団体は首都である東京都に所在する．また全日本選手権は今回の東京五輪の会場（海の森水上競技場）で行われ，全日本大学選手権は1964年の東京五輪の会場になった埼玉県戸田市（戸田オリンピックコース）で開催される．また関東の伝統校を始め各大学の艇庫や，日本トップクラスの実業団チームも戸田に拠点を置いている．このような，私たち関東以外のボート関係者に与えられた条件は変わらない．よって莫大な資金を投入することなく，競技者目線のみで琵琶湖・瀬田川水域をミニ海の森や，ミニ戸田にするべく再構築するのであれば，おそらく差別化には至らないと考えるのが妥当だろう．

　本書で重視するアイディアは和菓子2社が取り組んだ差別化である．戦略をもたない製品志向でのみで勝負をすると，マーケティングのセオリーからは数ある近隣の競合＝京都の老舗ブランドに埋もれてしまうか，終わりなき価格競争に巻き込まれてしまうことが定説である．この2社は自然豊かな滋賀の「環境」という戦略資産や「ともに生きる」というイメージを，自社を想起させるブランドに織り込んで新たな価値を生み出したのである．それは京都の老舗競合が2社のイメージを模倣追従したくとも，新たな土地等のスペース確保が難しいという立地上の制約を理解した上で，商品以外の部分に競争軸を巧みにズラす戦略を遂行したのである．

　この節の議論をまとめよう．私たちが意識するべき視点はNZ代表チームに再認識させてもらった琵琶湖・瀬田川の価値と，海の森や戸田では挑戦したくても展開できない環境要素などを掛け合わせた化学変化で，こうした差別化による新しい価値を環境や地元産業と一緒に創発する姿勢ではないだろうか．

3　理論で考えるスポーツとブランド

　昨今の国策によるスポーツの環境整備は新たな局面を迎えていると言って良いだろう．この節では章のテーマであるブランド概念の整理と，スポーツ環境の大きな枠組みとして顕著な例を紹介したい．

♂ ブランドの機能

　ブランドとは信頼と識別の印であり，企業活動をする母体の重要資産である．その起源は中世のギルドのトレードマークに始まったであるとか，古代の陶器や医師に刻まれた刻印であるなど諸説あるが，20世紀になると生活のあらゆるところに浸透し，アメリカでは多くの産業が商品にブランドを活用して全世界に流通させる施策をとっていた．ブランド詳細を語るのはマーケティング専門書の領域として，ここではその機能の説明にとどめようと思う．ブランドには大きくは**表12-2**の3つの機能があるとされている［石井・栗木・嶋口・余田 2013：434-444］．

　このような3つの機能を意識しながら地域との取り組みができるのか．また先行事例はどういった点に重きを置いたのか．以下，顕著なスポーツ環境の大きな枠組みの変化と，その内部になる思考を検討してみよう．

♂ クラブ活動の地域移行

　2022（令和4）年12月にはスポーツ庁より，「学校部活動及び新たな地域クラブ活動の在り方等に関する総合的なガイドライン」[5]が発表された．学校教員の働き方改革や，少子化によるスポーツ活動の課題を国策として，新たな方向性を示したものだ．このガイドラインによれば段階的に休日の部活動は学校単

表12-2　ブランドの機能

①	保証機能	「優れた品質や属性の製品，サービスを供給し続けるという」自らの製品・サービスの品質や性能に対する自信と責任の表明
②	識別機能	製品・サービスを識別するための印で，自社の製品・サービスと他者のものを差別化させる．結果的に企業の活動と人々の認識を縫合させる
③	想起機能	買い手に対して，ある種の知識や感情，あるいはイメージなどを想起させる

（出所）石井・栗木・嶋口・余田［2013］より筆者作成.

表 12-3　従来型クラブ活動の問題点表

①	少子化の影響から個々の運動部で部員が減少して，チームが組めず試合に出場できないケースが増えている
②	結果的にクラブの存続に優先順位をつけなければならず，入部希望者が少ない競技からクラブは廃部されていく．よって学校には入りたいクラブがないという現象が起きる
③	競技の専門化が進み，より専門的な指導を受けたいが指導者の確保が難しい
④	欧米のように 1 つの競技ではなく，多くの競技種目を体験したい趣向の広まり
⑤	引退後に教員になる以外，競技接点が持ちにくい．人材の活用が問題になっている

（出所）スポーツ庁ホームページを参照し筆者加筆.

表 12-4　総合型地域スポーツクラブの課題

①	総合型地域スポーツクラブの成長に陰りが見えること
②	地域でクラブ活動を実施するには新たな資金が必要であること
③	学校施設との連携にクリアするべき諸問題が残ること
④	教員の指導参加に新たな枠組みの構築が必要であること

（出所）筆者作成.

位ではなく，地域クラブ活動として地域で実施するようになるという大改革だ．従来型の部活動を継続するとなると**表 12-3** の課題に直面しているのだ．

　これらは子供のスポーツ機会を守り，地域の子供は学校を含めた地域で育てる姿勢が重視され，結果的に地域で多様な活動に参加できたり，学校を超えた交流や多様な世代との接点を提供したりすることになるという．同時に資格保有者の増加と参加を目指し，教員以外からの指導も期待できることから今までにない多様な価値観の発見や，指導者の人材確保にもつながる青写真だ．実際に滋賀県では公認資格の取得に際し講習費用を一部補助する仕組みが既に始まっており，全国的に受け皿として期待される総合型地域スポーツクラブの研修や情報交換会の開催が増えてきている．

　これまでのスポーツ活動の「当たり前」から脱却して，地域で行うクラブ活動として，新たなスポーツ文化が創造できるか．今後の動向には注目が集まるが課題点（**表 12-4**）も既に挙げられている．

　ここでは原田 [2020] の指摘が参考になる．総合型地域スポーツクラブ（以下，総合型クラブ）は 1995 年より育成施策が始まり，2014 年には国内 3500 クラブにまで増加する．しかしながら 2016 年には 9 ％相当の 300 を超えるクラブの

廃止・統合・移行があるそうだ．実際に 2022 年には総合型クラブの再認証制度が取り入れられ，運営方法や資金力についての一斉確認が行われた．その中で 1 番の問題は，総合型クラブが自前施設を持たない現状であり，活動拠点を確保するための資金・人材の確保が難しいことである．要するにスポーツは無料で参加可能な教育の一環という価値観から抜け出せていない．国や地域からのサポートや，協賛社を募ること，また参加者負担の意識の醸成をいかに進めるかが肝要だろう．また従来の学校施設の使用条件，有事の際の連絡・対処の方法など，新たな活動母体はこれまでクラブ活動を提供してきた学校との綿密なすり合わせにより，新基準の確立が非常に重要になってくる．

　昨今では教員の働き方改革も指摘されている．教員は時間外勤務が極めて多いとされていて，またクラブ活動の顧問も分担制で教員は基本的に必ず担当する慣習がある．クラブ活動の負担を軽減して欲しいという学校現場の声が，各メディアでは頻繁に報じられている現実も見受けられる．そうした背景も影響したのか，特にここ数年の教員不足が顕著になり定員数を確保できない公立学校は多いという．一方でクラブ活動の顧問に魅力を感じて教員を志す若者が存在することも忘れてはならない．こうした諸問題を解決するには公務員の兼職を認める特別措置だとか，教員が地域スポーツに参加する新しい枠組みを整備する必要がある．私たちも急激に変化している現状に注視しながら，未来の子供たちのために可能な限りのサポートを検討することが望まれるのであろう．

🎱 スポーツを活かした地域づくり

　章の冒頭では北広島市と北海道日本ハムファイターズによる地域づくりを紹介したが，他にも様々な街づくりの手法が存在するのでここで簡単に紹介しよう．

① 2017 年にスポーツ庁がまとめた「スポーツによる地域活性化」の事例集[6]は官民連携を視点に各地域のお手本としての活用を目指したものであるが，後に『まんが・スポーツで創る地域の未来』（東日本編／西日本編，大日本印刷，2017 年）として出版された．北海道網走市が「ラグビー合宿のメッカに！」を目指して取り組んだ事例や，愛媛県今治市の「しまなみ海道サイクリング」を事例として，地域内の協力体制やネットワークの構築，またスポーツを商品としたマーケティング目線でスポーツを通じたマネタイ

ズにより地域が元気になる仕組みづくりを紹介している.

② 2011 年に埼玉県で誕生したスポーツコミッションの存在やその波及効果にも注目が集まる. プロ野球の横浜 DeNA ベイスターズで社長を務めた池田純氏を迎えて, 一般社団法人として稼働させたさいたま市の取り組みだ[7]. もともと埼玉県はプロ野球西武ライオンズや J リーグ浦和レッズの本拠地がある自治体としてスポーツによる街づくりは民間によって進められていた. そうした中でラインズと大宮アルデージャの連携が始まり, スポーツによる価値創造に注目が集まったのである. さらにサッカー W 杯カップで使用された埼玉スタジアムやスーパーアリーナといったインフラ整備では先進だった. そこにスポーツコミッションを立ち上げて, スポーツと観光の連動を意図的に発動させることで県外からの来訪者の増大を狙ったのである. さいたま市は設立後 3 年半で経済効果が約 300 億円に達したと発表している. このような施策は社会現象となりつつあり, スポーツコミッションは盛岡・福岡・広島・仙台・長野・愛知・長崎の県レベルのものから, 市町村レベルまで広く民間企業をパートナーにしながら波及した. このように各自治体はそれぞれの地域の特徴とスポーツを掛け合わせながら新たな展開を目指しているのである.

ふるさと納税とスポーツの協業

2019 年に大阪府枚方市に本拠地を置く, バレーボール V リーグに所属するパナソニックパンサーズからユニークなニュースリリースが出た. ふるさと納税をすれば, V リーガーのスパイクをレシーブ体験できるのだ. 最新の 2023 年の概要[8]は以下の通りだ.

〈パンサーズ　ふるさと納税の概要〉
・販 売 開 始　2023 年 9 月 22 日（金）12：00～
・寄 附 金 額　20,000 円
・返礼品内容　① パンサーズホームゲーム観戦チケット（3 階自由席×2 枚）
　　　　　　　　2023 年 10 月 29 日（日）東レアローズ戦　14 時開始予定
　　　　　　　② 選手が放つスパイクをレシーブ体験＋ソーシャルディスタンス記念撮影

　これは枚方市がふるさと納税サイトの「さとふる」とパンサーズと連携した
ものだ．リリースは市長公室広報プロモーション課からもなされていて，在阪
民放を中心に各メディアでは納税者がアタックを嬉々としてレシーブするシー
ンを報じたのだった．パナソニック（株）企業センターの山本拓矢マネージャ
ーによると以下の狙いがあるという．

　1つ目はホームタウンとしてお世話になっている枚方市にお返しがしたかっ
たこと．2つ目にはファインサービスの新たな形を試して，ファンに喜んでも
らう施策を一層強化したかったこと．3つ目はバレーボールファン以外にも，
報道されることで新たな顧客接点を持ちたかったこと．最後に遠方のファンだ
けでなく，遠方の枚方市出身者にも地元を支えていただく社会貢献がしたかっ
たこと．

　その中で現役Vリーガーのプロのスパイクという無形のサービス財は，ま
だ他では活用されていない戦略資産であることに気が付き，企画は瞬く間に進
んだという．2019年から継続される企画は20人分が用意され，提供開始の当
日に全て埋まるという人気ぶりだ．関東や九州から参加するファン（納税者）
もおり，在阪のスポーツ各球団も注目しているのである．

　以上のように地域を活性化させるマーケティング施策は，宮副［2014］によ
れば，その地域の本質的な豊かさに向けて，地域の資源に着目し，それらを編
集して，その地域を特徴づける「地域価値」へと仕立てることである．また価
値を市場に向けて発信し価値を実現していく活動である［宮副2014：88］．と定
義することが出来よう．まずそのスタートは地元の人が地元の特性を知るとこ
ろから始まる．そして地元の人々のスポーツへの意識，関心を高めていくとこ
ろから始まると言っていい［佐野2019：139］．つまり地元を見つめることが出来
る方なら，誰でもチャレンジできることなのだ．また地元が動き出した際には，
そうした地元が社会的なネットワークの起点となることも意識したい．スポー
ツまちづくりの肝は，多様な主体が関わりをもって，みんなが支えるようにす
ることなのだ［松橋・高岡編2019：216-218］．こうした手順を私たちスポーツ関
係者が意識するとしないでは，到達するゴールも必然的に変わってくるだろう．

◇注

1）2023年の野球興行時の観客動員は188万2537人．出所：プロ野球Freak「北海道日
　　本ハムファイターズの観客動員数」（https://baseball-freak.com/audience/fighters.html,

2023 年 11 月 1 日閲覧）.

また 2023 年 9 月 30 日までに F ビレッジ来場者は 303 万人となった.

HOKKAIDO BALLPARK F VILLAGE REPORT ─ Autumn 2023 ─

2）同志社大学ボート部ホームページ（https://durc.jp/, 2023 年 8 月 8 日閲覧）.

3）叶匠寿庵ホームページ（https://kanou.com/, 2023 年 9 月 27 日閲覧）.

4）たねやグループホームページ（https://taneya.jp/, 2023 年 11 月 2 日閲覧）.

5）スポーツ庁「学校部活動及び新たな地域クラブ活動の在り方等に関する総合的なガイドライン」（https://www.mext.go.jp/sports/b_menu/sports/mcatetop04/list/1405720_00002.htm, 2023 年 1 月 10 日閲覧）.

6）スポーツ庁「まんが スポーツで地域活性化 事例集」（https://www.mext.go.jp/sports/b_menu/sports/mcatetop09/list/detail/1384512.htm, 2023 年 1 月 10 日閲覧）.

7）さいたまスポーツコミッションホームページ（https://saitamasc.jp/, 2023 年 1 月 10 日閲覧）.

8）パナソニックパンサーズ「枚方市ふるさと寄付のお知らせ」（https://panasonic.co.jp/sports/volleyball/news/2023/20230907_01.html, 2023 年 9 月 8 日閲覧）.

第13章　スポーツツーリズムの新展望

はじめに

　NZ 代表チームの琵琶湖での事前合宿の大きな目的の１つが環境（気候）順化であった．日本と時差が大きくないため時差調整はほぼ不要であるが，これまで未知の環境（特に日本の夏の気象条件）への対策のために資金と労力を投じたのだった．

　実際に合宿を進めてみると NZ 代表チームは「予想以上の高い湿度のため疲労を配慮して，午後はエアコンの効いた陸上でのトレーニングに変更」であるとか，「敢えてもう少し暑いところで漕いでおきたい」，など，諸条件に臨機でプログラムを改編していた．

　その中で私たちは１つだけ，ホルトン氏を通じて NZ 代表チームにわがままを主張したのだった．それは打ち上げ前日の土曜日朝に仮設コースを利用して2000m を漕いで欲しいとのお願いだった．五輪代表チームの立場にすれば，五輪の本番レースが始まる約１週間前になっており，選手たちは非常にデリケートな時期にさしかかっていることは重々に理解していた．その上でチームに対して全ての窓口となった杉藤を通じた「これだけは」と，半ば説得に近い協力要請だった．実行委員会の全員が祈るような気持ちでオファーしたのが，多くのコーチ（クルー）が杉藤に「君が言うのなら，たとえ水面が少々荒れても決行しよう」，と完全合意をしてくれたのだった．この企画は一部記述していたが，この実戦形式の2000m トライアルは今回の合宿の中で唯一の市民還元型の要素を持つ企画だった．世界最強レベルのクルーが日本人選手にはあり得ないほどの艇速で，しかも至近距離で2000m を漕ぎ切っていくところを，可能な限りの市民に見て欲しかったのだ．この章では私たちが「観漕会」と銘打ったイベントを通じて感じた，観戦者の思いと，小さいながらも発見したボートを活用したスポーツツーリズムの萌芽を語ってみたい．

1　観漕会の実施について

♘ 企画の概要

　観漕会は合宿が正式決定するはるか前から実行委員会での検討が模索されていた．新型コロナへの感染対策を厳格に求められる中で，たった1回でも良いから，若い世代に五輪地元開催のワクワクを感じて欲しい．そういった気持ちが大半の実行委員の中にずっとあったのである．一方で非常に厳しい行動制限をNZ代表チームには承諾してもらわなければならない中，こうした五輪の開幕1週間前の日程で，リハーサルトライアルを日程固定でお願いすることには非常に高いハードルがあるとの意見も出ていた．あくまで選手ファーストに100％の注力をするべきか，合宿を受け入れるからには日本の若い世代にレガシーを少しでも残す努力をギリギリまでするべきか．何度も何度も議論をしたのだが，結果的には腹をくくってお願いをする方向で決断したのだった．観漕会の概要は**表13-1**の通りである．

　来日以前にホルトン氏との打ち合わせで，私たちの希望をある程度は伝えていた．正直に市民還元型の企画として，地元の若者に最強国の本気の漕ぎを見せてやって欲しい．そんな機会を作ってもらえないか．切実なニュアンスのお願いであったと記憶している．しかしながら日本での調整具合も天候も，まずは合宿を進めながらでないとNZ代表チームのコンディションはわからない．また合宿における信頼関係の構築もどこまでいけるか予測できなかったことから，最終交渉は合宿が落ち着くのを見計らってバブル内に入る杉藤に全てを任

表 13-1　観漕会の概要と広報

日時	7月17日（土）10：00　スタート
会場	特設2000mコースにて　琵琶湖岸からは自由観戦
内容	五輪本番を想定した2000mをレースペースで漕ぎきるリハーサル練習
枠組	NZ代表チームが組み合わせ・発艇順を決定するが，その場に居合わせた日本の社会人・大学クルーは並べる（参加できる）こともある条件を設定
広報	地元メディアには3日前に正式リリース，および当日取材のアテンドを実施 地元の中学・高校・大学・社会人の競技団体にも事前に企画を告知 一般向けにはSNSを活用して2日前にリハーサル実施を発信した

（出所）筆者作成．

せて，実行委員会メンバーは朗報を待つしかなかった．

　一方で準備を進めなければ市民に情報が伝わらずに還元型イベントにはならない．事前に学校関係者にはそうした企画が予定されていることを伝えて，実行委員会も素晴らしい企画にするべく継続努力していることも内々にお知らせしていた．また地元のメディア各社からはコロナ禍ではあるが選手団に対して直接のインタビュー機会の設定や，練習風景の取材は出来ないのかとの問い合わせをもらっていた．そこで各社には「実際に至近距離でリハーサルを撮影できる機会を模索している」と合宿初日からフライング気味にお知らせ済みだったのだ．一方で感染対策としては，ソーシャルディスタンスの確保は絶対に対処しなければならず，そのためには各校ボート部からの参加数予想，地元市民の観戦の可能性と一般向けリリースのタイミング，ボート関係者や OBOG の観戦など，当日の湖岸での人数読みには細心の注意を払った．その中で実行委員会が出した数字が，1500m からゴール付近の長さ 500m のスペースの琵琶湖岸に合計 300〜400 人という目安だった．

🎗 チームの GO サインと周知活動

　合宿初日から選手団は高い湿度に悩まされたものの，体調を崩すものもなくトレーニングは順調だった．実質の中間地点となった 4 日目夜の NZ スタッフミーティングで，杉藤が仮設コースでの 2000m 実施 OK を取り付けてくれたのだった．ここからは事前に準備していた段取りを一気に実施した．自治体のスタッフは中学校のボート部顧問に「観漕会」の実施を電話で伝えてくれた．ボート協会からは近隣の団体に企画内容をメールで一斉に配信した．実行委員会の広報 PR 担当は事前に取材で関係構築したメディア各社に企画決定のリリースをメール送信し，さらに電話で意義を伝えて取材を要請した．また滋賀県スポーツ協会からは県と市の記者クラブにプレスリリースを投かんした．本来ならば市民還元型のメインターゲットである方々にも，幅広く事前周知したかったのであるが，そこは三密を避ける感染対策の見地から前々日の SNS 配信とした．

🎗 当日の概要

　それからの実行委員会のスタッフ一同，週間天気予報をものすごい頻度で眺めては刻々と変わる天候予測に一喜一憂した．ボート競技は雨の影響はさほど

観漕会 2000m 仮設コースゴール付近

受けないが，水上スポーツであることとボートやオールの素材がカーボンであ
ることから，雷が鳴りだすとレースや練習は即座に中止となる．また風による
高波には非常に弱い特徴がある．イベント実施が近づくにつれて，風が強い予
報が定着して私たちは祈るしかなかったのが実際のところだった．そして迎え
た当日，予定の発艇時間が近づくにつれて，水面が荒れ始め，「2000m トライ
アルは中止」となっても仕方がないくらいの様相を見せた．しかし琵琶湖岸に
は既に 300 人ほどの地元の現役ボート部員と，100 名弱の一般市民が集まって
いる．メディア各社も撮影位置を決めて，あとは NZ 選手団のリハーサルを待
つばかりになっていたのだった．

　そうした緊迫の中を NZ 代表チームは完遂してくれた．「たまたま居合わせ
た」日本のクルーも世界の超一流と艇を並べる機会を得たのだった．もちろん
技術的にも体力的にも及ばない地元クルーは波風に苦しんでいたが，NZ 代表
の各クルーはあたかも波などないかのように力強く漕ぎ進んだのだった．もち
ろん並漕に参加した日本のクルーも，琵琶湖・瀬田川では一流クラスのクルー
ばかりだったが，彼らも世界レベルを体感する二度とない経験が出来たのでは
なかろうか．

🦴 市民還元型イベントから得たもの

　当日は大津市内の瀬田中学校，瀬田北中学校のボート部員がお手製の大横断
幕を用意して湖岸から応援してくれた．それは英語だけでなくマオリ語でのエ
ールまで書かれた力作であった．県立漕艇場でレンタル艇を借りて水上から
NZ クルーを見学したクラブチームもあった．中には近隣の旅館が所有する屋

形船をチャーターして至近距離で観戦するローイングスクールもあったほど，関係者には嬉しいイベントになってくれたようだ．また非常に驚いたのだが，観漕会の取材のアテンドをしている私に「実行委員会の田中さんですよね，×x高校 OB の○○です，SNS を見て今日は絶対に NZ を見たいと思って◎◎から来ました！　本当にありがとう」と初対面ながら声をかけて下さる方が沢山いたのだ．コロナ禍でなかなか五輪に前向きな気運が生まれない中ではあったが，こうした草の根 SNS 発信を通じて関心を持って下さる方が大勢いたことは感謝しかない．

　さて観漕会はリハーサルに臨んだ NZ 代表チームも好評だった．琵琶湖岸の盛り上がりを間近にみたコーチは 2000m のゴール後に伴走モーターボートで引き返してきて，「サンキュー！　サンキュー BIWAKO！」と駆けつけた観客に手を振りながら，何度もメッセージを送ってくれた．選手たちも「やっと自分たちはオリンピックに行くのだという実感がわいてきた」と大喜びだった．湖岸の盛り上がりの様子や中学生お手製の横断幕は，その夜の選手達の SNS アカウントにもたくさん登場したのだった．

🎲 挑戦できなかった諸課題

　観漕会は，私たち受け入れ側のたっての希望で各クルーが 2000m レースのフォーマットで実施してくれた．もちろん合宿の実施とコロナ禍における感染対策との両立が最優先であるから，泣く泣くお蔵入りにした他の企画内容もたくさんあった．

　第一には仮設コース 4 レーンすべて使って，種目別に NZ 代表クルーと日本の競技団体のクルーの対戦形式を取りたかった．これは杉藤と田中の内々の夢だったのだが，場合によって琵琶湖・瀬田川以外の水域からも並漕希望団体を募っても面白いとも話していた．最強国のスピードをより多くの日本人トップ選手に体感して欲しかったのだ．しかしながら感染対策の事情から，表だった並漕参加クルーの募集が出来なかったため，当日は地元の数クルーの参加にとどまったことは残念で仕方ない．

　第二には人数規制をしない場合の観戦者数を見てみたかった．広報 PR 担当者としてより積極的な周知を仕掛けていれば，さらにあと何名の方が観戦に来てくれたのだろうか．ボート最強国の NZ 代表に日本クルーが挑む企画が持つコンテンツパワーは非常に気になるところであった．

　最後にこうした「観漕会」と地元の産業を結びつける形で何らかのトライアルをやってみたかった．それが観戦ツアーなのか，ある団体が独自に手配したように屋形船の大規模展開なのか．瀬田川水域にはフル活用できていない屋形船が結構な数あるのだ．さらに地元飲食業者とコラボした観戦エリアでのマルシェ等の開催も魅力的だ．もちろんコーチによる地元アスリートへのカンファレンス開催も非常に興味深かったが，いずれも実施できなかった．アイディアは無数に湧き出ていたのだが，コロナ禍では仕方がないと自分に幾度となく言い聞かせていた．

2　観漕会の効果

　合宿を打ち上げてからの話になるが，観漕会の効果がいくつかすぐに現れた．もちろん五輪本番では NZ 代表チームが世界メダルランキングの首位で全日程を終えたことも大きいが，「観漕会」という市民還元型のイベント効果をいくつか紹介しよう．

　まず選手たちが観漕会の様子を SNS にアップしてくれた先に，彼らの五輪使用艇のサプライヤーがいたのだった．そのサプライヤーの F 社が自社で展開する SNS 五輪カウントダウンの投稿でこうした事前合宿の内容を扱ってくれたのである．F 社は競技艇の世界シェアでトップ争いをする企業であるため，あっという間に「SETA・BIWAKO」の名前は世界中のボート関係者に伝わったのだった．関係者に後日聞けば F 社や Rowing NZ の SNS に世界中から書き込みがあったようだ．昨今のスマートフォンの普及効果はこうした形で現れるのだと改めて実感したのだった．

　続いて，Rowing NZ が五輪後に総括資料を各方面で出した際に「SETA・BIWAKO」が五輪成功に欠けてはならないピースだったと，大体的にコメントしてくれたのだ．多少の身びいきはあるかもしれないが，NZ のボート関係者では「SETA・BIWAKO」と「SUGITO（杉藤）」は相当有名になっているとの情報が NZ 代表チームから入ってきた．

　こうした情報の流れが動き出すと，瀬田漕艇倶楽部にも公式・非公式ルートを合わせて様々な受け入れ要請が入ってきた．「観漕会の雰囲気はグレイトだ！　アメリカのボート経験者の高校 3 年生を卒業後に短期で預かって欲しい．大学でボート競技をする前に BIWAKO と日本の文化を体験させたい」だとか，

「カナダのマスターズチームからお願いだ，ぜひ BIWAKO で漕ぎたいから受け入れて欲しい」などだ．これまで接点がなかった別の水上スポーツの団体からも，「一緒に何かやりませんか」とお声がけを頂いた．ある自治体の受け入れ担当者が実行委員会の SNS を見て，琵琶湖にお忍びで視察に来られた例もあったと聞く．なんとも担当者冥利に尽きるお問い合わせだと思う．

🎱 ノウハウ公開の効果

　こうした事後のお問い合わせについては，まずは基本的に全て相談をお受けすることが良いと考えている．なぜなら秘密にしたところで，しょせんマイナー競技の単一イベントだからだ．もちろん私たちがお世話になった方々には最大限の感謝をお伝えしながらも，次世代に何をどのようにノウハウとして渡すことができるのか．この課題を積極的に考えるべきではないだろうか．ここで話が飛んで恐縮ではあるが，合宿ノウハウ共有に私たちが前向きなるきっかけとなった，プロ野球パシフィックリーグの球団間ノウハウ共有の事例をご紹介したい．

　2004 年に大阪近鉄バファローズの親会社である近畿日本鉄道がプロ野球からの撤退・球団消滅を表明すると，プロ野球危機と呼ばれた大問題に至ったことは記憶にあるだろうか．話は 1 球団の撤退に収まらず，セリーグのある球団から発信された 1 リーグ構想や，楽天とライブドアが参入をめぐりしのぎを削ったこと．またソフトバンクが球団経営参入と球界が揺れに揺れたのだった．バファローズ以外にもパリーグ球団の中には年間 30 億円以上の赤字に苦しむ球団が存在していたし，そこまでの赤字ではなくとも親会社が国税庁の通達に沿って球団の赤字を広告費として補填する例も見られた．つまりメジャースポーツのプロ野球でさえ，約 20 年前までのパリーグ球団は稼ぐことができないお荷物コンテンツだったのだ．その中でパリーグ 6 球団は打開策として，パシフィックリーグマーケティング（株）という会社を 6 球団合同で立ち上げたのだった．

　既述した元千葉ロッテマリーンズの荒木重雄氏によればパシフィックリーグマーケティング株式会社（以下 PLM）立ち上げの理念は以下の通りだと聞いている．

　第一に試合において各球団が必死の戦いを展開する部分と，ビジネスの効率化・収益化を切り分けること．つまりスポーツの真剣勝負とビジネスは別物で，

まずは安定した収益構造を6球団全体で作る必要があるという観点が誕生した．

　第二に福岡から札幌まで6球団の本拠地が存在するが，距離的に遠いネガティブな面にばかり気を配るのではなく，日本の全地方を巻き込んだビジネスに直結させる工夫を目指したのだった．1球団ではエリアが限られるため交渉にならないが，6球団での共同キャンペーンとすることで，これまで接点がなかった大企業との商談が成立するようになった．

　第三に進むIT化に対応するために6球団でホームページのフォーマットに共通なものを採用した．これは各球団が独自にホームページを個別開発するよりも，6球団が1つになりスケールメリットを活かした方が，IT業界と有利な交渉が出来るようになり開発費用を圧縮するメリットが生まれた．またプロ野球は自身のチームと対戦相手が存在しないと成立しないスポーツであるから，ファンの目線に立つと自分たちの球団のファンも情報収集のためライバル球団のホームページを閲覧することになる．そうなると統一フォーマットであればファンは非常に扱いやすくホームゲームもビジターゲームも情報が戸惑いなく集めやすくなる．

　これらの為には各チームが強くなり，魅力あるコンテンツを制作するだけでなくリーグ全体として繁栄する必要性も求められる．ノウハウ公開と協業効果によって全体の市場を拡大しながら，ペナントレースでは優勝を目指した個別の真剣勝負を行う．こうした改革を経てパリーグの各球団はセリーグ球団との観客動員の差を詰めてきているのである［市川・脇村・田中ほか2014：37-41］．

8 琵琶湖・瀬田川モデルの情報共有へ

　昨今のスポーツビジネス業界ではスポーツツーリズムという名前を耳にする．新型コロナウィルスの影響で2020年より若干の停滞があったが，2023年になって新型コロナウィルスが2類から5類に変更になると，私たちの行動にも日常が戻りつつある様相だ．そうした中で私たちが目指すのはボート競技による地域貢献や街づくりはもちろんだが，他の競技種目のコラボや，場合によっては文化・芸能活動とのコラボレーションだ．私たちが取り組んだ内容と蓄積したノウハウが果たして提携パートナーの役に立つかどうか不安な部分もあるが，こうしたノウハウを積極的に共有することで新たな展開が生まれることを期待している．

3　参考にしたいスポーツツーリズムの事例

　この節では私たちがNZ代表チームの合宿を組み立てる際に参考にしたサンプルで，合宿後に実現したい琵琶湖・瀬田川の近未来を想い重ねながら，憧れ続けた国内事例を紹介したい．いずれもスポーツ庁ホームページで動画がアップされており，容易にアクセスが出来るので，是非実際にご覧いただきたい．

🏺 石川県の武道ツーリズム[1]

　武道ツーリズムと聞かされると，イメージするのは柔道や空手，剣道や弓道といった日本伝統の武道といったコンテンツを外国人観光客に体験してもらう企画だろう．日本のアニメが世界的に高評価を受ける中で，実際の競技会や施設の見学をしながら武道の礼儀作法を体験してもらうコンテンツは外国人にウケるに違いない．何となくそのような想像をしてしまいがちだが，この石川県金沢市の事例はそんな想像が恥ずかしくなる程に奥が深いプログラムだ．

　具体的には，金沢の歴史と文化に「武道」を加える形を採用したもので，『金沢版BUDOツーリズム～武家文化のまち「かなざわ」で日本の「心」と「道」を知る』と題されている．スポーツの要素としては日本的な伝統・精神文化を併せ持つ日本古来の武道の1つ「弓道」を採用している．これは武家文化が色濃く残る金沢において，江戸時代の弓道で全国的に有名であった加賀藩の伝統を取り入れたものであり，いわば地元に根付いたキラーコンテンツの活用なのだ．一方で加賀藩・前田家と京都の文化は結びつきが強く，金沢独自の伝統工芸が集約された「茶道」や，外国人にも認知度の高い「禅」も併せて金沢で受け継がれてきた文化もプログラムの柱になっているのだ．弓道の世界を体験した際には，茶道の厳かな雰囲気の中で，お茶を味わい一期一会の出会いを大切にする．そして禅の精神修行の一環として，自身と向き合い真理を追究する時間を過ごす．武道と文化の要素が複雑に連動して，日本人でさえ滅多に体験できない日本世界に心を投じることができるサービスなのだ．一方でこうした取り組みに課題も感じているという．例えばこうした日本古来の精神世界を外国語に通訳する際の難しさだ．どのように解決していくのか，今後ますますの注視をしたい．

　また金沢市は東京五輪・パラリンピックにおいてフランス選手団のホスタ

ウンに登録していた．「金沢文化スポーツコミッション」は2018年7月1日に発足し，大会後のインバウンドの誘因を目指しながら「地域のコミュニティや地域経済の活性化」，「文化とスポーツの振興」，「金沢ブランドの醸成・発信」を目指していた．

VTRの中で石川県弓道連盟会長・水橋美喜夫氏は「弓道は難しい言葉を使わなくても手ほどきをして，実際に矢をつがえて的に放てます．これは老若男女を問わず，外国人の方であっても同じ楽しみを味わえるスポーツだと思っています」とコメントしているように，習熟度合いに差は歴然と出るものの，まずは初心者に取り組みやすく，理解がしやすいスポーツであることがこうしたスポーツツーリズムでは効果が期待できるのではないだろうか．

こうした金沢事例からはブラッシュアップの案も既に出ており，またその案が素晴らしい．それはターゲット層の細分化だ．当初はライトユーザーを想定するが，リピーターや場合によっては海外で練習・お稽古を積んだ観光客も将来的には出てくるだろう．そうした事態に備えて，指導する側も初級・中級・上級のように指導ラインナップを広く構えていれば，今後ますます利用者が増えて，金沢観光のヘビーユーザーの出現が期待できるという．また世界発信を考えるとプロモーションにアニメを採用するアイディアの具現化が準備されるなど，その取り組み構想は果てしない可能性があるとの印象を受ける．

8 自然資源を活かした徳島県三好市[2)]

この事例は人口3万に満たない地方都市がアウトドアスポーツで世界の聖地になったというものだ．新型コロナウィルスの流行前の話だが，徳島県三好市では，2017年に国内初の「ラフティング世界選手権」，そして翌年の2018年には「ウェイクボード世界選手権」でアジア初開催地となったのである．

原動力となった1人にアジアウェイクボード協会会長・世界ウェイクボード協会副会長を務めた薄田克彦氏がいる．薄田氏が指摘するのは「同じ市内に2つの異なる水面があること」だ．三好市を流れる吉野川はウォータースポーツの観点からすると，上流では急流条件を求めるラフティング，下流では静水面を必要とするウェイクボードなどに最適な環境となっていると続ける．特に下流は山に囲まれた好条件で，一日中ずっと鏡のような静かな水面を確保できるこの場所は世界トップクラスと説明する．

また京都出身の薄田氏は，地元の人は生活の一部の川で存在が当たり前に

なっているため，その川の魅力に気が付かないと言及する．視点を変えて自分の生活圏の見直しや，外部の人を対象に調査をすれば，地域の魅力や観光資源にもっと気づくことができると力説する．

「大歩危・祖谷いってみる会」の会長の植田佳宏氏は，10 年以上にわたり大歩危祖谷温泉郷の魅力を海外に発信している．植田氏のグループはターゲット別のマーケティング施策をとった．例えばラフティングが盛んなオーストラリアには吉野川の環境を主に推し，狭いエリアにビルがひしめく大都会・香港には三好の大自然をアピールして，それが見事に当たったという．少ない資本の中からまずはオーストラリアや香港への広報に絞り込み，順次で欧米からの来訪者を獲得したという戦略性の高さもうかがえる．また植田氏は地域をあげて外国人観光客を獲得するにあたって，「客観性の目」の重要さを説く．上述の薄田氏と同じようなニュアンスで地元の人目線と，外部の目線のギャップを語るのだ．そして実際に吉野川上流が，ラフティングのメッカになっていることを踏まえて「地元の人の目線と外からの人の目線を足し算すると，地域の資源が磨かれていく」と主張する．

このように外部の人間や，外国からの来訪者の視点によって，気が付かなかった自分たちの街の戦略資産に気が付くことがある．またそれに気づいた時の対応が特に重要であり，こうしたコミュニケーションや情報収集のアンテナの感度，さらには企画に落とし込む実践力の融合がいかに大切なのかを教えてくれる事例ではないだろうか．

8　観漕会　ウラ話

最後に，観漕会のウラ話を 1 つだけ共有したい．世界最強と言われる国が，長らく最強であるには，こうした新たなチャレンジを五輪本番のギリギリまで取り組む姿勢が不可欠な要素なのであろう．オリンピックが終わり，彼らの強さは必然だったと感じたワンシーンだった．

NZ 代表チームが実施した五輪本番のシミュレーションの中で，コンディショニング面で非常に驚いたポイントがあった．こうした理論は毎年更新される可能性も高いのだが，五輪で金メダルを本気で取りに行く国でさえ，新たな挑戦を随所に織り交ぜている．そんな一面をご紹介しよう．それはラグビー競技等でも使用されるアイスバスの使い方であった．灼熱の中で脈拍が 1 分間に

200 近くに及ぶレースでは，運動強度が非常に高いことから選手の身体に熱が危険なレベルまでたまりやすい．レース後の環境下でいかにクールダウンするかという点は，寒冷地域の Rowing 強豪国にとっては大きな課題だった．アイスベスト（保冷剤を体に密着させるベスト）や，全身を一気にクールダウンするアイスバス（冷たい水を満たしたビニールプール）の運用が各国で試されていた．最終的に感染対策から，アイスバスは海の森会場では使用できない規定になり，大会本番では見ることができなかったが，NZ 代表チームは事前合宿においてアイスバスをクールダウンのためにではなく，ウォームアップの前に使っていたのである．

　リハーサル当日の午前 8 時半頃，既に気温は 30 度にも達する猛暑環境であった．これからレース本番想定のリハーサルというタイミングで，選手達は次々とアイスバスに入る．水の温度を管理するのは，生理学分野の分析担当であるマクマヌス氏とメディカルスタッフであった．この氷の調達も驚く量で 1 日当たり 200kg 欲しいとリクエストが来ていた．マクマヌス氏の語る理屈は，猛暑の環境下では体深部の体温が上がらないうちに表面だけが熱くなってレースのための準備が整わない．つまり体の芯はウォームアップ完了できていないのに，体表面だけが熱くなって最適な準備になっているかどうか選手が自覚しにくいと説明する．よってこのリハーサル前のアイスバスでいったん表面を冷やし，熱くなるまでの時間的余裕を作った上で，体深部の体温を運動に最適な状態まで上昇させる．この新しいウォームアップルーチンを試すのだ，と力説していた［能勢 2022：21-22］．

　レース本番前に氷風呂に入って体を冷やす．読者はこれまで経験されたスポーツの常識・非常識を踏まえてどのように感じられただろうか．NZ 代表チームの飽くなき探求心には敬意しかないのである．

◇注
　1）スポーツ庁「武道ツーリズム」(https://sports.go.jp/movie/post-39.html, 2022 年 2 月 3 日閲覧).
　2）スポーツ庁「人口 3 万に満たない地域が「アウトドアスポーツ」の聖地に！」(https://sports.go.jp/movie/report/3.html, 2019 年 10 月 31 日閲覧).

第14章 エフェクチュエーションとスポーツ

はじめに

この章ではこれまでと変わった構成をしたい．1節より事例紹介のみではなく，NZ代表チームの合宿を受け入れる際に，準備を始めた際の私たちの一連の思考プロセスを紹介しようと思う．もともと合宿の話が舞い込む以前より，仲間たちと一緒にボート競技を活用して地元で何かできないだろうかと語り合うことは多かった．県庁所在地である大津市の中央部には大化の改新で著名な天智天皇にゆかりある大津京跡，西には天台密教の聖地・比叡山延暦寺があり，南には紫式部が源氏物語を推敲したという石山寺がある．京都府との県境には百人一首・蟬丸法師が「これやこの……」と歌った逢坂の関があり，古くから都へ続く交通の要所とされてきた．少し前には「歴女」がブームになったこともあり，県外者に訴求できる観光資源が沢山あると受け止めていたのだった．また観光マーケティングの取り組み事例を色々な機会に目にするようになり，スポーツツーリズムを推進する国の姿勢も見えてきていた．ボート×滋賀の観光名所で何かできるかもしれない．そう何となく考えた矢先に杉藤からプロジェクトに誘われたのだが，ちょうどその頃の調査「観光で行きたい都道府県ランキング2018」[1)]を確認すると，第2位にランクインの京都府に対して，隣接する滋賀県は第37位に沈んでいた．全く振るわない結果に，京都ブランドの陰に隠れた滋賀県の評価はこんなものかと唖然としていた．

❽ 先の見えない状況での偶然の出会い

私はマーケティング分野の大学教員であり，常々，滋賀県には観光訴求に有効な魅力や，戦略資産となる原石はないのだろうかと考えることが多かった．そうした折に五輪合宿でNZ代表チームのサポートを一緒にやらないかと誘ってもらったわけだが，正直なところ海外チームの誘致をするには公認2000m

コースもなく，スポーツに対するスポンサーシップの浸透もまだ発展途上なエリアであることは職業柄から理解していた．私自身は滋賀県大津市に住み，高校から大学時代はボート競技に魅せられ，現在も地元のクラブチームに所属する立場であり，五輪合宿は地元の次世代に素晴らしいプロジェクトだとは思うものの，「マイナー地方都市×マイナースポーツ」という枠組みに，どう切り出して良いか全く見当がつかなかったのである．

　そうした折に進むべき方向の予測はもちろん，合宿像を描くことさえ難しい状況を救ってくれる経営学に関連する領域の理論に出会ったのだ．合宿実現に対しては全てが五里霧中の状態であったが，ちょうどそのタイミングの少し前に社会人大学院時代の恩師が新たな研究領域に踏み込んだことを思い出したのだった．それが「エフェクチュエーション」である．当初は恩師の新たな分野の著書に通勤電車内でざっくり目を通す程度の出会いだったのだが，それが妙にピンときたのだった．

　ここからは「五輪事前合宿」という新規プロジェクトを立ち上げに向かい，実施の枠組み作りを進めていく最初の段階において，私たちの考え方に基本軸を与えてくれた「エフェクチュエーション」を都度の交渉や関係構築の場面に照らし合わせながら紹介したい．

1　予測できない近未来

　「エフェクチュエーション」とは，インド人の経営学者であるサラス・サラスバシーが提唱した理論である．彼女はアントレプレナーシップに認知科学，熟達研究の知見を適用した研究に従事している．このエフェクチュエーションは熟達した起業家に共通する思考プロセスや行動様式のことを指すものであるが，従来の研究蓄積では一般化できないと考えられてきた起業家の思考を体系化し，学習が可能なものにしたのだった．神戸大学大学院の栗木契教授は神戸大学 MBA のホームページ[2]に以下の投稿をしている．

　　市場創造のマーケティングなどにおいて真の不確実性の問題が重要となるのは，そこでは事象の生起の確率分布が，行動を進めるプロセスのなかで変化してしまう可能性が少なからずあるからです．マーケティングにおけるプレイヤー間の相互依存性は，市場をゲームの進行のなかでゲームの

ルールが書き換えられていく複雑な系とします.

　このような系では, どれだけ大量のデータを集めて事前に検証を行って
も, そのもとでの予測は, 偶有的なひとつの可能性を示すものでしかあり
ません. したがって人々のニーズや組織の目標を固定的なものとしては扱
わないことが適切であり, 環境のどのような要素に注目し, 何を無視する
かは, プロセスのなかで柔軟に見直していくべきです.

　つまり私たちの五輪の事前合宿というプロジェクトは, 国内では 1964 年以
来の夏季五輪の案件であるため, 直接参考にできる国内前例がなかった. もち
ろん滋賀県も国際的なスポーツ案件の開催実績がなく, 明確な目標や手法が描
きにくい実情であった.

　近年では日本・韓国で開催された 2002 年のサッカー W 杯の事前キャンプ地
の運営が近畿各地でもあったが, たとえこれらを参考にしても, 対象がサッカ
ーという国内でも競技人口が多くメジャーな種目であり, 当時の地方都市の受
け入れ前例のどの部分を当プロジェクトの参考にできるのか, 私たちとしては
判断が付かなかったのだ.

　困り果てた中で, サラスバシーが 2008 年に発刊した書籍『エフェクチュエ
ーション――市場創造の実効理論』を 2015 年に訳書刊行した姉弟子に教えを
乞うと, すぐに助言をくれたのだった. 神戸大学大学院・吉田満梨准教授（当
時は立命館大学所属）によると「エフェクチュエーションは予測不可能な時代の
方法論で, 従来の方法では物事がうまく進まなくなる中で, こうした起業家の
思考は非常に興味深いよ」とのことだった.

　教えを受けた私は「なるほど, 不確実性が高まる時代の起業家の思考なのか,
これは私たちの合宿実施の道しるべになってくれるかもしれない」と直感的に
思ったのだった.

☖ スポーツのプロジェクトに当てはめる

　サラスバシーによると, 一般的に大企業が採用する目標設定を掲げてから,
目標達成の最適な方法を逆算的にゴールから決めていくアプローチは「コーゼ
ーション（因果の推測）」と呼ばれる. 例えば達成したい売上だとか営業利益率,
場合によっては新たなインフラ投資や株式上場といった目標設定があるだろう.
その目標設定後に具体的な最適方法を決めていく次第だ. この考え方をメジャ

ースポーツに当てはめるならば，例えば達成したい観客動員数を設定して，そ
こから新規顧客の獲得への最善のマーケティング施策の検討・実践となるだろ
う．しかしながら，これでは地方都市のボート競技では難しい．予算の規模や
従来の取り組みがあまりにコンパクトであり，五輪の事前合宿というプロジェ
クトは大きすぎて，私たちには夢は語ることができても，その目標設定のノウ
ハウがないからであった．

　しかし，サラスバシーが続けるには，「不確実性の時代に数年先まで見通す
ことは困難であり，注目すべきは大企業の手法だけではなく現代で活躍する起
業家であるだろう．起業家に共通している姿勢は，目標ありきではなく，手段
をベースにした思考プロセスである」と指摘する．それはいまアクセス可能な
手段からスタートし，それらを使って何ができるかを考えることが有効だとい
う思考で，私たちは，こうした「エフェクチュエーション」思考に沿って，崇
高なゴールを描く思考を一旦停止した．そして，いま動ける手段から何ができ
るかを１つ１つ丹念に確認する方法に方針変換をしたのだった．その時に深く
刺さった表現が以下のものだ．

　　市場は「発見される」よりも「創られる」．起業家は機会を認識・発見す
　　るためだけでなく「つむぎ出す」ために尽力する．[Sarasvathy 2008：邦訳
　　46-47]

　また未来が予測不可能で，目標が不明瞭で，人間の活動によって環境が駆動
される際に有効になるという「エフェクチュエーション」は，「彼らが誰であ
るのか」「何を知っているのか」「誰を知っているのか」に立ち返って，新たな
世界を想像する．こうなった私たちは，この起業家思考に完全に寄り添いなが
ら，合宿像を再検討することにしたのだった．

🎗 エフェクチュエーションの５つの原則

　サラスバシーがまとめた５つの原則は，未来が予測不能で，目標が不明瞭で，
人々の活動によって環境が駆動される際，起業家はどのような意思決定をする
のか，その体系化をしたものだ．以下と**表14-1**に５原則を紹介しよう．

① 手中の鳥の原則

　今回の合宿においても，理想的に実現する手法や人的なネットワークを新た

表 14-1　エフェクチュエーションが示す起業家のための行動原則

①	手中の鳥の原則	自身がすでに有している知識やネットワークに活路を見いだせ
②	許容可能な損失の原則	どの程度の損失までなら耐えられるかを見すえ，投資は不用意に拡大するな
③	クレイジーキルトの原則	あらかじめ定めた方針に拘泥せず，柔軟に見直せ
④	レモネードの原則	レモン（失敗）をつかんだら，レモネードにせよ（転用せよ）
⑤	飛行中のパイロットの原則	自動運転には頼らず，窓の外とメータからは目を離さず，自らの力で生き残れ

（出所）神戸大学 MBA ホームページを参考に筆者作成.

に発見したり，開拓したりするには時間的も費用的にも余裕がなかった．よって**表 14-1** ①の原則にならい，私たちが既に持つもの（専門性，経験値，社会的ネットワークなど）をフルで活用し合宿の枠組みを形成するように，アレンジし直したのだ．その際には，持っている手段は何であるかを丁寧に確認するために「私は誰であるのか」「何を知っているのか」「誰を知っているのか」を杉藤-田中間で徹底して再検討をした．その結果が，滋賀県スポーツ協会，滋賀県ボート協会へのプレゼンテーションに繋がり，この 2 つの協会が既に持つ社会的ネットワークから，理解を得た自治体や教育委員会がプロジェクトに参入する運びとなったのだ．「誰を知っているか」の可能な限りの連鎖を目指し，「何を知っているのか」を緻密にプレゼンテーションしていく繰り返しによって，次第に理解をして下さる方が増えていくと，私たちのモチベーションは雪だるま式に大きくなっていった．

② 許容可能な損失の原則

これはエフェクチュエーションに特に限定される思考ではないかもしれないが，不確実な未来に対しリスクマネジメントの観点も併せて取り組んだ．またプロジェクト立ち上げの際には予算感も予想できず，必然的に，2019 年の世界ジュニア選手権のトライアルから精一杯の投資を試すことは出来なかった．ただ小さな一歩として少額の投資でトライ＆エラーを繰り返し次のプロセスへと進むことの重要性は私たちも十分に理解をしていた．

　一方でこの許容可能な損失の原則は，コロナ禍での合宿実施のキャンセルポリシーを検討する際に非常に助けられた．第一に本音で，どの程度までの損失を許容できるか．事前に NZ 代表チーム側とすり合わせておいたことが，結果

的に「そこまで心配してくれるのか」と厚い信頼関係に繋がったと考えている.

③ クレイジーキルトの原則

これはスポーツマネジメントの領域の「ステークホルダーの整理」の概念と，パートナーシップや協業の概念に近いのだろうか. 私たちの合宿においても多様な顧客を想定し，自治体や国の組織委員会，実行員会のメンバーなど，合宿をとりまく沢山のステークホルダーと良好な関係性を保ち，ともにゴールを目指す姿勢だ. こうした原則を意識する思考よって，最終的にはホテルや旅行代理店，メディアからも多大なサポートをいただくことができたし，私たちのノウハウ公開を積極的に行って，仮に従来縁がなかった組織でも，ライバル関係にあった他の競技でも次の試みを一緒にチャレンジしたいという思考にも繋がっていったと考えている.

　このクレイジーキルトの原則の対象に競合他社が含まれているのが新鮮であり，不確実で近未来が予想不可能な状況下で，対立関係になるのではないという考え方非常に腑に落ちた. 既述のプロ野球パリーグが，ライバル球団同士でパシフィックリーグマーケティングという合同会社を立ち上げて，事業を拡大していったことも，この原則に沿ったアプローチだったように見える.

④ レモネードの原則

　「人生がレモンをくれたら，レモネードを作ればいい」. アメリカのことわざにこんなものがあるという. ことわざのレモンは，「良くないもの，うまくいかないこと」のようなニュアンスで，レモンに一手間をかけてレモネードを作るように，創意工夫やアレンジ次第によっては良くないものも変化をさせて，美味しくできるという意味だろう.

　つまり失敗や欠陥も視点を巧みに変えてみたり，評価軸をずらしてみたりすると新価値につながる. というニュアンスが「レモネード」の原則の考え方だ. ミンツバーグの間接経営戦略を非常に好んで，色々な施策に入れたがる私にとって，間接経営戦略の思考は起業家の思考としても合致しているよと，いわばお墨付きをもらった心地になったわけで，このレモネードの原則によって私たちは非常に前向きになれたのである. 仮にプロジェクトで困難に出会い，調整段階でうまくいかなくても失敗を恐れるのではなく，失敗した際にいかにそれをチャンスと捉え成功に繋げるか. 自分自身を鼓舞させて勇気を与えてくれ

たのがレモネードの原則だった.

⑤ 飛行中のパイロットの原則

　この 5 つ目の原則は, NZ 代表チームの責任者・ホルトン氏の性格に非常に合致する. 彼女はまさに冷静な戦略家であった印象だ. 操縦桿を握る飛行中のパイロットのように, 常に変化する周囲の環境を確認しながら, 毎日のように激変する状況を冷静に観察し, 臨機応変にしかも適切に対応する. ここまでの4 つの原則を踏まえた上での意思決定者の行動指針ともいうべきだろうか. その状況に応じた行動をする重要性を語る原則であろう.

　既述のように「エフェクチュエーション」が有効となる不確実な状況下では, 日々状況を観察し, 周囲の人々に働きかけて, 起業家特有の戦略パターンによって新市場をつむぎ出せば良いという. コロナ禍を経て, なおも先が見通せない今の時代こそ「エフェクチュエーション」はビジネスを生み出すための鍵となる発想ではないだろうか. これまで主流だった所与の条件設定や計画ありきの思考では, 未来は予測できるという前提のもとに成り立っていたのだが, 意思決定や姿勢が一貫しやすいという一方で, 仮に予測が外れたときの軌道修正も大掛かりなものになってしまうのだろう. 「不確実」という状況を臨機応変に判断しながら, ゴールを都度でデザインしていくエフェクチュエーションは, まさに急変・急成長を遂げているスポーツ領域に面した皆様の戦略として役立つことだろう.

2　私たちのプロジェクトと理論の融合例

　前節ではエフェクチュエーションの概要と, その理論を借用した私たちの思考プロセスをお伝えしてきたが, この節ではその具体例を例示していきたいと思う. 図 14-1 はプロジェクトの草案の時期から, 2019 年の世界ジュニア選手権の合宿実施までのプロセスをまとめたものだ.

⑧ あらゆる既存ネットワークに面談の申し出

　まずは「手中の鳥の原則」に従い, 一番左側の各団体・各セクション・カギを握る人物に面談を申し出たのだった. そしてヒアリングを重ねながら自分た

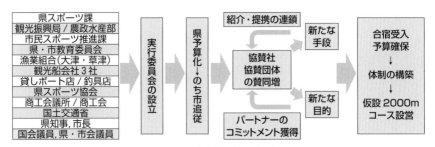

図 14-1　合宿実現のプロセス

(出所) 筆者作成.

ちの思いを理解していただき，意見をもらうことで自分たちのミッションを作成し，課題に取り組む体制を構築していった．県・市の自治体の関連部署に始まり，教育委員会や商工会議所など多くの課題を頂戴したが，全ての組織からはサポートを頂くことができた．また民間の各企業からは企業としての印象にとどまらず，地元市民の観点からも意見を頂くことができた．こうした関係性は想定外のものであったが，同じく滋賀県や琵琶湖を舞台に目標に向かって新たなチャレンジをすることに沢山の激励を頂いた．こうしたネットワークを整理して，自分たちの思いを適切に伝えることの重要さを改めて実感したのだった．

8 最低限予算からのスタートと実行委員会の効果

　2番目の「許容可能な損失の原則」であるが，こちらは最低限の予算からスタートするしかなかった．概略は手作り仮設コースのみをいくらで作れるか．実際に合宿で設置した仮設の 2000m コースにもはるかに及ばない制度のものだった．しかしながら滋賀県スポーツ協会の木村理事長（当時）のコーディネートで実行委員会が組織されると様相が変わってきた．こうした自治体や地元商工会が参加してくれると，地域ブランドでも触れた保証機能が巧みに好影響を与えてくれた．任意団体でもこうした枠組みであるならば検討しようと，自治体が特別費を少しこちらに計上してくれたのだった．そうした動きがあるとスポーツ協会やボート協会も動きやすくなる．当初予算からさらに少し上積みをしてくれたのだった．

　また実行委員会で自治体の責任者が「やるのであれば，シッカリ受け入れましょう！」と発言されたことも，実行委員会の雰囲気をガラリと変えた．

協力関係を要請する

3番目の「クレイジーキルトの原則」に沿った具体例だが，実行委員会が組織された後も，私たちはプロジェクトの進行具合を各人が関係者に真摯な情報共有を継続するように心がけたのだった．ボート協会会長は地元の人脈を活かし，各自治会や漁業組合，さらには地元商業者への説明に足しげく通った．スポーツ協会会長は自治体との接点を活かして，県・市との調整にことさら熱心に取り組んで下さった．一般的な会議で良くある「それ聞いてないよ！」と緊迫する場面が1回も無かったのは奇跡ではなく，両会長の隙の無いコミュニケーションによる必然だったのであろう．そうなると実行部隊の杉藤も田中も必死に動くしかない．杉藤はNZ代表チームとの緻密なコミュニケーションを，また田中は練習拠点の瀬田漕艇倶楽部や，広報PRの連携をお願いする地元メディアに対してのアプローチにさらに加速がかかった．こうしたプラスの相乗効果はてき面で，賛助企業や賛助団体は想定外に増えたのだった．そこに図

> ボート・ニュージーランド代表　合宿最新情報
>
> 世界チャンピオン4名を含む五輪合宿・視察チームが琵琶湖に到着しました。これから最終下見です、我々受け入れ側も精一杯ご案内します！

地道なSNS発信が地元新聞社からの取材につながった

(出所) 東京五輪の熱気を琵琶湖に！実行委員会が撮影した写真をもとに筆者作成．

14-1 の中央に記した新たな目的や新たな手段が次々に生まれるリフレクティブな好循環が生まれたのだった．こうしたエフェクチュエーション 6 カ月の成果では官民一体となる 16 の協賛と 6 つの協力団体が，プロジェクトを支援してくれるようになり，世界ジュニア選手権の NZ チームの来日が実現したのだった．

　また私たちは対面での情報共有は重視したが，同時に関係性を構築できた方には SNS での発信も併用した．もちろん用意周到な広報予算の獲得が出来なかった事情はあったが，賛助企業・賛助団体には丁寧に私たちの進捗状況をお伝えすることで，一層の理解をしてもらう努力を大切にしたのであった．

🔔 トライ&エラーと判断の連続

　4 番目 5 番目のレモネードの原則と飛行中のパイロットの原則は，既に合宿事例として多くの記述をしてきたため，ここでの言及は必要ないだろう．新型コロナウィルスのパンデミックや，感染対策，五輪にネガティブな世論など，私たちがコントロールできない逆境から，私たちの人的な未熟さがもとで生じたハプニングまで，語りつくせないトライ&エラーがあったことは事実だ．

　ただ言えることはこうした困難に立ち向かうときに，どれだけタフな神経をしていても持ちこたえることは容易ではなことは明らかだ．今回の実行委員会メンバーや事務局メンバー，NZ 代表チームのスタッフの誰一人が欠けても，この合宿は成立しなかったと断言できる．行動をともにしたすべてのメンバーが成功要因なのだ．しかしながら個人にフォーカスを向けると，迷いへこんだ際に猛烈に励ましてくれたのがこの「エフェクチュエーション」なのだ．

　私の恩師からはこんなヒントもらっていた．「伝統的なマーケティング理論と相いれない点が少なくないが，不確実性が渦巻く中でどのように実行していけば良いか（中略）起業の熟達者の行動原則に基づく問題解決アプローチだ．従来の枠組みでは考えられなかった見切り発車を恐れずに，埋没しているかに見える資産，地の利，人材を丹念に探すこと，繋がっていない資産，地の利，人材，優良コンテンツを意図的に繋いでみてはどうか」．

　弱小競技団体であっても遠慮なく，誠意をもってプラットフォームを目指すべきであって，一方でプロジェクトの方向性と順序を既存理論からも双方向チェックする重要性を思い知ったのであった．

　かつて恩師の師匠・石井淳蔵先生が発した言葉に鮮烈な印象を受けたことが

ある.

　　理論家は, 理論を駆使しながら誠心誠意, 実務家に寄り添うものだ.

この短くて的を射た言葉は皆様の心にはどのように響いただろうか. 視点を逆に考えれば, 実務家は理論家に寄り添ってもらい, 環境を理論によって整えると, その力を一層発揮できる. 果たして私は周囲の役に立っているのか？　サラリーマンからの転職でまだまだ未熟な私の反省をもって, この章の締めくくりとしたい.

　◇**注**
1 ）DAIAMOND online 2018.12.10「観光で行きたい都道府県ランキング 2018 ベスト 10！2 位京都, 1 位は？」(https://diamond.jp/articles/-/187882, 2019 年 7 月 9 日閲覧).
2 ）神戸大学 MBA「栗木契　エフェクチュエーション」(https://mba.kobe-u.ac.jp/business_keyword/17041/, 2023 年 1 月 5 日閲覧).

第15章　五輪レガシー──次世代につなぐ

はじめに

　東京五輪でNZ代表チームは金メダル3個，銀メダル2個を獲得し，メダルランキングで世界の頂点に立った．文字通り最強の一角から「最強国」になったわけだ．五輪競技のインターネット中継を見ては彼らの母国ニュージーランドだけでなく，私たち琵琶湖・瀬田川の事前合宿スタッフも沸き上がり大きな感動を共有したのだった．そうなると次に浮かび上がる課題は，「今回の合宿で世界最強を達成した私たちのプロジェクトをどのようにクロージングすればレガシー（遺産）として次世代に受け渡すことになるのか」というものである．むろん突き詰めて考えれば正解は限られておらず非常に奥深いものであるが，ここでは私たちの取り組み例を紹介して，本書の結びとしたい．

1　事後作業および各資料の整理と共有

　五輪が終わると休む間もなく，3年間に渡り事務局の多大な業務に携わってくださった八軒徹，村田惣一郎の両氏と各精算業務に取り掛かっていた．請求書の発行依頼や伝票作業は非常に多岐に渡ったが1つ1つ完了させていき，また同時に賛助頂いた方への御礼の準備も杉藤，田中で進めていた．その中で当プロジェクトの3年間を総括するレガシー（遺産）につながると思われた作業項目は大きくは**表15-1**の通りだった．ここでは各項目に沿って取り組んだ内容を記していこう．

① 御礼準備

　既述の通り決して潤沢ではない予算規模から，当プロジェクトにご協力いただいたステークホルダーに御礼品を準備することには非常に多面的な検討と工

表 15-1　主な事後作業の一覧

①	御礼準備	各ステークホルダーへの御礼品の準備
②	御礼	各ステークホルダーに御礼ご挨拶
③	報告書作成	2019〜2021 年の事業報告書の作成
④	教材作成	合宿中の動画を活用した教材の制作
⑤	委員会総括	事業報告・決算報告と承認
⑥	レガシー事業	レガシー事業の企画立案と推進

（出所）筆者作成.

夫を重ねた．こうした方々への御礼と事後の報告はプロジェクトの節目として丁寧に取り組むように心がけていた．それが近未来に新たな案件があった場合に，また次世代が関係構築を働きかけるご縁になると考えていたからだ．御礼品は合宿の始まる前から想定していたモノもあれば，合宿期間中に急遽で候補として検討したモノもある．その中から最終的に私たちが選択したのは 2 つの御礼品だった．

　1 つ目はチームの限定ペナント（NEW ZEALAND ROWINGTEAM 2020 の文字が入ったもの）を合宿前からホルトン氏にお願いしており，結果的に NZ 代表チームの予算で製作した中から 50 個の提供を頂き，それを私たちの御礼品として使わせてもらった．それはオールブラックスの黒を基調として，国のアイデンティティの象徴にもなっているシルバー・ファーン（ニュージーランドに自生するシダ植物の 1 種）がデザインされたものだ．NZ 代表チームは親交の証として表彰式でライバル国などとペナント交換をしたそうだ．

　2 つ目は合宿中にモーターボートキャプテンズが撮影した選りすぐりの写真を拡大印刷したモノに，選手から合宿中や五輪会場でサインを頂いていた．これを事後に購入したフレームに入れて唯一無二のビジュアルコンテンツを制作したのだった．さらにフレームには五輪会場でユニフォームを着用した選手のスナップ写真も同封した．チームからの最大限ともいえる協力を得られたからこその御礼品だが，五輪アスリートの琵琶湖・瀬田川合宿の写真には私たちの愛する故郷と選手が共存しており，また五輪会場で撮影した笑顔のスナップ写真共演が何よりも合宿成功を表現することに強烈なメッセージ性を発揮してくれたのだった．

② 御　礼

　実際のステークホルダーへのご挨拶については奥村功実行委員長以下，スタッフで担当を決めて実行委員会メンバーで各所に出向き御礼の意を伝えた．例えば金メダル第一号が出た翌日には，まずは地元自治体に奥村会長が御礼品を手渡しながら合宿の成功を報告した．こうしてお世話になった方々，影の功労者にもチームマネージャーのホルトン氏を始めとした NZ 代表チームの謝意を併せながら丁寧にお伝えした．ステークホルダーの皆様も自分たちが関与した合宿からメダル量産となったこと，またチームからの嬉しいコメントの数々に笑顔で評価をして下さったことは非常に嬉しいシーンであった．

③ 報告書作成

　当初はプロジェクトの記録資料として作成して，そのデータを自治体のスポーツ課やスポーツ協会で保存する程度を想定していたが，集められた膨大な写真やミーティングの経緯，各データを事務資料として保管するだけでは非常に勿体ないとの議論になった．残りの予算を工面しながら近隣大学ボート部の監督がデザイン・印刷を営む企業経営者であったご縁もあり，編集・構成を事務局スタッフと私が担当する条件（外部費用を発生させない）で報告書としてカラーの印刷物に仕上げることになった．何よりも実行委員会の木村副委員長が「次の世代に託すことも大切にしよう！」と強く推して下さったことは大きな原動力になった．また原稿は各実行委員やスタッフで分担しながら，それぞれの想いを結集させる形で具現化していった．写真は 3000 枚ほどあった中から 160 枚を厳選した．その報告書は A4 判で全面カラー印刷，29 ページにまとめた．

④ 教材作成

　2018 年の年末頃だったろうか，杉藤と私で合宿構想を夢のように描いていた頃に「アスリート世代を対象にした教科書が出来たら素晴らしいよね」と語り合ったことがあった．合宿を通じて NZ 代表チームの最終調整の様子は結構なボリュームで動画撮影されていた．もちろん問題ない部分を広報したり，ニュース用に配信したりするための動画であったのだが，既述の通り，五輪本番直前の本来ならば門外不出の超機密事項ばかりが収録された動画だった．これを活用しない手はないということで，前職はスポーツ番組のディレクター・プロデューサーだった私が映像編集を担当し，杉藤が技術解説の原稿を作り，

約 30 分の動画教科書に仕上げたのだった．また私がディレクター時代に色々な番組制作でお世話になった（株）東通インフィニティーが，最終的な映像・音声加工とナレーション収録をサポートしてくれた．仕上がった動画素材にはコピーガードを厳重にかけ，DVD 教材として協力してくれた実業団・大学・高校のボート部に配布したのだった．また忘れてはならない NZ 代表チームへの著作権処理は私で条件作成を行い，杉藤がホルトン氏から許諾をとった．

⑤ 委員会総括

このような上記作業を行い，このプロジェクトの最終的な委員会報告・決算承認へと運んだのは年の瀬も迫った 2021 年 12 月 21 日だった．ここでは各実行委員への総括説明が行われ，3 年間に渡る事業の決算内容も承認された．自治体や商工会の担当者にも御礼品と報告書や教材が手渡され，各部門でのレガシーとして受け継ぐ方針を確認した．そして 2 年半に及んだ「東京五輪の熱気を琵琶湖に！実行委員会」は無事に役割を終えたのだった．

⑥ レガシー事業

五輪翌年の 2022 年 3 月末で滋賀県スポーツ協会の理事長を退任した木村孝一郎・実行副委員長が大きなお土産を私たちに残してくれていたのだった．木村氏は県職員として長らく活躍した彼の経験を活かして，レガシー事業に予算がつけられるよう自治体の担当部門に要請してくれていたのだった．そして翌 2022 年 4 月より新たな枠組みでレガシー事業の検討が始まったのである．もちろん最初はブレーンストーミングのような会議から始まり，具体的なプランが徐々に固まっていったのであるが，新たに大津市市民スポーツ部の平阪敦奈氏を中心に大津市ホストタウン交流推進事業として再編されたのである．

2　大津市ホストタウン交流推進事業

仮に新型コロナウィルスによる行動制限の影響を受けなければ，五輪の事前合宿の際に実施できたであろう海外選手団と市民の交流機会も含めて，両国の市民交流を企画立案するプロジェクトが大津市ホストタウン交流推進事業だ．企画内容によっては五輪後の最長 3 年間に渡って今回産まれた友好の証を広く市民に還元するのが目的だ．新たな枠組みでは大津市が事業の中核を担い，滋

賀県と一緒に予算を計上してくれた．運営は滋賀県ボート協会と大津市市民スポーツ部が共同で行うことになった．

　この交流推進事業で私たちが意識をしたのは，本来であれば五輪合宿中に地元と一緒に体感できたはずのスポーツの素晴らしさ，アスリートの屈強さの共有，スポーツ国際交流の奥深さを再現することであった．また本書でも度々言及している「汎用性ある幸福感の還元」のために，アスリートと触れ合うこと，またチームを陰で支えたスタッフの視点を伝えること．この双方を同時に実現するべく準備を進めた．

🏅 金メダリストとチームの中核人物の再来日へ

　キックオフされた推進事業では「金メダルの余韻とともに，キーパーソンに滋賀県に再び来てもらおう」，そういった方針が決まると，滋賀県ボート協会の奥村会長・杉藤と私はすぐに人選に入った．3人には共通して何としても金メダリストに再来日して欲しいとの思いがあった．また合宿を直近でサポートした私たちは分析担当の科学者で，チームの方針決定に大きな影響を持つエバンス氏が不可欠だと考えた．そうした人選と調整を経て男子エイト金メダリストのショーン・カーカム氏と，チームのアナリストであるジャスティン・エバンス氏の来日を実現させるに至った．またカーカム氏のパートナーであるカエラ・ブルーク氏も一緒に来日をすることになり，実質3人を受け入れるホストタウン交流推進事業となったのである．

地元高校生との合同練習に参加のカーカム氏（手前）

🎗 事業のスケジュール

　カーカム氏は五輪後に第一線から距離を置いていたが，エバンス氏は依然としてチームの中核人物であった．日本の冬は南半球のトップシーズンだ．ニュージーランドの各主要大会が終わり，かつ日本でもシーズン開幕の直前というピンポイントな調整が必要だったが，2023 年 3 月 11 日より 20 日までの 10 日間にわたり再来日が実現した．スケジュールについては下の日程を参照して頂きたい．

3 月 11 日	大津市スポーツ指導者研修会で講演
3 月 12 日	県内高校生部員との合同練習会
3 月 13 日	特別来日講演①（立命館大学ボート部と共催）
	滋賀県知事訪問
3 月 14 日	オフ（滋賀・京都観光）
3 月 15 日	地元の中学校訪問と合同練習①
3 月 16 日	地元の中学校訪問と合同練習②
3 月 17 日	特別来日講演②（協力：びわこ成蹊スポーツ大学）
3 月 18 日	市民交流会（講演とデモンストレーション）
3 月 19 日	滋賀県国体強化選手との合同練習会
	レセプション
3 月 20 日	帰国

🎗 事業内容

　こうした各事業については大津市市民スポーツ課が年度末の繁忙期にありながら，全面的にサポートをしてくれた．本来ならばもっと謝礼をお支払いしなければならないところを，相場的に驚くほどの内容で来日してくれたことには感謝しかない．3 人が揃えて口にしてくれたのは「チームを代表して，五輪金メダルの源泉となった琵琶湖の皆さんにお礼を直接伝えたい」との思いだった．ただただ目頭が熱くなる，メッセージだった．事業の内容と印象に残ったエピソードについては滋賀県ボート協会名で私も含めた合宿の実行委員が執筆したもの［奥村・大津市ホストタウン交流推進事業実行委員会 2023］を引用する．

　　日本中がコロナウイルスの感染に苦慮する中で迎えました 2021 年の夏，様々な関係者の皆様のサポートを頂きながら滋賀県ボート協会ではニュージーランド代表チームの五輪直前合宿を受け入れました．琵琶湖・瀬田川での合宿を経て東京五輪で NZ 代表チームはメダルランクの世界トップに

立ったのでしたが，その感激から1年7カ月を経まして，このたびニュージーランド代表チームの2人が私たちの水域に帰ってきてくれました．

これは大津市ホストタウン交流推進事業の一環で，男子エイト金メダリストのショーン・カーカムさんとチームスタッフのジャスティン・エバンスさん，そしてショーンさんの配偶者カエラ・ブルークさんの3人が3月10日（金）～3月20日（月）に滋賀県大津市に滞在されました．期間中は下表の通り滋賀県の高校生や国体強化（成年男子）チームとの合同練習や，大学・中学校での講演会など，事前合宿の際にはコロナ感染の影響で実施できなかった地元との交流を熱心にして頂きました．

　各講演では……．「滋賀県・大津市の皆さんの温かなサポートがあったからこそ我々は金メダルを取ることができた．長年代表で活動したが，瀬田が世界でナンバーワンだ」とショーンさんが語れば，「ここでの合宿が圧倒的なアドバンテージになった，チームを代表して感謝を伝えたい」とジャスティンさんからご挨拶を頂きました．また琵琶湖を初めて訪れたカエラさんは「なんて素敵なロケーションなの！　ショーンが絶賛していた場所に来られてエキサイティングよ」とお褒めの言葉を頂きました．そんなひと時を過ごされた3人は帰り際に「いつでもニュージーランドに来てくれ！　大歓迎するよ！」と．滋賀県のローイング界に新たな展開を感じる再会となりましたが，ここでは各講演で行われた質疑応答の中で，ゲスト3人が非常に興味深くコメントをして下さった項目を以下にまとめます．

Q1　チームビルディングの中で，NZ代表内の役割分担はどうなっているのか

A1　もちろん選手ファーストだ．そしてコーチの意向が成立するように各スタッフが最大限に努力をするが，医学，栄養学，心理面，スポーツ科学，沢山の専門家の知恵が結集されていて新しいことに挑戦する姿勢をチームとして大切にしている．例えば真夏のレース前に体を冷やしてからウォームアップをすることで，スタート直前のベスト体温を管理している．練習メニューに最適で楽しい栄養摂取を日々工夫している．また艇・オールのセッティングやリギングの値も選手のパフォーマンスを数値化して，科学的根拠に基づいた判断をしている．チームに必要な役割を都度で検討して，そのスタッフが適切に配置されて

いる.

Q2　私はいま大学 2 年生, 将来ナショナルチームに入ることを夢見ている
　　が, どういったプロセスやモチベーションを意識したらよいか

A2　夢を持ち続けることは非常に大切だ. だがローイングはすぐに上達を
　　したり, 強くなったりする競技ではないと思う. 私も 10 年ナショナ
　　ルチームで活動したが, 毎シーズン想像を絶するぐらい漕いだ. ただ
　　その都度で短期・長期の目標をクルーと明確に共有して, ステップ
　　アップを一緒に考えるコーチやスタッフ, 仲間との会話が私たちを成
　　長させてくれたのだと思う.

Q3　もしも日本選手を対象に, 特に合宿で滞在した瀬田川水域でコーチを
　　するなら, どんなアイディアがあるか

A3　色々なレベルで競技者が共に高め合っていくことが良いのではないか.
　　各チームの事情はあるだろうが, 私なら隔週など定期的に各チームの
　　クルーが結集して並べたり, タイムトライアルの実施をしたりを推奨
　　する提案するだろう. 共通のフォーマットに参加することでライバル
　　が互いに力を見せ合って, 現時点の客観的状況を把握するだけでなく,
　　短期や長期の目標を立てて, 問題解決をしながら切磋琢磨することが
　　結果的に全体的なレベルアップにつながると思う. またその資質が瀬
　　田川にはあると思う.

Q4　エイトのクルー活動で心がけたことは

A4　ただ練習すること, ただ勝利を目指すだけでなく 8 人と Cox が同じ
　　意識を感じることが出来ることが必要ではないか. もちろん沢山の練
　　習メニュー自体からクルーの成熟度は上がるが, メンバー構成や意識
　　の持ち方がより大切だ. 例えばコーチを受け入れる気持ち, 苦しいメ
　　ニューにも「この目標に向かってこのトレーニングをやろう！」とい
　　う雰囲気だ. 練習効果はすぐに表れないことも多いが, 選手間にこの
　　心意気がないとクルーは成立しないと思う. そうして改善を重ねなが
　　ら完成した究極のリズムを私たちは「BIG BOY rhythm」と呼んでい
　　た. ビッグボーイリズムとはゾーンに入った状況で, 最大限の艇速を
　　最低限の力で継続していくパフォーマンスだが, 五輪決勝では 500m

から 2000m では思惑通りにビッグボーイリズムで漕ぐことが出来た. 皆さんのクルーのビッグボーイリズムはどういうものか？クルー全員が語れるようになると良いと思う.

また合同練習会（クォドプルにショーンさんと同乗）に参加した高校生からは

A くん　テンポとリズムが全然違う. こんなにもスピードを感じたのは初めてだ.

B くん　五輪金メダリストと同乗の経験はスゴイ！　もっともっと自分たちも速くなれる気がした.

C くん　漕ぎがダイナミック. 後ろから見ていると肩甲骨などの関節の使い方が力強くスムーズ.

D くん　自分たちは当たり前と思っていたキャッチの姿勢が実は世界基準とは違っていてビックリ.

E くん　1本1本を大切に練習する姿勢, リズムの精度に感激. 学校に持ち帰りチームに還元する.

F くん　練習に対する意識の高さ, 艇の向きを返す時も集中力がすごい.

以上のように五輪直前合宿を通じて生まれた2国間の接点がようやく具体的な交流としてスタートをしたわけですが, 当プロジェクトは滋賀県・大津市・滋賀県スポーツ協会の関係者を始め, 沢山の皆様に支えて頂いて実現することが出来ました. この場をお借りしまして厚く御礼を申し上げます. またこのような五輪レガシーを次世代につなぐプロジェクトは2023年度も継続して実施すべく準備を始めています. 私たちは地方都市で活動する競技団体ではありますが, こうした試みについては国内の皆様とぜひ状況共有や意見交換をしたく思っております. 各地における, 地方だからできること, 地方だからこそ取り組むべきもの, そうした沢山の事例が相乗効果を生み出して, 今は小さいながらもいつの日か大きなノウハウになるべく, ローイング界の皆様より色々なお立場からのご意見を頂けますと幸甚です. 今後ともどうぞよろしくご指導の程お願いいたします.

3　レガシーと夢の続き

　こうしたホストタウン交流推進事業を実践している私たちと並行して，実は両国のご縁が日本のボート界にさらにセンセーショナルは出来事を生んだのだった．2023 年の 4 月，帰国したカーカム氏が五輪エイトの優勝メンバー 1 名を連れて再々来日したのである．驚くべきことに，愛知県の実業団チームであるトヨタ紡織ボート部が会社からの支援を得て，2 人の金メダリストを契約社員として迎え入れたのだった．監督の小畑篤史氏は滋賀県の出身で私たちとも縁が深い人物だった．小畑氏が琵琶湖と NZ 代表チームのご縁をレガシーとして，日本のボート界の成長にひと肌脱いでくれた格好だ．実行員会では NZ 側との交渉窓口として活躍した杉藤がこの件もコーディネートに奔走した．

♔ 日本のボート界の勢力分布への一石

　近年の国内においては基本的に実業団チームである NTT 東日本ボート部が圧倒的な実績を挙げていた．2022 年の全日本選手権では花形種目の男子エイトで前人未踏の 7 連覇を達成していた．また日本代表選手も NTT 東日本所属の選手が多く選出されている．そこに明治安田生命，東レ滋賀，トヨタ紡織を始めとした実業団チームが続き，さらに大学勢が追う展開が昨今のパターンだった．そこに 2 名の金メダリストを獲得したトヨタ紡織が果敢に全日本選手権を狙い，見事に初制覇を成し遂げてしまったのである．当日の決勝レース会場はとにかく 2 強と呼ばれた「NTT 東日本 VS トヨタ紡織」で話題騒然となっていた．

♔ オリンピアンの影響

　来日したショーン・カーカム氏と，トーマス・マッキントッシュ氏は 4 月中旬から同部でのトレーニングを開始した．既述のようにカーカム氏は一線を離れていたため，フィジカル的な復帰を重点的に取り組んだようだが，マッキントッシュ氏はなおも現役 NZ 代表として活動をしていた．この 2 名が徹底的に NZ 代表チームのノウハウや，アスリートとしての意識づけを伝授したそうだ．優勝インタビューでは「2 人が加わってとにかく技術的な部分をチームとして磨いてきた．だがボートを楽しんで，クルー全員でスピードを出して，それを

体感して，その先に勝ちがあることを学んだ．考え方の変化が何よりも大きい」と満面の笑顔で各日本人選手が語っていたのが印象的だった．カーカム氏が講演会でも語っていたように「何でもクルー全員で信じてやってみよう！」という心意気，ハードな練習も含めて競技を楽しんでしまう NZ 代表チーム流のメソッドが一気に日本でも花開いたと言って良いのだろう．

💍 NZ 選手のメリット

　こうした 2 国間交流において，ボート後進国の日本ばかりが恩恵を受けているのではない．なぜなら日本のシーズンである彼らが来日して活動した 4 月～6 月は南半球のニュージーランドはシーズンオフなのだ．もちろん代表合宿などのスケジュールはあるだろうが，基本的に所属クラブでトレーニングを積みながら，スポンサード以外の部分では勤務等の生活基盤の安定をこなし，各選手が翌シーズンの代表活動の準備をするわけだ．カーカム氏については，ゆっくりセカンドキャリアを検討していた最中であっただろうし，マッキントッシュ氏にすれば 2024 年のパリ五輪を目指しながら，どういった挑戦アプローチが望ましいかを考えていたようだ．そこにトヨタ紡織からのオファーが舞い込んだ形になる．

　NZ 選手にもメリットは沢山ある．まずはオフのトレーニング期に契約社員ながらも収入を得ながら選手活動が出来ることだ．そして選手コーチとして活動することで，自身のパフォーマンスに新たな発見があるという．ノウハウを言語化すること，つまり伝授することは自身のパフォーマンスの客観化であり新たな自分の再発見になったようだ．そして何より日本企業の文化を体感できるところも大きい．ましてトヨタグループの中核企業での経験は彼らの引退後のセカンドキャリアに大きな影響を与えるのだろう．「トヨタは私が憧れる企業の 1 つだった」と後日のインタビューでカーカム氏もコメントしていた．

　そうしたボート未開の地での活動は，果たして世界最強の選手にはデメリットにならないのか．そうした懸念も確かに存在したが，マッキントッシュ氏が全てを払拭してくれた．彼は全日本選手権後に NZ 代表チームに再合流して，今回は 1 人乗りのシングルスカルで NZ 代表となった．そして 2023 年 9 月にセルビアで開催された世界選手権では，世界中の猛者を相手に銅メダルを獲得してパリ五輪出場権を勝ち取ったのである．

🏆 夢の続き

　まだ私たちの夢は続いている．大津市のホストタウン交流推進事業を 3 年間やり遂げて，こうした 2 国間の交流を定着させることはもちろんだが，日本のボート界に少なからず潮流の変化がおきた．NZ ナショナルチームとのコラボというトヨタ紡織ボート部が投じた一石は 2024 年度も継続されるとのことだ．また琵琶湖・瀬田川を活用して瀬田漕艇倶楽部が主催・運営する晩秋 11 月のロングレース「Head Of The Seta」では，2022 年から日本ローイング協会と日本代表への登竜門となる選考レースを併催している．こうした動きに沿うように日本学生ローイング連盟も新たな提案を持ちかけてくれた．日本全国のボート部員が集まる合同練習会を開催し，このロングレース出場する活動を組み入れてくれたのだ．NZ 代表チームが教えてくれた，日常で気が付かない琵琶湖・瀬田川の魅力を私たちはよりブラッシュアップさせるステージに立っていると言って良いだろう．そうなると次は地元還元だ．既述の汎用性のある幸福感を共有するため，ボートという競技を通じて地域社会に貢献したい．地域社会に賑わいと活気を提供できる存在になりたいと強く思う．

ビフォー（スポーツな人）	アフター（スポーツ価値創出の意識）
スポーツは素晴らしい	誰にどんなスポーツの素晴らしさを，合宿を通じてどう伝えることが出来るか
最強国が来ることは感動的だ	最強国の合宿実現することで，地元に還元できる仕組みを考える
私たちは頑張っている，今後の競技普及に役に立つ	競技普及や次世代選手の強化に具体的なプランを提案する
だから補助金等について協力して欲しい	自助努力で出来ること，必要な予算額・補助金の作案，その還元方法を具体化する

　果たして私たちは 1000 日に及ぶ当プロジェクトを経て，スポーツな人から脱皮できたのだろうか．この「ビフォー・アフター」評価はもう少し先の未来に委ねるとして，今回の五輪レガシーを次世代に受け渡す努力に邁進しようと思う．

◇注

　1）トヨタ紡織株式会社はトヨタグループの愛知県刈谷市豊田町に本社を置く企業．自動車のシート事業や内外装事業，ユニット部品事業を手掛け，資本金は 84 億円，営業利

益は 476 億円，従業員は 44,581 人（2022 年度）．出所はトヨタ紡織「プロフィール」（https://www.toyota-boshoku.com/jp/company/outline/profile/，2023 年 9 月 27 日閲覧）．

2）世界選手権の結果詳細は WorldRowing「2023 World Rowing championships」（https://worldrowing.com/event/2023-world-rowing-championships/，2023 年 9 月 27 日閲覧）を参照した．

エピローグ

　男子エイトの金メダリスト，ハミッシュ・ボンド氏のSNSを事前合宿以来，フォローしている．先日，NZ国内の五輪パブリックビューイングの熱狂的な声援の動画を再投稿して，彼の「あれから2年……」というコメントを見た．「そうか，もうパリ五輪まで残り1年を切っている」そんな恐ろしいほどに速い時の流れを感じながら，自分たちの取り組みを次の世代にリレーできたのか？　焦りを感じるだけでなく反省さえしてしまう．

　本書を記すにあたって私たちが願ったことは，第一にレガシーをいかに次世代へ伝えるかであった．滋賀県大津市という地方都市が世界最強国の受入母体となりえたこと．また1つの地域クラブチームが五輪の最高峰を狙うナショナルチームの最も大事な五輪直前合宿の受け入れを成功させたプロセスは，これからの日本で各スポーツのチーム力向上のみならず，スポーツ以外のイベント実行の際のノウハウになりうると考える．この合宿で言うならば滋賀県スポーツ協会，滋賀県ボート協会，自治体，モーターボートのドライバー（キャプテンズ）だけでなく，近畿日本ツーリストの添乗スタッフや渉外担当，宿泊ホテルのシェフや厨房スタッフ，営業や広報の担当者や，安心安全の大人数移動を難なくこなしたバスドライバーまで，私たちのスタッフの総力であったことは間違いない．誰の一人も欠けてはならない誇れるメンバーだ．私たちは将来を担う世代に機会を見つけては，2021年夏の経験を語り継ぐことだけでなく，今回で得た交流から今後も両国の懸け橋となるべく機能することをライフワークとする覚悟だ．

　第二に強いアスリートの背後には強いチームがあることを日本の競技関係者で再確認をすること．さらには学んだNZ流チームビルディング手法を日本でフル活用することだろう．

　国際舞台で活躍するクルーは漕手だけが強く，速いのではない．やはりチームとして強いことに鮮烈な印象を受けた．優れたコーチングスタッフ，各クラスのマネージャー，医師や理学療法士とトレーナー，パフォーマンス分析担当の科学者，帯同シェフ……．全員がやるべき責務を行動するだけでなく，互い

の適切なサポートを常にハイレベルで意識している．場の空気を素早く察したら，自分の業務外の内容まで進んでサポートする気概にあふれていた．今回のNZ代表チームのオペレーションマネージャー・ホルトン氏は俯瞰でチームの動向に鋭い目線を配りながら，誰よりも積極的に選手たちの練習着の洗濯を行っていた．各方面とのタフな交渉はもちろんのこと，選手・スタッフへの心配りは圧巻だった．縁の下の面倒な仕事まで笑顔で進める姿勢には感服しかない．また同時に彼女は常に冷静で戦略思考にあふれたマネージャーだった．

どうか本書を手にして頂いた方々とは，意見交換を積極的にさせて頂きたいと考えている．最初は小さな雪玉かもしれないが，多くの方々と語り合いながら雪玉を転がし続け，いつの日か大きな雪の固まりになってくれたら．そんな日が来てくれると喜び至極である．

2023 年晩秋
琵琶湖畔　瀬田漕艇倶楽部にて

田中　　彰

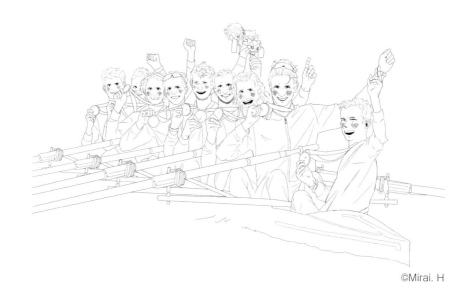

©Mirai. H

1000 日間の足跡

日付	出来事	懸案または対応
2018 年 9 月	世界選手権	NZ 代表チームの惨敗
	NZ 協会より合宿地の相談	杉藤洋志の候補地リストアップ作業
10 月	NZ 代表チーム責任者の視察	杉藤洋志による候補地への私的アテンド
	琵琶湖合宿の非公式打診	滋賀県ボート協会の水面下調整〜2019 年 1 月まで
11 月	自治体首長の NG 判断	受け入れの課題山積みのため，一旦の廃案となる
12 月	意見聴取	県内キーマンに意見お伺い
2019 年 1 月	県内状況の確認開始	自治体・地元企業にヒアリング開始
2 月	実行員会の組織化	官民による任意団体での合同事業として再始動
3 月	コース設計開始	桑野造船（株）によるサポート開始
4 月	協賛社の募集開始	企業・個人より実行委員会が募集作業
5 月	物品提供の交渉	一般社団法人，企業に訪問交渉の開始
	同意書準備と専有申請	水上利用者からの承認作業，公的機関に申請提出
6 月上旬	瀬田漕艇倶楽部　受入準備開始	理事会承認〜施設リフォーム，敷地整備等
7 月	合宿準備と実施	7／26〜8／2　選手団 23 名
8 月	世界ジュニア選手権	8／7〜11　女子クォドルプルが優勝
	世界選手権	NZ チームの躍進
9 月	NZ 代表チームの来日	琵琶湖・五輪会場の最終下見　10 名
10 月	NZ 協会で琵琶湖合宿を審議	
11 月	NZ 協会より正式依頼	依頼文書要請，県内各署へ手続き開始
	クラウドファンディング準備	新たな資金獲得の模索スタート
12 月	実行委員会の改組	人員強化，役割明確化などの改善
	新型コロナウィルスの感染確認	水面下でコース位置の変更を準備開始
2020 年 1 月	各競技の国際大会の中止	実行委員の分科会がオンライン化
	びわこ大津プリンスホテル休業	
3 月	IOC による五輪延期発表	各関係者に延期対応の要請
4 月	ロイヤルオークホテル休業	
5 月	ロイヤルオークホテル倒産	代替ホテル案の検討開始
6 月	宿泊先の模索等	行動制限から交渉は個別
7 月 8 月	個別作業のみ	体育館ジムの使用申請と許諾作業の開始
9 月	新たな宿泊先の内定	びわこ大津プリンスホテルに交渉開始
	旅行社との業務提携	近畿日本ツーリストとの提携
10 月	NZ 受け入れ体制の調整開始	食事メニュー，価格交渉，輸送計画
11 月	分科会の開催	
12 月	分科会の開催	
2021 年 1 月	分科会の開催	
2 月	プレイブックの発行	受け入れ体制の再確認と調整再開
3 月	感染対策の検討	保健所等からの指導，選手団の外出禁止を想定

4月	感性対策のオーソライズ	最終受入案の検討，ホテルへのフロア占有要請
5月	ホストタウンマニュアル作成	他自治体との連携　移動バス運行計画整備
	同意書準備と専有申請	水上利用者からの理解，自治体に申請提出
6月上旬	キャンセルポリシーの最終決定	NZ協会による損害保険加入
中旬	ホストタウンマニュアル合格	合宿最終案の決定，入国手続きの確認
中旬	NZ代表チームの荷物発送	備品・艇・オールを見切り発車で発送手配
下旬	合宿実施を正式決定	実行委員会で承認後にプレスリリース
	NZ代表チームの荷物到着	6／27より順次到着
7月	選手団入国	7／4より3陣に分かれて入国，各準備
7月11日	合宿スタート	バブル体制の徹底，毎日のPCR検査
7月18日	合宿打ち上げ	選手団は新幹線で会場に移動
7月下旬	東京五輪	7／23〜30　金メダル3個・銀メダル2個
	御礼まわり開始	御礼品の製作，各ステークホルダーへ挨拶
8月上旬	各精算	請求作業と入金作業
	報告書の作成スタート	写真整理と原稿の分担執筆
9月下旬	動画教材の制作スタート	動画素材の編集とナレーション等
11月下旬	報告書と動画教材の校了	配布先の検討と発行部数決定
12月中旬	報告書と動画教材の完成	配布準備
12月22日	実行委員会の開催（最終回）	決算報告，各事業の承認

2019年のジュニア合宿は合宿備品の到着から連日のSNS発信
2021年の五輪事前合宿は6月末の実行委員会の日より，五輪終了後のコラムまで連日のSNS発信

参 考 文 献

〈邦文献〉

あずさ監査法人スポーツビジネス Center of Excellence［2018］『スポーツチーム経営の教科書』学研プラス.

石井淳蔵・栗木契・嶋口充輝・余田拓郎［2013］『ゼミナールマーケティング入門　第2版』日本経済新聞出版社.

伊丹敬之・加護野忠男［2003］『ゼミナール経営学入門　第3版』日本経済新聞社.

市川文彦・脇村春夫・田中彰・廣田誠・澤野雅彦・岡部芳彦・田中理恵［2014］『スポーツの経営史』関西学院大学出版会.

伊藤宗彦・高室裕史編［2010］『1からのサービス経営』碩学舎.

岩崎夏海［2009］『もし高校野球の女子マネージャーがドラッカーの『マネジメント』を読んだら』ダイヤモンド社.

奥村功・大津市ホストタウン交流推進事業実行委員会［2023］「シリーズ「オリンピアンの言葉」」『ローイング』（日本ボート協会），no.577.

岡島慎二・土屋幸仁［2014］『日本の特別地域　特別編集59　これでいいのか滋賀県』マイクロマガジン社.

湖国21世紀研究会編［1987］『滋賀　その実情と潮流』滋賀県統計協会.

近藤隆雄［2012］『サービス・イノベーションの理論と方法』生産性出版.

佐野慎輔［2019］「スポーツによる地域創生は，地元資源を知ることから…」，早稲田大学スポーツナレッジ研究会・笹川スポーツ財団編『スポーツと地方創生』創文企画.

滋賀師範学校男子部附属中学校編［1949］『私たちの郷土—滋賀縣』実業教科書.

杉藤洋志［2022a］「最強国はなぜ最強国たりえたのかの私的考察（第3回）」『ローイング』（日本ボート協会），no.572.

―――――［2022b］「最強国はなぜ最強国たりえたのかの私的考察（第4回）」『ローイング』（日本ボート協会），no.573.

ドラッカー，P. F.［2001］『マネジメント――基本と原則　エッセンシャル版』（上田惇生訳），ダイヤモンド社.

西尾久美子［2007］『京都花街の経営学』東洋経済新報社.

日本スポーツ施設協会編［2022］『公認スポーツ施設運営士教本』日本スポーツ施設協会.

日本民間放送連盟・営業委員会編［2007］『テレビ営業の基礎知識』日本民間放送連盟.

能勢鯨太［2022］「2020東京五輪ニュージーランド代表チーム事前合宿参加記録」『ローイング』（日本ボート協会），no.568.

原田宗彦編著・藤本淳也・松岡宏高［2004］『スポーツマーケティング』大修館書店.

原田宗彦［2020］『スポーツ地域マネジメント――持続可能なまちづくりに向けた課題と戦

略』学芸出版社.

平田竹男 [2017]『スポーツビジネス最強の教科書　第2版』東洋経済新報社.

広瀬一郎 [2005a]『スポーツ・マネジメント入門』東洋経済新報社.

———— [2005b]『スポーツマンシップを考える　増補・改訂版』小学館.

———— [2014]『スポーツ・マネジメント入門　第2版』東洋経済新報社.

松橋崇史・高岡敦史編 [2019]『スポーツまちづくりの教科書』青弓社.

三品和広 [2015]『経営は十年にして成らず』東洋経済新報社.

宮副謙司 [2014]『地域活性化マーケティング——地域価値を創る・高める方法論』同友館.

矢吹雄平 [2010]『地域マーケティング論——地域経営の新地平』有斐閣.

〈欧文献〉

Barney, J. B. [2001] *Gaining and Sustaining Competitive Advantage*, 2nd ed., Prentice Hall（岡田正大訳『企業戦略論【上】基本編——競争優位の構築と持続』ダイヤモンド社，2003年）.

Christensen, C. M. [1997] *The Innovator's Dilemma: When New Technologies Cause Great Firms to Fail*, Harvard Business Review Press（伊豆原真弓訳『イノベーションのジレンマ』翔泳社，2000年）.

Collins, J. C. and J. I. Porras [1994] *Built to Last: Successful Habits of Visionary Companies*, Harper Business（山岡洋一訳『ビジョナリー・カンパニー——時代を超える生存の法則』日経BP出版センター，1995年）.

Collins, J. C. [2001] *GOOD TO GREAT*, Random House Buisiness Books（山岡洋一訳『ビジョナリー・カンパニー2——飛躍の法則』日経BP出版センター，2001年）.

Hitt, M. A., Ireland, R. D. and R. E. Hoskisson [1994] *Strategic Management: Competitiveness & Globalization; Concepts and Cases*, Cengage Learning（髙木俊雄・星和樹監訳『戦略経営論〈第3版〉——競争力とグローバリゼーション』センゲージラーニング，2021年）.

Mintzberg, H., Ahlstrand, B. W. and J. Lampel [1997] *Strategy Safari: A Guided Tour Through The Wilds of Strategic Management*, Prentice Hall（齋藤嘉則監訳『戦略サファリ——戦略マネジメント・ガイドブック』東洋経済新報社，1999年）.

Sarasvathy, S. D. [2008] *Effectuation: Elements of Entrepreneurial Expertise*, Edward Elgar, Cheltenham（加護野忠男監訳・高瀬進・吉田満梨訳『エフェクチュエーション——市場創造の実行理論』碩学舎，2015年）.

〈ホームページ等〉

外務省「ニュージーランド基礎データ」（https://www.mofa.go.jp/mofaj/area/nz/data.html，2023年5月2日閲覧）.

叶匠寿庵ホームページ（https://kanou.com/，2023年9月27日閲覧）.

川崎フロンターレ「2019 川崎フロンターレ算数ドリル完成しました‼︎」(https://www.frontale.co.jp/diary/2019/0511.html, 2019 年 7 月 9 日閲覧).

経済産業省ホームページ (https://omotenashi-jsq.org/, 2023 年 3 月 2 日閲覧).

神戸大学 MBA「栗木契　エフェクチュエーション」(https://mba.kobe-u.ac.jp/business_keyword/17041/, 2023 年 1 月 5 日閲覧).

国際オリンピック委員会「公式プレイブック　アスリート チーム役員 大会の安全と成功のためのガイド」(https://stillmedab.olympic.org/media/Document%20Library/OlympicOrg/Games/Summer-Games/Games-Tokyo-2020-Olympic-Games/Playbooks/The-Playbook-Athletes-and-Officials-jp.pdf, 2021 年 2 月 25 日閲覧).

さいたまスポーツコミッションホームページ (https://saitamasc.jp/, 2023 年 1 月 10 日閲覧).

滋賀県スポーツ協会ホームページ (https://www.bsn.or.jp/, 2019 年始より 2023 年 9 月 27 日適宜閲覧).

スポーツ庁「学校部活動及び新たな地域クラブ活動の在り方等に関する総合的なガイドラインについて」(https://www.mext.go.jp/sports/b_menu/sports/mcatetop04/list/1405720_00002.htm, 2023 年 1 月 10 日閲覧).

―――「人口 3 万人に満たない地域が「アウトドアスポーツ」の聖地に！　～自然資源を活かした徳島県三好市のスポーツツーリズム～」(https://sports.go.jp/movie/report/3.html, 2019 年 10 月 31 日閲覧).

―――「武道ツーリズム～弓道×茶道×禅 金沢版」(https://sports.go.jp/movie/post-39.html, 2022 年 2 月 3 日閲覧).

―――「まんが スポーツで地域活性化 事例集」(https://www.mext.go.jp/sports/b_menu/sports/mcatetop09/list/detail/1384512.htm, 2023 年 1 月 10 日閲覧).

DAIAMOND online 2018.12.10「観光で行きたい都道府県ランキング 2018 ベスト 10 ！ 2 位京都, 1 位は？」(https://diamond.jp/articles/-/187882, 2019 年 7 月 9 日閲覧).

―――2023.08.18「都道府県「幸福度」ランキング 2023【完全版】」(https://diamond.jp/articles/-/327404, 2023 年 9 月 1 日閲覧).

たねやグループホームページ (https://taneya.jp/, 2023 年 11 月 2 日閲覧).

東京スタジアム「ネーミングライツとは」(https://www.ajinomotostadium.com/naming_right/, 2023 年 9 月 27 日閲覧).

同志社大学ボート部ホームページ (https://durc.jp/, 2023 年 8 月 8 日閲覧).

トヨタ紡織「プロフィール」(https://www.toyota-boshoku.com/jp/company/outline/profile/, 2023 年 9 月 27 日閲覧).

内閣府「国民経済計算 (GDP 統計)」(https://www.esri.cao.go.jp/jp/sna/menu.html, 2022 年 8 月 1 日閲覧).

日本ホスピタリティ推進協会「ホスピタリティとは」(https://hospitality-jhma.org/hospitality/, 2023 年 2 月 22 日閲覧).

日本ローイング協会ホームページ（https://www.jara.or.jp/, 2023 年 9 月 27 日閲覧）.

パナソニックパンサーズ「枚方市ふるさと寄付のお知らせ」（https://panasonic.co.jp/sports/volleyball/news/2023/20230907_01.html, 2023 年 9 月 8 日閲覧）.

ビデオリサーチ「『視聴率の種類』ビデオリサーチが解説 視聴率基本の『キ』」（https://www.videor.co.jp/digestplus/tv/2023/10/81577.html, 2023 年 10 月 10 日閲覧）.

プロ野球 Freak「北海道日本ハムファイターズの観客動員数」（https://baseball-freak.com/audience/fighters.html, 2023 年 11 月 1 日閲覧）.

読売新聞オンライン 2021 年 6 月 20 日「1 人陽性のウガンダ五輪選手団, 合宿地の大阪に移動」（https://www.yomiuri.co.jp/olympic/2020/20210620-OYT1T50105/, 2022 年 10 月 1 日閲覧）.

World Rowing「2023 World Rowing Championships」（https://worldrowing.com/event/2023-world-rowing-championships/, 2023 年 9 月 27 日閲覧）.

〈参考資料〉

東京五輪の熱気を琵琶湖に！実行委員会［2021a］『ニュージーランド代表チーム琵琶湖合宿 2019-2021 事業報告書』.

東京五輪の熱気を琵琶湖に！実行委員会［2021b］「東京オリンピック・パラリンピック ホストタウン等における選手等受入れマニュアル　東京オリンピックの熱気を琵琶湖に！　NZ ボートチーム事前合宿」.

日本経済新聞「長野五輪のボブスレー施設, 競技使用を休止, 維持費が重荷に」2017 年 3 月 27 日（朝刊）.

日本放送協会ニュース「ソフトボール　オーストラリア代表が来日」2020 年 6 月 1 日放送（WEB サイト記事：NHK ニュース「ソフトボール オーストラリア五輪代表が来日 群馬で事前合宿へ」（https://www3.nhk.or.jp/news/html/20210601/k10013061531000.html, 2022 年 9 月 30 日閲覧））.

ファイターズ スポーツ＆エンターテイメント［2023］「HOKKAIDO BALLPARK F VILLAGE REPORT ― Autumn 2023 ―」.

読売新聞「ボート NZ 代表 琵琶湖視察」2019 年 9 月 12 日（朝刊 滋賀版）.

《著者紹介》

田 中　彰 (たなか　あきら)

　　大阪産業大学経営学部教授.
　　専門はスポーツマーケティング，地域活性化マーケティング.
　　朝日放送 (株) ではスポーツ局，編成局で勤務.
　　滋賀県立膳所高校でボート競技と出会い，
　　NPO 法人瀬田漕艇倶楽部では大学入学時より会員.
　　現在は瀬田漕艇倶楽部の代表理事と滋賀県ボート協会常任理事.

オリンピックのレガシー
ローイング・五輪金メダルをサポートした地方都市

2024年6月30日　　初版第1刷発行　　　＊定価はカバーに
　　　　　　　　　　　　　　　　　　　　　表示してあります

　　　　　　　　　　著　者　　田　中　　　彰ⓒ

　　　　　　　　　　発行者　　萩　原　淳　平

　　　　　　　　　　印刷者　　田　中　雅　博

　　　　発行所　株式会社　晃　洋　書　房

　〒615-0026　京都市右京区西院北矢掛町7番地
　　　　　　　電話　075(312)0788番(代)
　　　　　　　振替口座　01040-6-32280

装丁　㈱クオリアデザイン事務所　印刷・製本　創栄図書印刷㈱

ISBN 978-4-7710-3850-9

高松平藏・有山篤利 著
スポーツを地域のエンジンにする作戦会議
——ドイツの現状、日本の背景を深掘り！——
四六判 230 頁
定価 2,200 円（税込）

相原正道・大島良隆 著
スポーツがつくる未来
——30 年後のあなたの地域と社会——
A 5 判 226 頁
定価 3,520 円（税込）

日本体育・スポーツ政策学会 監／成瀬和弥・真山達志 編著
地方におけるスポーツ価値実現の実像
A 5 判 192 頁
定価 2,200 円（税込）

一般社団法人スポーツと都市協議会 監／花内 誠・伊坂忠夫 編著
ASC 叢書第 5 巻
都市とスポーツ
A 5 判 200 頁
定価 2,860 円（税込）

藤本倫史・倉田知己・藤本浩由 著
ホスピタリティサービスをいかすスポーツビジネス学
——Sports Hospitality Handbook——
四六判 224 頁
定価 2,200 円（税込）

阿部 潔 著
シニカルな祭典
——東京 2020 オリンピックが映す現代日本——
四六判 192 頁
定価 2,200 円（税込）

松島剛史 著
ラグビーの世界をデザインする
——ワールドラグビーの歴史とその仕事——
A 5 判 232 頁
定価 4,950 円（税込）

グラント・ファレッド 著／千葉直樹 訳
ファントム・コールズ
——人種と NBA のグローバル化——
四六判 150 頁
定価 1,980 円（税込）

晃 洋 書 房